贵州省高等学校人文社会科学研究基地学术文库
贵州省高等学校人文社会科学研究基地建设项目资助
贵州省重点学科（教育原理）建设成果

基础教育课程改革的多纬之思

王中华　著

中国财富出版社

图书在版编目（CIP）数据

基础教育课程改革的多纬之思 / 王中华著 . —北京：中国财富出版社，2015. 5

（贵州省高等学校人文社会科学研究基地学术文库）

ISBN 978 - 7 - 5047 - 5722 - 7

Ⅰ. ①基… Ⅱ. ①王… Ⅲ. ①基础教育—课程—教学改革—研究 Ⅳ. ①G632. 3

中国版本图书馆 CIP 数据核字（2015）第 106265 号

策划编辑 王淑珍　　责任印制 方朋远

责任编辑 王淑珍 马 琳　　责任校对 饶莉莉

出版发行 中国财富出版社

社　　址 北京市丰台区南四环西路 188 号 5 区 20 楼　　邮政编码 100070

电　　话 010 - 52227568（发行部）　　010 - 52227588 转 307（总编室）

010 - 68589540（读者服务部）　　010 - 52227588 转 305（质检部）

网　　址 http://www. cfpress. com. cn

经　　销 新华书店

印　　刷 北京京都六环印刷厂

书　　号 ISBN 978 - 7 - 5047 - 5722 - 7/G · 0622

开　　本 710mm × 1000mm 1/16　　版　　次 2015 年 5 月第 1 版

印　　张 18. 75　　印　　次 2015 年 5 月第 1 次印刷

字　　数 327 千字　　定　　价 45. 00 元

前言

基础教育课程改革，被称为新课程改革或者新课改，无论从教师层面，还是从学生层面；无论是从个体层面，还是从社会层面；无论是理论界，还是一线的教师都会参与新课程改革。因此，我们作为从事课程与教学理论方面的研究者不可避免地需要去研究新课程改革。新课程改革是笔者这些年来比较集中进行研究的一个视点。

本书是笔者多年来对新课程改革的一个思考的总结，自从 2001 年新课程改革以来，笔者就对其进行了思考和研究，从大学到研究生阶段，再到博士期间，以至后来参加工作，一直对其有浓厚的兴趣和研究欲望。本书是基于对新课程改革中的理论问题和实践问题进行了深入的思考。

第一，对新课程改革过程中的问题进行了探究，反思新课程改革这些年来课程政策执行过程中的相关问题，并对教师参与课程决策及新课程改革预期目标的偏离等问题进行了一些自己的个性化解读。

第二，对基础教育课程改革中的实践问题进行了探究，对新课程改革的理想和现实之间的矛盾状态进行了揭示和思考，并对新课程改革继续推进中的问题与对策进行了研究，从而进一步思考基础教育课程改革的实践问题。

第三，对基础教育课程改革视域下的教师与学生进行了研究，主要思考了在新课程改革过程中教师的心理状态，包括教师如何应对教师流动等现实情况，也思考了学生自治等方面的问题。

第四，笔者对新课程改革的评价问题进行了探究，分析了高考和综合实践活动中的评价问题，集中对高考这个指挥棒性质的评价方式进行了分析和研究，并探索了高考问责制和高考校长推荐制度。

第五，笔者对新课程改革过程中的一些方面进行了比较研究，并比较了中国台湾与大陆之间的课程改革，也分析了 PISA 和 PIRLS 的不同，并对芬兰高中课程改革进行了一些探究。

第六，从文化、心理学等视角对如何推进新课程改革进行思考，着重分析教师在新课程改革过程中中流砥柱的作用。

总之，本书以多维度的视角对新课程改革进行了思考，也对新课程改革的多维进行了深入思考。通过对新课程改革的一些个性化研究，以期待更多的人来进行思考和反思，从而将我们的新课程改革深入推进，实现我国基础教育质量的根本提升。

王中华

2015 年 1 月

目 录

第一部分

课程改革的政策研究

新课程政策执行现状、原因分析与策略

一、课程政策的意蕴

（一）课程政策的含义

（1）政策的理解。从字面上理解，政策的“政”是指政治，“策”指战略。著名政策学家戴维·伊斯顿指出，政策是指“对全社会的价值做权威性的分配”。[1]

（2）课程政策的理解。由于课程与政策两个词语都没有得到固定的解释，因此，课程政策也很难有一个统一的定义，目前大家比较认同的是：“有关应当教什么以及作为课程开发指南的一个书面陈述。它建立基本原则、限度以及在特定的管辖范围内固定教育机构课程大纲的标准。它必须由一个民主的过程来决定，在其合法化之前，必须首先考虑所有有关团体的愿望。”[2]

（二）课程政策的特点

（1）政治性。课程政策的变革不仅是一项教育活动的变革，更是一种教育政治上的变革，是体现政治变革的产物。

（2）动态性。课程政策是动态的，不是一成不变的，而是随着经济、政治、文化的变化以及教育与课程实践的变化而不断变化调整的。

（3）目的性。课程政策具有明确的目的性，新课程政策的出台是为及时解决课程与教学理论在实践中的问题，它构成了课程政策存在理由和逻辑起点。

（4）整体性。课程政策所要解决的问题是复杂的，课程政策不仅需要解决课程与教材的问题，还要解决与课程相关的一些问题，另要对教育政策、文化活动中的一些问题进行发挥作用。

（5）权威性。课程政策作为一种政府行为，体现了国家和政府的意志，也就是课程政策一旦颁布，地方和学校就必须执行，具有一定的强制性，体现其权威性的一面。

（三）课程政策的类型

我们知道，公共政策的分类比较多元化，依据不同的标准具有不同的分类。课程政策作为公共政策的一种，其本身也具有自身的特点。对于课程政策的类型，笔者主要从时间、空间正确与否三个维度进行分类：①从时间上来分，课程政策可分为长期课程政策、中期课程政策、短期课程政策。②从空间上来分，课程政策可分为国家课程政策、地方课程政策、学校课程政策。③从正确与否来分，课程政策可分为错误的课程政策和正确的课程政策。毛泽东指出“一个革命政党的任何行动都是实行政策，不是实行正确的政策，就是实行错误的政策；不是自觉地，就是盲目地实行某种政策。”[3]可见，政策有错误与正确之分，同理，课程政策也有正确的课程政策与错误的课程政策之分。

（四）课程政策的周期

马克思主义理论告诉我们，任何事物的发展都是一个过程性的变化发展。课程政策作为一个教育政策活动来说，也是过程性的。一个课程政策的过程，主要包括了指定、评估、应用、实施（执行）、评估效果、调整、新的课程政策周期等过程。

（五）课程政策的功能

（1）导向功能。课程政策导向功能指对课程改革的导向作用，特别是对课程政策执行者的行动导向，是一个广大课程政策执行者行为的航标。

（2）协调功能。“政策协调就是通过横向沟通使各部门的政策相互协调一致的过程，是一种相互作用、对话、协商和相互调整的经常性活动。”[4]课程政策协调着课程改革活动中各个方面的关系与利益。

（3）管理和规范功能。课程政策在实施过程中起到管理和课程改革参与者的职能，为课程政策实施者提供一个标准，如“课程标准”就规范着中小学教师的课程设计与教学活动。

（4）评价功能。评价的内容包括课程政策的目标是是否得以实现，课程政策的内容执行的效果怎么样。因此，课程政策目标，如课程标准等，是指导课程政策的执行效果评价的重要指标。

二、新课程政策执行现状扫描

（一）成就

（1）从传统的关注“知识”教学转变到关注知识与技能、过程与方法、情感态度与价值观的三维目标上，更关注学生的多元发展。

（2）中小学教师的课程意识加强，不断认识到课程、教材、文本等之间的差异性，逐步形成课程意识。

（3）新课程政策实施，超越了“旧三中心”，到“新三中心”的内涵，凸显了学生的主体地位与权利受到尊重。

（4）广大中小学教师的生命意识加强了，形成了专业发展意识和能力。广大教师具有一定对学生生命的尊重和热爱、对自己生命成长的意识，认识到教师不仅是一种职业，更是一种专业，初步形成了专业发展意识。

（5）教师教研工作得到了一定的发展。中小学教师不断形成了科研意识、科研能力。

（6）基本上形成了国家课程、地方课程、学校课程三级管理课程体系。特别是在校本课程开发这个层次和领域，取得了一定的成果，如广大中小学获得了一定的校本课程开发理论，累积了校本课程开发的能力和经验等。

（7）教育理论的多元化发展。当前我国科研人数越来越多，队伍越来越强，教育杂志越来越多，教育理论出现多元化，不再是“一家之言”“一枝独秀”而是“百花齐放”“百家争鸣”。

（二）问题与困境

（1）失真或者偏差的现象。第一，没有把握课程政策精神，往往流于形式化。有些课程与教学改革实践确实丢了精神而流于形式，很多时候是为教学对话而对话，为研究性学习而研究性学习，形式做到像模像样，但是实质上并不是那么回事。第二，对课程政策的实施过于理想化。有些人认为新课程实施是需要解决课程与教学中的所有问题，有些人甚至想抛开课程和教学传统，重新建立一个完全与传统课程不一样的课程与教学体系。第三，对课程政策实施出现的“上有政策下有对策”现象。郭华教授指出，“穿新鞋走老路。”[5]为了一些地方、一些学校、一些人的利益，在新课程实施中采取“上有政策下有对策”的做法，甚至背离新课程政策的本旨。

（2）课程政策实施的后劲不足。新课程政策的执行和深入发展遇到瓶颈问题，关于如何进行推进，许多人提出了“新课改走向何处”的疑问。

（3）城乡差距的拉大。课程政策实施过程中出现了农村需要的是“雪中送炭”而不是“锦上添花”，而城市对新课程政策的诉求确实是相反。

（4）出现了一定的“忙、茫、盲”现象。课程政策执行过程中，出现了教师忙于教科研，忙于申报课题，忙于新形式的教法改革，忙于合作学习，但是有些中小学教师“知其然，不知其所以然”。他们不明白为什么要这样做，于是教学工作显得很盲目，也有些茫然。

（5）忽视了教师的指导作用。在具体的课程实施过程中，往往关注了学生在教学中的主体性，却忽略了教师的指导。“强调学生的自主性（自主建构），却忽视教师的引导性（价值引领）”。[6]

（6）缺乏有效监督和评估。在课程政策的具体执行过程中缺乏监督，只是一味地进行改革，没有去进行监督和调控，同时缺乏相应的评估机构和评估机制，也没有形成信息反馈机制。

三、影响新课程政策深入推进的原因

（一）课程政策本身因素的影响

（1）课程政策目标的明晰性。对于新课程实施背离课程政策的初衷，有的专家认为是高考制度、政府不作为等造成的，而一些专家指出，课程改革问题关键在于新课程政策目标本身就不明确。

（2）课程政策内容的科学性。在进行课程政策执行过程中，其内容的正确、科学与否会决定广大课程政策实施者的执行力度。

（3）课程政策理论基础的坚实性。当代课程政策的理论主要是借鉴构建主义理论、多元智力理论、后现代理论等课程理论，而对这些理论的理解、消化，是否适合我国国情，是否适合当前的课程实践，关于是否需要重视知识等问题，一些专家进行过理论和思想交锋，如“认真对待‘轻视知识’的教育思潮”[7]的概念重建于我国课程创新[8]产生的争鸣。

（4）政策资源的可利用性，主要有以下几个方面：经费、人员、信息、权威和执行机关工作人员的工作效率。

（二）课程政策外部因素的制约

（1）执行人员方面。课程政策执行者的素养、态度、意识对课程政策的执行起着决定性的作用。

（2）环境方面。包括经济环境、政治环境、文化环境。

（3）沟通方面。包括信息反馈流畅与否、组织机构的有效性。

（4）制度方面。包括课程政策执行的监控机制、课程政策执行的评估制度。

（5）课程政策配套改革方面。包括课程改革利益分配问题、课程政策的公平与效率问题。

（6）文化方面。我国是多民族的国家，因此民族性、文化多元性、地域文化都影响着课程政策执行。

四、深入推进新课程政策执行的有效策略

（一）加强课程政策创新

（1）正确定位课程政策的价值取向。在课程政策的价值取向方面，一直存在个人本位与社会本位、工具性本位与价值性本位的争论，在课程政策的执行过程中，需要切实解决好课程政策的价值取向问题。

（2）夯实课程政策的理论基础。课程政策的理论基础会影响到课程政策执行，所以我们需要进一步去夯实课程政策的理论基础。

（3）课程政策目标的灵活性、可操作性、弹性、相对稳定性。课程政策目标执行过程中，需要实现课程政策相对稳定性，同时实现弹性和灵活性，加强课程政策目标的课程操作性。

（4）对课程政策的重新审视。第一，修订那些不完善的课程政策，如课程标准方面的一些问题需要加强修订与完善工作。第二，终结。对于那些不适合我国国情，不适合实际改革的课程政策需要及时进行合并、转换等形式的终结。第三，创新。加强课程政策的创新，以便促进课程政策执行的创新。

（二）继续坚持课程政策执行原则

（1）坚定性。课程政策不仅是一种国家意志的体现，是一种政府行为，具有鲜明的政治色彩，同时也是一种教育改革，对课程改革具有重要的指导和领导作用。因此需要继续坚定的执行，不能因为有问题的存在，有困难的存在，就不去推进。

（2）创造性。在坚定推进课程政策的基础上，需要进行创造性的执行课程政策，坚持在国家课程政策的指导和引领下，各个地方和学校加强其地方性和校本性，进行执行创造性的发挥。

（3）整体性。课程政策的出发点和归宿是促进整个国家和民族的教育水平的提高与发展，“为了每个学生的发展，为了中华民族的伟大复兴。”因此，执行课程政策的过程中，要坚持课程政策的整体性，以实现全国教育整体性水平的提高与发展。

（三）改善执行者的理论素养和理解水平

课程政策执行过程中人是关键的影响因素。因为课程政策执行者的理论素养和认识水平是决定课程政策是否得到正确的执行，课程政策是否得到正确的理解的基础。所以在课程政策的执行过程中应做到：第一，加强课程政策执行人员的理论素养，提高他们对课程政策的理解。第二，提高他们的实践操作能力，将课程政策变为一种技能，从技术层面进行操作和实施。

（四）课程政策执行对象的态度调整

课程政策执行对象的态度需要调整，让其积极参与到课程政策的执行过程中来，变被动为主动，变消极为积极，变“要我改革”为“我要改革”，及时实现课程政策执行对象的态度转换，为执行新课程政策的接受与参与提供思想保证。

（五）创设有利于课程政策执行的环境

（1）政治环境。第一，相对稳定和谐的政治环境。历史反复证明，和谐稳定的政治环境是任何改革的重要政治保障，今天新课程政策的执行也需要一个相对稳定和谐的政治环境。第二，与课程政策相关的教育政策的改革与调整。新课程政策的执行不仅推动了课程领域改革、教育相关领域的改革，还引起文化、经济等其他社会领域的改革，因此，需要进行与课程政策相关的教育政策的改革与调整。

（2）经济环境。第一，进一步解决城乡之间的差距。城乡“二元”的教育历史与现实，导致课程政策的执行过程中城乡教育差距的拉大，因此，课程改革与新课程政策执行过程中，客观需要城乡经济体制的二元化问题得到进一步的解决。第二，解决课程改革中利益的分配问题。“随着权力与资源再分配的深入，可能导制部分人迅速获得课程权威，同时也可能导致部分教育工作者特别是既得利益者包括管理者、理论发言者和一些教师迅速失去权威。”[9] 在课程政策执行过程中，部分人员是课程政策的受益者，部分人员是受损害者，因此，我们需要关注这些利益的处理，以便更好地争取课程政策执行的支持者。

（3）文化环境。第一，课程政策执行的舆论。媒体和报纸、杂志、网络等媒介是当代社会中重要的一个舆论方面，因此，需要让其参与到支持课程政策执行过程中来，特别是发挥其在舆论导向上的正面作用，让其支持课程改革。第二，课程政策执行的信息化。这样一方面有利于参与课程政策执行的人员获得更快、更准确的信息，另一方面有利于扩大课程改革的社会性影响。

（六）课程政策资源的开发与利用

课程政策执行需要一定的资源，资源是保障课程政策执行的重要“附件”，因此，第一要做到课程政策资源的有效利用，在经费、人员、信息、权威等方面做到不“滥用”。第二要充分挖掘有利于执行课程政策的资源，为课程政策执行奠定基础。

（七）教育理论的热切关注与反思

（1）教育家对课程政策执行的鞭策。我们知道一句话，“真理是不辨不明”，教育理论工作和对课程政策理论探讨有利于课程政策进一步民主化、科学化、合理化。因此，在课程政策执行过程中，我们还需要进一步去反思我们的课程理论与实践。

（2）教育理论杂志对课程政策执行的理论导向。当前我们国家教育方面的杂志数量越来越多，其对课程政策和课程改革也日益关注，这些理论“阵地”为课程改革的“战场”做好了思想的导引和课程实践的反思。

（八）加强课程政策理论与实践研究

第一，广泛借鉴其他国家和地区的课程政策理论，如美国、英国等发达国家和中国港台地区的课程政策理论。特别是“前些年台湾一场教改被认为不成功。当地社会各界进行了尖锐批评。‘我们的课改’跟它惊人地相似。”[10]我们需要从中汲取经验与教训。第二，构建中国特色课程政策理论与实践。我们的课程政策理论需要加强“本土化”建设，正如王本陆先生所指出“从国情出发原则是长期历史经验的总结”[11]，我们既需要进行课程改革的历史总结，同时又需要长期的课程理论与实践的创新与探索，走中国特色的课程政策理论和实践之路。

五、结语

在课程政策的执行过程中，我们需要去总结自己课程政策执行的实践，同时，需要去反思课程政策的理论，将课程政策的理论与实践结合起来思考，从而实现新课程改革的进一步深入发展。

参考文献

［1］张金马．政策学［M］．北京：北京经济学院出版社，1996.

［2］胡东芳．论课程政策的定义、本质与载体［J］．教育理论与实践，2001：50.

［3］毛泽东．毛泽东选集［M］．北京：人民出版社，1991.

［4］吕立杰．课程政策制定过程的本质与特征［J］．课程·教材·教法，2007（8）：3.

［5］郭华．新课改与“穿新鞋走老路”［J］．课程·教材·教法，2010（1）：3.

［6］余文森．新课程教学改革的成绩与问题反思［J］．课程·教材·教法，2005（5）：7.

［7］王策三．认真对待“轻视知识”的教育思潮［J］．北京大学教育评

论，2004（3）：5.

[8] 钟启泉．概念重建于我国课程创新［J］．北京大学教育评论，2005（1）：48.

[9] 石鸥．基础教育课程改革的几点认识［J］．教育研究，2005（9）：29.

[10] 王策三．台湾教改与“我们的课改”［J］．教育学报，2010（3）：3.

[11] 王本陆．论中国国情与课程改革［J］．北京师范大学学报：社会科学版，2006（4）：20.

教师参与课程决策与教师专业化

课程决策是新课程改革倡导课程管理体制三级管理体系构建的重要步骤，也是课程发展过程中重要的一环，因此，它受到了广大教育界和社会人士的广泛重视与普遍关注。今天在各行各业都在喊“专业化”的进程中，教师的专业化要求也不例外，从20世纪60年代开始，教师专业化就逐渐成为世界范围内一个重要的教育话题，我国从20世纪90年代也开始加强对教师专业化的研究和实践，而且关注教师专业化的人士越来越多。“教师作为课程中的人，课程是其实现自我专业发展的存在世界。”[1]可见，教师与课程的关系非常密切，而课程决策作为课程领域一个十分重要的内容，与教师的专业化发展不无关系。

一、课程决策的内涵剖析

（一）课程决策的含义

综合国内外学者的论述，笔者认为课程决策是在课程哲学的指导思想下，在一群人、一部分人或者一个组织机构对课程进行分析、计划、执行、评价等的过程中，对课程方案的一个选择和判断的过程。

（二）课程决策的主要内容

（1）关于课程目标的决策。即确定教育活动所要达到的目的或者说教育活动的意图是什么。

（2）关于课程内容的决策。即确定为了达到或实现课程目标要选择什么样的教材。

（3）关于学习体验和教学策略的决策。即为了达到课程目标，确定学生将要做些什么，教师需要做些什么来帮助学生达到课程目标的要求。

（4）关于课程媒介或资料的决策。即确定运用什么性质的材料作为媒介，把课程内容展示给学习者。

（5）关于课程评价的决策。即对正在进行中的学习的进展情况、程度以及类型做出判断评价，并确定进行这种评价的目的或意义是什么。

（三）课程决策的程序

决策的一般程序为“察觉和分析问题→明确决策目标或准则→制定可行性方案→分析比较方案→选择满意方案→实施决策方案→监督与反馈”。[2] 在课程决策过程中需要遵循决策的一般原理，同时需要结合自身的特点进行，具体包括：①确定课程决策目标。②准备课程决策方案。③选择课程决策方案。④实施课程方案并追踪决策。

二、课程决策对教师专业化发展的价值

（一）教师课程决策意识的觉醒，促进教师的专业角色的理念形成

“教师课程决策是教师权力意识的集中表现。”[3] 过去由于教师自身缺乏课程决策的意识与能力，导致教师缺乏课程决策动力。一旦教师具备参与课程决策的权力，就会进一步从自身的专业发展角度去思考课程问题并从事课程与教学工作。同时，当教师充分认识到课程决策的意义与价值时，当教师具备参与课程决策的愿景时，教师就具备了参与课程决策的前提和基础，教师的主动性、积极性、创造性才会发挥出来，教师专业意识也才会出现。

（二）教师课程决策能力的发展，有助于教师专业技能和能力的提高

教师课程决策能力是教师在针对具体情境中的课程与教学问题做出选择、判断及评价的一种能力。课程决策能力表现在课程来源、决策活动、课程研究三个领域中知识、技能、智力的体现，如下表所示。教师在课程来源、决策活动以及课程研究等方面的课程决策能力，是教师专业能力的一种体现，是教师专业能力在课程实践中的一种运作。

课程决策能力的基本结构

	知识	技能	智力
课程来源	√	√	√
决策活动	√	√	√
课程研究	√	√	√

资料来源：丁念金，席梅红．中小学教师的课程决策能力探微［J］．集美大学学报，2006（2）：35.

（三）教师参与课程决策，可实现教师专业知识的提升

在整个课程决策过程中，教师需要管理学、信息科学、运筹学、教育学、心理学等方面的学科知识以及相关的条件性知识。因此，课程决策过程就是一个知识的运用过程，通过课程决策，能够实现教师专业知识的提升。

（四）教师参与课程决策，提升教师专业服务意识

在教师参与课程决策的过程中，教师对社会和教育目的展开分析，同时考虑到家长和学生的教育需求，从各种课程方案中选择和判断最适合学生社会性和个性发展需要的课程方案，对学生进行教学和评价，并促进学生知识与技能的发展，提高学生的身心素质，让学生体验过程与方法，形成正确的情感态度价值观等。可见，课程决策过程就是教育服务的过程。教师通过参与课程决策，形成了专业服务意识，提高了教师专业化发展水平。

（五）教师参与课程决策是教师社会地位和专业地位的提升

以往课程改革和课程实施过程当中，教师处于被动地位，作为只是执行他人制定课程的实施者，教师缺乏课程的话语权和决策权，缺少专业自主性和能动性，专业地位得不到体现。在今天的课程改革中，倡导教师参与课程决策，更有利于教师专业地位的提高，实现教师专业自主和专业发展。

三、教师参与课程决策，实现教师专业化的策略探析

（一）树立和强化教师参与课程决策的理念

（1）教师需要充分认识到课程决策是教师的一项课程权利。一般认为，

课程决策包括国家层次的课程决策、地方层次的课程决策，还包括了学校层次的课程决策以及课堂层次的课程决策。不同层次的课程决策主体是不一样的，学校层次的课程决策和课堂层次的课程决策，更需要教师的参与和实践。因此，在课程改革实践中，教师需要认识到，课程决策不是教育专家的一种专利，也是教师的一项重要课程权。教师不仅有权力去参与课程决策，而且有责任、有义务参与到课程决策中来。

（2）教师需要具备课程决策主体的意识。教师课程决策意识是教师自主性的一种重要表现，“教师不是孤立于课程之外，而是课程的有机成分、课程的创造者、课程的主体。”[4]因此，在课程决策过程中，教师首先需要做到树立自主参与课程决策的主体意识，只有在充分彰显教师课程决策主体意识时，教师才会发挥主人翁的精神，积极投入到课程实践中来。

（3）完成课程决策角色理念的转换。教师需要改变的只是作为单纯的课程实施者、教学大纲的执行者等被动的传统课程角色，形成作为课程研究者、课程开发者、课程决策者等主动的新型课程角色，以教师专业眼光来对待课程、对待教学，从而提升自身的专业化水准。

（二）提高教师参与课程决策的能力

（1）充分理解课程决策能力的内涵。只有理解才能更好的把握，教师需要认识到课程决策能力不是一个简单的概念，而是一个教师专业知识的综合运用，更为重要的是在课程决策中去实践、去运用，关键是能力的养成。

（2）加强教师课程决策的协作能力。教师参与课程决策，既有“教师课程决策的群体意向性”，也有“教师课程决策的个体意向性。”[5]因此，在进行课程决策的过程中，加强彼此间协作，通过教师课程决策与正式课程决策之间、教师课程决策与学生课程决策之间的关系调适，实现教师课程决策能力的提高。

（3）教师在经验中不断丰富课程决策的能力。“决策能力随着教师经验的丰富而逐渐提高。”[6]在谈到经验教学方面，我们需要考虑到一方面是教师需要不断认真总结和反思自身的课程决策经验，从而积累自己参与课程决策的经验；另一方面需要不断向别人去借鉴课程决策的经验，实现“古为今用，洋为中用”，从而提高课程决策的能力。

（三）解决教师参与课程决策的矛盾与问题

课程决策不是一个简单的课程问题，而且是一个复杂的教育过程，在教师参与课程决策的过程中有许多因素在影响着教师。因此，我们需要解决这个过程中的矛盾与问题，主要有以下几个问题：①教师需要树立正确的知识观。教师的知识观主要是指教师在对待知识时所持有的观点和看法。知识观是课程观的一个重要方面，只有具备了正确的知识观，才能有更好的课程观。同时，教师知识观是教师参与课程改革中重要的一环，因此在课程决策时，需要确立恰当的知识观。对于知识是主观还是客观的问题，或者说，知识是不依赖学习者而存在的客观的意义系统，还是个体体验的产物，教师对此需要树立一个明确的观念和正确的看法。②教师需要形成科学的课程价值观。在课程决策过程中，教师需要做出明确的课程价值观的选择。斯宾塞在《什么知识最有价值》中说道："在能制定一个合理的课程之前，我们必须确定最需要指导什么东西，或是用培根那句不幸现在已经过时的话说，我们必须弄清楚各项知识的比较价值。"关于当代课程价值存在几种看法：第一，斯宾塞功用主义课程价值观。斯宾塞认为科学知识最有价值。因此，我们做课程决策的时候需要将科学知识纳入到课程设计中去。第二，杜威的工具主义价值观。该课程价值观认为教师需要引导学生的社会意识，使学生了解并掌握促进社会进步的手段。因此教师在课程决策时需要加强学生对社会知识的了解，从社会、生活中学习知识。第三，布劳迪的课程价值观。该课程价值观强调学科知识的重复作用，学科知识的应用作用、学科知识的联想作用以及学科知识的解释作用。在这种课程价值观指导下，教师课程决策需要更多考虑学科知识的重要性。第四，彭加勒的课程内在价值观。该课程价值观认为内在的东西才是人们的追求，如"科学家研究自然并非它有用处，他研究它，因为喜欢它，他之所以喜欢它，因为它是美的。"在这样的课程价值观指导下，教师参与课程决策过程中应主要考虑到课程的内在价值。总之，有什么样的课程价值观，就会出现什么的课程决策。因此，教师需要慎重考虑，并形成正确的课程价值观。③教师需要具备恰当的、合理的方法论。在课程决策过程中，教师需要找到恰当的，符合学生身心发展的方法。在课程内容的组织和实施策略上，是重视内容还是重视过程，或者说是以学科的基本事实和概念为中心来建构课程，还是以生活中的实际问题来建构课程；到底是以学科基本知识为对象让学生进行纯粹的接受性学习还是以实际问题为对象让学生进行体验性的学习。在课程决策时，面对这些问题，教师“要以辩证唯物主义的方法论为思想指导”[7]，坚持既需要给学生以学科知识的学习，又要让学生去体验性地学习。

（四）塑造课程决策的文化

（1）构建“合作—交流”的课程决策文化。联合国教科文组织在《教育——财富蕴藏其中》里指出，学会学习、学会合作、学会认知等是当代时代的重要特征，有小范围的合作与交流，有大范围的合作与交流。总之，学会合作既是一种重要的学习能力，也是一种重要的生活和工作过程。当然，教育过程是个复杂的过程，分工、合作更是不可或缺的。因此，在课程决策的过程中，需要建构一种“合作－交流”的课程文化，让学校领导、专家、教师、学生、家长等都能够具备合作的意识与能力，并在课程决策中践行合作文化。

（2）构建“对话－理解”的课程决策文化。正如雅斯贝尔斯在《什么是教育》中指出：“所谓教育，不过是人对人的主体间灵肉交流活动（尤其是老一代对年轻一代），包括知识内容的传授、生命内涵的领悟、意志行为的规范，并通过文化传递功能，将文化遗产教给年轻一代，使他们自由地生成，并启迪其自由天性。”可见，教育本身是一种对话，一种理解。因此，在课程决策中需要构建“对话－理解”的课程文化。

（3）构建反思性的课程决策文化。反思不仅是教师的一种课程能力，也是将“‘学会教学（Learning to Teach）’与‘学会学习（Learning to Learn）’结合起来，努力提升教学实践合理性，使自己成为学者型教师的过程。”[8]因此，在课程决策过程中，应让课程决策者去反思，让课程决策的执行者去反思，对课程决策进行再分析和评价，从而构建一种反思性的课程决策文化。

（五）构筑课程决策支持系统

（1）理解课程决策支持系统的内涵。决策支持系统（Decision Support System，DSS）是20世纪70年代美国学者M. S. Scott Morton与P. Keen等人率先提出来的一种“信息系统模型”。[9]一般认为，课程决策系统是指辅助课程决策者通过数据、模型和知识，以人机交互方式进行半结构化或非结构化决策的计算机应用系统。它是管理信息系统向更高一级发展而产生的先进信息管理系统。

（2）明白课程决策支持系统的价值。它旨在为课程决策者提供分析问题、建立模型、模拟决策过程和方案的环境，调用各种信息资源和分析工具，帮助课程决策者提高决策水平和质量。

（3）了解课程决策支持系统的类型。课程决策支持系统包括结构化课程决策系统、非结构化课程决策系统和半结构化课程决策支持系统。

（4）掌握课程决策支持系统的基本结构。数据库、模型库、方法库、人机对话系统、知识库、专家系统等。

（六）创设教师参与课程决策的内外环境

（1）中小学校长是教师参与课程决策的领导。通过中小学校长课程决策的领导，实现课程决策有序、合理地进行。一个成功的中小学领导者不是去命令、控制、监督教师的课程决策，而是倾听、合作、引导、协调教师的课程决策，这种课程思想符合追求民主、公平、公正的教育思潮。有了正确的课程决案领导方案，教师参与课程决策将更有成效。

（2）成立以学校为基础的课程发展委员会，对课程决策进行领导和指挥，向下设立各学习领域课程小组，负责规划学校总体课程，决策各年级各领域学习节数，审查开发校本课程，设计教学主题与教学活动，并负责课程与教学评价等工作。

（3）以教育法律形式保障教师参与课程决策的权力。“课程权是教育权力的一种”[10]。尽管我国以法律形式规定了教师具有教学权力与教学改革的权力，但我们仍需要进一步加强和完善教师参与课程决策的法律条款，以便有效保障教师参与课程决策。

（4）争取社会各个领域的支持，给教师提供课程决策的空间。社会发展需要和学生发展是课程决策的重要制约因素。时代发展和社会进步是课程决策的大环境，教育行政部门官员、课程理论专家等是得到社会认可，并被赋予课程决策权力的课程决策主体，他们作出的课程决策不是凭空臆想出来的，而是源自社会的期待和需要。而教师参与到课程决策中来，把教师等有关学校课程人士视为课程决策的主体，这样的理念和观点还没有得到社会的广泛认同和重视，这个过程还需要一段时间。因此，我们需要争取社会各个领域的支持与帮助，给予教师参与课程决策的时间和空间，让教师不仅获得情感上的认同与关怀，而且能够合理有效地利用社会提供的资源，积极地参与课程决策，从而推进教师专业化进程。

（七）加强教师参与课程决策的教育与培训

（1）开展教师参与课程决策的教育。课程决策的教育不仅指的是在职教师的参与，我们更需要进行职前教师课程决策参与意识与参与能力的培养。在以往的教师教育中缺乏对课程决策的倡导和实践，因此，在教师的教育课程设置方面，需要加强课程决策方面的课程的教学与实践，培养师范生参与课程决策的意识和能力。

（2）加强教师参与课程决策的培训。教师参与课程决策是个比较复杂的过程，需要教师具备这方面的知识、技术、方法等，如果由于教师本身的专业知识、理论基础以及相关课程决策知识的缺乏，而不能很好地参与课程决策，那么就需要加强教师参与课程决策的培训，提高教师课程决策能力。

参考文献

［1］郭元祥，杨钦芬，余娟，等．教师即课程：意蕴与条件［J］．教育研究与实验，2008（6）：2.

［2］邢以群．管理学［M］．杭州：浙江大学出版社，2005.

［3］田秋华，冯冬雯．教师参与课程改革：核心概念解读［J］．西北师大学报：社会科学版，2008（2）：17.

［4］张华．课程流派研究［M］．济南：山东教育出版社，2000.

［5］何巧艳，黄甫全．教师课程决策本性的文化分析［J］．西北师大学报：社会科学版，2009（5）：120.

［6］杨兰．权力、协商与教师的课程决策［J］．教育发展研究，2009（20）：49.

［7］刘焱．课程决策——从理论到实践［J］．学前教育研究，1995（1）：4.

［8］熊川武．说反思性教学的理论与实践［J］．上海教育科研，2002（6）：4.

［9］楼英伟．论课程决策系统的构建［J］．辽宁教育研究，2004（7）：66.

［10］罗晓杰．三级课程管理体制下教师课程决策权问题探析［J］．教师教育研究，2006（6）：25.

新课程改革预期目标偏离的文化因素探析

新课程改革预期目标偏离的基本表现有两种，即偏左和偏右。其原因包括传统的改革文化、工具性的课程文化、功利性的考试评价文化、忽视个性化的教师文化等因素。为此，我们需要构建工具性文化科学与人文文化相结合的课程文化，要从追求个性化教师文化、实现技术性向人文性转变的教学文化、发展从评判到参与的舆论文化、养成教育家文化等方面着手。

一、新课程改革预期目标偏离的基本表现

新课程改革预期目标偏离，主要是指在新课程改革过程中，事先已经设计好的课程改革目标在具体实施操作过程中并未完全实现，实际改革的效果与预期的改革目标存有差距，以致实践层面的课程改革在情形、状态或性质上往往不同于预先设计的改革。具体来讲，主要有两个基本的偏离状态。

（一）偏左

新课程改革预期目标偏离表现为“偏左”，主要是指新课程改革中的“保守主义”，对新课程改革预期目标不认同甚至“背叛”，以致在新课程实施过程中我行我素，依然故我，从而导致新课程改革预期目标不能实现。

（二）偏右

新课程改革预期目标偏离表现为“偏右”，指的是在新课程改革过程中的“右倾机会主义”，对课程改革过分激进，甚至超越课程改革预期目标，对新课程创新、发挥，甚至将改革目标理想化，以致出现“冒险”行为。

二、影响新课程改革预期目标偏离的文化因素

（一）传统的改革文化

传统的改革文化认为改革就是一场风，一吹就会过去。改革中的“单摆

现象”让人不敢放更多心思投入到改革中去，改革与不改革对自身影响不大。故而在新课程实施过程中，对新课程改革预期目标不会太当一回事。另外，传统改革文化认为新课程改革是教育专家的事情，不是教育管理者和教师的事情。因此，在新课程改革预期目标的具体实施过程中，往往还是采用老一套做法。还有一种想法就是，新课程改革做做样子就行，于是在课程实施中表现出了“形似而神不似”，故而无法达到课程改革预期目标。

（二）工具性的课程文化

在工具性的课程文化观下，课程和学习是一种工具，教师和学生是一种工具，教师被看作是传授知识的工具，学生是学习知识的容器和工具。在此课程文化观下，教师会忽视对新课程改革预期目标的全面理解，只对那些容易操作的工具性和技术性层面的知识与技能等容易接受，而对那些涉及学生个性化发展和学生身心和谐发展的文化层面和精神层面的内容关注很少。因此，在新课程改革过程中，往往出现新课程改革预期的目标被“肢解”和“碎片化”，而不是被全面理解和执行。

（三）功利性的考试评价文化

功利性的考试文化从隋朝科举就开始出现考试能金榜题名、光耀门楣，并带来相关的“名”与“利”，是考生对考试的理解。千百年来，功利性的评价方式表现为以考试分数来判断学校的教育质量、评定教师的教学能力、断定学生的学习效果甚至判定学生是否为好学生。在功利性考试文化影响下，教育管理者和教师很难将新课程改革预期目标与考试分开。于是，在课程实施过程中，会有意识无意识地将新课程所强调的知识与技能、过程与方法、情感态度价值观往考试这条道上靠，以至于出现“穿新鞋走老路”的现象。

（四）过分强调合作而忽视教师个性发展的教师文化

在新课程改革过程中，我们一直强调教师的“合作”，强调构建“共同体”，将合作看得过高，而教师的合作往往是貌合神离，不是真正意义上的合作。因为“一个组织机构只有在其中的每一位成员都发生变化的时候，它才会发生变革。”[1]但是，在新课程实施过程中，更关注教师与教师之间的学习与合作，更重视教师的集体培训，从而忽视了教师的个性化发展，没有让教师自身去体会和反思。因此，在教师开展和实施新课程改革时，预期目标往往发生“走样”和偏离。

三、纠正新课程改革预期目标偏离的文化策略

（一）构建科学与人文文化结合的课程文化

今天人类社会的文化已经迈入一个复杂的阶段，一方面，科学向更加微观的领域发展；另一方面，科学又走向更加整合。所以，我们一方面强调科学，另一方面强调人文，在科学与人文的悖论中逐渐走向融合。在社会和科学如此发展的视域下，传统工具性课程文化对人的忽视不利于新课程改革，故而新课程改革也需要构建新课程文化。新的课程文化重新审视知识的价值，重新估量科学和技术的意义，重新塑造人文的价值。将两者结合起来的课程文化，将更有利于对新课程改革预期目标的全面理解及执行。

（二）追求个性化的教师文化

学者哈格里夫斯（Andy Hargreaves，1994）将教师文化分为个性主义文化、派别主义文化、自然合作文化和人为合作文化。在传统的教师文化视野下，教师往往被作为一个群体来看待，更主要的是让教师成为一个合作团体，主张为“合作”而“合作”的人为合作的教师文化，忽视教师个性化文化的发展，忽视教师自身的个性生成。“独立思考和工作的能力对教育改革极其重要。”[2]由于个性化教师文化的缺失，导致教师对新课程改革预期目标缺少更多个性化的理解以及主动的创新和创造，往往是被动地去执行，从而达不到理想的效果。因此，在新课程改革的过程中，一方面需重视教师的协同合作，让教师之间形成“头脑风暴”去共同面对改革中的问题与困境，而另一方面需重视教师的个性化发展，促成教师的教学创造性和教学个性。

（三）实现技术性向人文性转变的教学文化

新课程改革不仅是一项教学技术性的变革，更是一种教学文化的变革。现代教学的信息媒体如博客（Blog）、微博（Micro Blog）、维基百科（Wiki）、RSS、SNS、P2P、IM、Podcasting、Social Bookmarking、Mashup 以及 Flickr、

SlideShare、Youtube、Facebook、Del. icio. us、WordPress、Twitter、Wikipedia等日新月异的发展为新课程改革起了推波助澜的作用，使得新课程改革可以更进一步。甚至从教学技术层面上来说，我们的新课改已经取得了很多的成绩，教师掌握了很多新的教学媒体应用技术，实现了一定的新课程改革预期目标，还为进入“云教育”时代打好了基础。如今，我们更加需要关注的是教学的人文性，关注教师需要被当作是“教育者”而不是“教书匠”，将学生看作是“学习者”而不是“被动的接受者”，将教学看作是一种“心灵对话与情感交流”，而不是一种格式化的工厂技术活儿。只有这样，教师才能更加深刻地明白和体会新课程改革预期目标的人文价值，才会从更高层次上去进行教学，从而达到新课程改革的预期目标。

（四）形成由注重结果向注重过程和结果统一的评价文化

结果对于教育活动来说不能说不是重要的，但一直以来一味关注结果，只关注学生的考试成绩，重视考试分数，成绩本位的文化也是不可取的。那样就会忽视学生的学习过程，忽视学生的学习体验和情感态度价值观的生成，以至于将学生视为考试的机器或者是学习的工具，而没有将学生看作是学习的主动者和创造者，如此这般的评价文化对于新课程改革目标的执行是不利的。因此，为了进一步推进新课程改革预期的目标，需要将学生的学习结果和过程结合起来，重视学生学习过程与方法的获得，重视学生知识与技能的形成，关注学生学习情感态度与价值观等方面的培养，形成学生的终身学习能力，让学生从学习中找到快乐，进而凸显过程与结果统一的全面性评价和发展性评价。

（五）发展由评判到参与课程改革的舆论文化

我们知道，课程改革是一项系统工程，是包括社会、家庭、学校、教师、专家等在内共同参与的一项社会性工程，它不是教育界人士的力量所能完成的。因此，在新课程改革过程中，需要广大的社会群众基础，需要强大的舆论力量参于，需要从批评课程改革到参与课程改革。同时，我们需要摒弃“统一”思想的陋习、克服“制造”舆论的惯习、改变“主流”媒体的姿态。[3]在广大舆论的监督和影响下，更好地促进教育内部人士对新课程改革预期目标的执行。

（六）养成教育家文化

教师是新课程改革的关键因素，这是无可厚非的。在推进新课程预期目标的执行过程中，需要转变那些“经师”，形成更多的“人师”以及教育家，正如《国家中长期教育改革和发展规划纲要（2010—2020年）》中指出，“创造有利条件，鼓励教师和校长在实践中大胆探索，创新教育思想、教育模式和教育方法，形成教学特色和办学风格，造就一批教育家，倡导教育家办学”。[4]因此，在新课程改革过程中，形成教育家文化，经由教育家文化陶冶更多的教师，让教师成为执行新课程改革预期目标的坚强后盾，从而达成预期效果。

（七）草根研究与书斋研究融合的研究文化

由于在新课程改革过程中，“教师即研究者”“教学即研究”等理念得到认同，于是广大一线教师作为草根研究者受到了广泛的重视和关注，一时间研究课题和研究项目以及研究论文和著作不断增加，以至于一些草根研究者还被邀请去讲学。不可否认，草根研究者具有其“实践性”“一线性”的一面，但是由于草根研究者自身理论素养和学术修养的局限，最终对于课程改革的研究贡献有限。而与其相反的是书斋式的研究也是不可取的，不懂得教育实践的现实运作情况而盲目地“做研究”，对新课程改革目标的实现是有百害而无一利的。因此，在继续推进新课程改革过程中，需要加强草根研究与书斋研究的融合，让理论研究者和实践探索者形成研究共同体，从而推进新课程改革目标的达成。

新课程改革是一项长期的过程性工作，不是一次性事件，这是大家都心知肚明的。新课程改革预期目标是否与实际效果达成一致，不仅关系到教育质量的提高，也关系到课程改革的成败，所以不能轻视。

参考文献

［1］吉纳·E. 霍尔，雪莱·M. 霍德. 实施变革：模式、原则与困境［M］. 吴晓玲，译. 杭州：浙江教育出版社，2004.

［2］迈克尔·富兰. 变革的力量——透视教育改革［M］. 中央教育科

学研究所，加拿大多伦国际学院，译．北京：教育科学出版社，2004.

［3］吴康宁．反思我国教育改革的舆论支持［J］．湖南师范大学教育科学学报，2012（2）：5－9.

［4］教育部．国家中长期教育改革和发展规划纲要（2010—2020年）［N］．中国教育报，2010－07－30（1）.

第二部分

基础教育课程改革的实践

终身教育视野下的基础教育课程改革

终身教育思想可以追溯到古希腊罗马、伊斯兰以及中国、印度的古老哲学，其后夸美纽斯、卢梭也提出如“活动学校”“新型学校”“为孩子着想”等近似的终身教育思想。但是终身教育对教育界产生最广泛、最深远的影响还是 1972 年以后的事情。终身教育概念最早是由联合国教科文组织成员、法国成人教育家保罗·郎格朗在《终身教育引论》报告中提出来的，经联合国教科文组织成员的努力，该概念得到不断完善与发展。终身教育思想把“与生命有共同外延并已扩展到社会各个方面的这种连续性教育”称为“终身教育”。终身教育已经被认定为进入 21 世纪的关键所在，也是必须适应职业界的需要和进一步控制不断变化的个人生活节奏和阶段的条件。

终身教育关注知识、技能、共同生活知识和生存知识之间的密切联系，也强调不断造就人，不断扩充其知识和才能，以不断培养其判断力和行为能力。终身教育突破了学校教育的藩篱，延伸了教育概念的外延，加强了教育与生活之间的联系，认为一个人的学习和教育是“从摇篮到坟墓”的终身学习的过程。

在今天的教育中，我们需要十分重视终身教育理论对我国当前所进行的新一轮基础教育课程改革的影响。因为终身教育不仅是一个教育概念，一种教育思想，更是一种教育理论，一种教育原则。终身教育理论的许多思想将会冲击和影响我们当前的基础教育课程改革。我们需要把新课程改革放在终身教育的视阈中去思考和实践。

一、终身教育理论产生的背景

（一）科学知识和技术的进步

科学知识不仅从数量上是以集合级数增长，从领域中也在不断延伸。科学知识由宏观领域拓展到微观领域，或者由微观领域发展到宏观领域。科学知识不断由理论转化成技术，变成直接的生产力，于是人民的注意力已转向技术领域发生的迅速变化。联合国教科文组织在会议中讨论关于工程师培训的过程中发现，仅仅一二十年以前还处于前列的科学发现和技术工艺在很多情况下都已经变得过时了。

科学知识和技术的不断进步使得许多专家认识到如果要培养工程师使之能适应日益发展的技术，那么主要的力量就应放在教会学生如何学习上。一个人如果不使自己的知识和技能不断更新，那么他就会落伍，而且这条规律适用于各个部门，即“在工业和农业的无数个部门中，各级生产都迫切需要时时更新理论概念和技术”。

（二）人口增长

人口的不断增长，导致对教育的需求也不断增长。人们认识到“人人有受教育的权利”是一种完全合理的要求，事实情况也是如此。在人口数量增长的同时，人的寿命也在延长，有些国家男女人均寿命已经达到或超过70岁，即便有些国家的人均寿命远低于此，但也已超过40岁，将达到50岁。人口的增长，不仅需要教育的数量的发展，而且需要教育的职能，甚至它的性质也要发生改变。

（三）自由闲暇的时间增加

随着工业社会的不断发展，现代形式、范围和内容的闲暇时间（每个人用于消遣和个人发展的时间）也相应的增加。虽然不同阶层人口中的闲暇时间，分布是很不均衡的，大学教授和农业工人之间有千差万别，男女享受的闲暇也很不平衡，但是越来越多的人已能受益于时间的某种新的安排，“而非常重要的一点是，无论从个人的利益还是从整个社会的利益来说，人们都应该恰当地利用那一部分时间”。教育工作者应通过给人们提供认识、思维和表达思想情感的手段来更充分地发挥他们的积极性，以便让他们知道如何利用可由他们自由支配的空余时间，避免消极情绪，过上充实的生活。

（四）思想意识形态的危机

在协调伦理和人与人的关系方面，人在思想领域出现了危机。以前所信奉的行为准则、思想在今天越来越不能使人心悦诚服，人们面对多样的抉择，需要对自己思想、判断和情感负责。要适应这种危机的情况就需要教育“永不停止”，因为这种教育“从智力、也从情感和想象各方面调动生命的每种能力和手段”。

二、终身教育理论的主要观点

（一）终身教育强调教育机会均等

“一般来说，机会均等原则对所有致力于逐步确立终身教育各个方面的人来说是一项主要标准。”终身教育给那些因种种原因而未能完成全部学业，或因学业失败而离开学校教育系统的人提供新的学习机会。终身教育机会均等原则符合教育民主的要求，它体现了灵活的教育方法的正确性。终身教育架构了正规教育与非正规教育之间的联系，强调学校教育之外的成人教育等非正规教育对学校教育不足的补充，通过多种形式的继续教育途径来增强教育机会，消除教育机会不均等的现象。

（二）终身教育建立在四个支柱的基础之上：学会认知、学会做事、学会共同生活、学会生存

学会认知的途径是将掌握足够广泛的普遍知识与深入研究少数的学科结合起来，以便从终身教育提供的机会受益。学会做事，主要获得能够应付许多情况和参与集体工作的能力，这是在学习与工作交替的教育发展中进行的。学会共同生活本着尊重多元性的原则，平等了解，在学习中也应学会共同生活。学会生存，以便更充分发展自己的人格，并增强自主性、判断力、个人的责任感。“四大支柱”基础之上的终身教育注重把教育作为一个整体来加以设计，强调四大能力的培养。

（三）终身教育的终身性

终身教育是持续的，贯穿一生的整个过程。终身教育反对学校教育和成人教育之间的分裂现象。从事实来看，终身教育倡导教育和学习是从一个人出生到死亡的全过程，即“活到老，学到老”。终身教育通过各种形式的教育方式来补充学校教育，将家庭教育，学校教育和社会教育三位一体地沟通和

连接起来。学习与工作不是一个绝对的分裂过程，职业培训既包括在学校教育的过程中，也将发生在职业岗位中。终身教育的空间、方式、时间都打破了原有教育概念的局限性，充分体现出终身教育的终身性。

（四）终身教育密切联系生活

终身教育是建立在“终身、教育、生活”等基本术语之上的，终身教育与生活的联系非常缜密。终身教育强调在生活中接受教育，同时可能也给他人以教育，每个人终身都在作为所属社区的社会环境中学习与生活，“所属社区具有巨大的教育影响，不论在学习合作和相互支援方面，还是在可能以更深入的方式积极学习公民的权利与义务方面，都是如此。”终身教育理论认为参加社团、宗教团体和政党等活动也可以促进其学习。

三、终身教育理论视阈中的基础教育课程改革

（一）基础教育课程改革体现教育机会均等

新一轮基础教育课程改革是本着“为了中华民族的振兴，为了每位学生的发展”的宗旨而展开的。基础教育课程改革关系到千家万户的切身利益。它不仅要实现“让每个孩子读得起书”的愿望，而且要实现“让每个孩子上有一定质量保证的学校”的目标。在终身教育理论的引导下，基础教育课程改革主要从下列几个方面来促进教育机会均等：第一，在课程设置方面，坚持整体设置九年义务教育课程的前提下，因地制宜地设置地方性课程，促进课程统一性与灵活性的结合。国家课程由国家整体设置，主要为实现整个中华民族素质的提高而考虑，但由于历史与现实的原因，不同地区的教育发展不均衡，不同地区也可以根据实际需要设置相应的课程，以便促进本地的教育发展。第二，教师对每个学生一视同仁，不同地区的教师来源都有一定的保证。教师需要认真地对待每个学生，而且对待他们采取一视同仁的态度。不同地区如经济发达的东部地区可能吸引大量优秀的教师资源，但落后的中西部地区可能导致优秀教师资源的“外流”。国家和地方教育行政部门需要采取积极有效的措施来吸引部分优秀教师资源来到中西部等欠发达地区支教，确保教师资源的一般质量。第三，促进课程资源的相对平等。课程资源是教

育资源的一个重要内容，课程资源的丰富程度也会影响教育质量。特别在今天网络化、信息化的时代背景下，谁拥有快速、正确、全面的信息化课程资源，他就会从中获得巨大的利益。信息化课程资源对于课程改革具有重大影响，对促进学生教育机会均等有重大意义。

总之，在终身教育理念下，基础教育课程改革需要在体现教育机会均等方面做出应有的贡献。

（二）形成学生终身教育、终身学习的态度和能力是基础教育课程改革的重要目标

《基础教育课程改革纲要（试行）》指出，新课程培养学生“具有适应终身学习的知识、基本技能和方法”。新课程改革应时代要求而生，就当然需要培养学生终身学习的能力。因为当今时代已经实现网络化、信息化，整个世界变成了一个“地球村”，信息量持续迅速增加，社会生活知识传播对教育内容均产生了深刻的影响。这种影响导致选择和安排教育内容的程序变得更为复杂和困难。而新课程改革的目标也应发生变革，传统的三级层次，即“知识—实用技术—态度和技能”，发展到今天新的三级层次“态度和技能—实用技术—知识”。教育不仅限于给学习者准确的知识和培养他们对继续学习的兴趣，还应该培养他们学习和生活的能力。

新课程改革根据终身教育理论与原则去精选学生终身学习必备的基础知识和技能，为学生终身学习奠定基础。

（三）新课程改革倡导“教学方法”与“学习方法”的变革

终身教育建立在“学会认知”“学会做事”“学会共同生活”“学会生存”四大支柱之上，强调学习的概念已经不再是单方面的知识累积，更是积极学习态度的培养，学习能力的增强。从终身教育立场来看，新课程改革需要扭转过于强调接受学习、死记硬背、机械训练的状况，学生需要主动参与、乐于探究、勤于动手，充分发挥自身的能动性、主体性、积极创造性，从“学会”到“会学”，从“要我学”到“我要学”，学习内容的改变不仅是学习方式的改变，更是学习态度的转变，学习能力的增强。

教师作为教育的一个重要变量，在教育活动中起着不可替代的作用。在终身教育理念下，教师的职责越来越少的是传递知识，越来越多的是激励学生的

思考。教师的角色也发生了相应的改变，由课程计划的执行者转变为课程的建构者，教师由教学的管理者转变为学生发展的指导者、学生学习的合作者，由裁判学生成绩的“法官”转变为学生成长的促进者，教师集中更多的时间和精力去从事那些有效果和创造性的活动，去相互影响、讨论、激励、了解、鼓舞。教师将“越来越成为一位顾问，一位交换意见的参加者，一位帮助发现矛盾论点而不是拿出现成真理的人”。教师转变其角色的同时也需要改变教学方法，从侧重“教”的教学发展到侧重“学”的教学，从“知识”的教学发展到形成“学生主动参与、乐于探究、勤于动手的积极学习态度”的教学，培养学生“搜集和处理信息、获得新知识、分析和解决问题、交流与合作”等能力。

（四）新课程改革加强教育与生活的联系

从终身教育观念来看，“终身、教育、生活”三位一体，生活与教育共同构成了终身教育的基础。终身教育又通过学校教育、家庭教育、社会教育等不同方式的正规教育和非正规教育途径沟通了教育与生活之间的联系。在终身教育理念下，新课程需要加强教育与生活之间的联系，主要从以下几个方面着手：首先，新课程的课程资源来源于生活，课程内容与知识贴近学生周围的生活世界。其次，加强教育与生活之间的沟通。新课程需要打破学校教育的界限，让学生积极广泛参加家庭教育活动，以及社会正规和非正规教育，以便实现“在终身开放型和充满活力的系统框架中，任何个人都被鼓励进行参与，也就是认清培养的内容，并加以掌握”。最后，新课程改革让学生在接受教育过程中更好的生活。杜威的“教育即生活”与斯宾塞的“教育是为完满生活做准备”其实也有许多重合的部分。教育既要让学生在学习过程中获得更多的选择和发展的机会，习得更多的生存能力、实践能力和创造能力，同时也在学习过程中体验到学习生活的愉悦，培养学习的兴趣，进行“生活”。新课程改革倡导学生“生活”与“教育”的有效融合，从而更好促进学生的发展，这不仅为将来的学习继续培养一个态度和兴趣，同时也为将来的生活培养更加积极的态度和情感。

四、结语

终身教育是一种重要的教育理论，对教育的拓展具有重大的意义。终身教育理论对我国当前的基础教育课程改革也具有积极的影响，我们需要加以重视。

参考文献

[1] 雅克·德洛尔. 教育——财富蕴藏其中 [M]. 北京：教育科学出版社，1996.

[2] 保罗·郎格朗. 终身教育引论 [M]. 北京：中国对外翻译出版公司，1985.

[3] 中华人民共和国教育部. 基础教育改革大纲（试行）[N]. 2001-06-18.

[4] 联合国教科文组织国际教育发展委员会. 学会生存 [M]. 北京：教育科学出版社，1996.

[5] S. 拉塞克，等. 从现在到2000年教育内容发展的全球展望 [M]. 北京：教育科学出版社，1996.

新课程改革的理想与现实的博弈

人类已经迈入21世纪，一个科技日新月异、国际竞争日益激烈的知识经济时代已经到来，一个终身教育、学习化的社会日趋形成。面对与日俱增的挑战，教育作为竞争的重要武器，应肩负起自己重要的使命——促进人的全面发展，推动社会的进步。

为了每个学生的发展，为了中华民族的振兴，中国教育部于2001年6月8日颁布《基础教育课程改革纲要（试行)》，于是一场轰轰烈烈的课程改革在神州大地开展起来。基础教育秉承改革是完善基础教育阶段素质教育的核心环节，基础教育秉承下列理念：倡导全面和谐发展的教育；重建新的课程结构；体现课程的现代化；主张建构性学习；促进课程的民主化与适应性；形成正确的评价理念。基础教育新课程改革的目标是要求改变传统的教育模式下过分注重知识传授的倾向，过分强调学科本位、科目过多和缺乏整合的现状，过分注重书本知识学习的现状，过分强调接受学习，过分强调甄别与选拔，过分强调课程的集中管理的现状。

新课程要求打破那种“要儿童适合教育的状态”，而是“创造适合儿童的教育”，让学生不仅“会学”，而且“愿学”。新课程致力于把一种开放的、民主的、科学的课程还给学生。新课程改革应时代需要而产生，新课程本着“先立后破，先实验后推广，再普及”的原则，最先在全国建立42个实验区，随着课改的深入而不断茁壮成长。但在新课程的实施过程中，许多深层次性的矛盾与问题凸显出来。新课程的理想与现实运作之间演绎着相互冲突、互相博弈。

一、接受式学习与研究性学习之间的博弈

接受式学习主要指以教师讲授为主，学生被动接受教师传给的知识，学生缺乏主动性的学习，这样一种学习方式被称为接受式学习。该学习方式主要特点是以教师传授知识为主，学生被动性地接受。接受式学习由于传授知

识的信息数量多、速度快、所用时间少，所以一直以来深受广大教师的钟爱。

研究性学习，又称为探究性学习、发现性学习，主要指在教师指导下，学生主动地以自己学习和社会生活中的问题作为研究课题，用类似科学研究的方式来获得知识、运用知识，以及解决问题的学习活动，这种学习方式称为研究性学习方式。该学习方式主要特点是学习空间的开放性、学习的自主性、知识的生成性、教学的过程性和体验性。这种学习方式是新课程所提倡的。

在新课程实施中，许多教师为了适应当前新课程改革的需要，不断学习新课程的理论进行教学方式的改革与创新，摒弃以前的教学方式。一方面，一部分教师为了“研究而研究”，如在课堂教学中有些问题是相当简单的，只要教师稍微讲解一下就可以，不必要采用探究性的学习方式，但教师为了体现他的研究性学习方式而采用此种教学方式，结果牺牲了学生许多宝贵的学习时间，浪费了许多有效的教育资源。另一方面，有些教师认为研究性学习比较费时，比讲授方式教学要慢，而且教师备课花的时间也要多，于是他们还是采取原来的“老一套”教学方式，拒绝新课程所提倡的新的研究性学习方式。这样一来，传统的传授式教学方式与新课程所主张的教学方式就产生了互相冲突、互相博弈的局面。

在新课程改革中，我们应该正确处理接受式学习与研究性学习之间的关系。在课堂教学过程中，教师要重视学生的研究性学习，提高学生主动性学习的兴趣，培养学生实践操作能力，让学生体验知识的获得，让学生主动发现问题、分析问题、应用知识解决问题。同时，在教学实践活动中教师不应该拒弃知识的传授，不放弃学生的接受性学习，特别是某些不需要探究的知识的学习，我们教师不能为了“研究而研究”，只是注重形式上的“研究性”，而忽视了知识本质的教学。

二、教师主体性与学生主体性之间的博弈

教学是教师与学生通过教学媒介所进行的一种交往活动。教学活动包括教师“教”的活动与学生“学”的活动。教师是“教”的活动主体，学生是“学”的活动主体。如此一来，教学包括了教师与学生两个活动和两个主体。

新课程实施过程中，有部分教师认为学生是教学实践活动的主体，于是

课堂教学就成了学生的活动，让学生提问题，向学生提问题，让学生答问题，教师只旁观学生的活动。有时，甚至出现课堂教学一团糟。但是，有些教师认为教师是教学活动的主体，课堂教学主要以教师控制话语权，教师占用主要课堂教学时间，仍然注重知识讲授为主，放弃研究性学习方式，认为这种知识传授方式可以提高教学效率。于是在教学实践活动中，教师对教师主体性与学生主体性的认识出现了两者的博弈的现象。

面对课堂教学活动，我们教师应该有个完全的本质性认识。教学活动是师生思想沟通与情感交流的活动，教学有教师“教”的活动与学生“学”的活动，教学活动是在教师的指导下，学生进行学习的一种“教”与“学”的实践活动。教师需要正确看待教师与学生在教学实践活动中的主体地位。

三、课程资源开发与教学内容泛化之间的博弈

课程资源是新课程改革的一个重要概念。课程资源主要指课程与教学的信息来源，即一切具有教学价值并能纳入到新课程体系中的各种要素。教学内容是课堂教学的客观要素，是教师和学生进行教学交往活动的重要媒介。

新课程改革强调开发课程资源。教材、教师、学生、网络等包括在内的精神要素、物质要素和人员要素，都构成了课程资源。一些教师为了开发课程资源，利用教材作文章，把书本上的知识引申开来，把生活中的知识纳入到课堂教学中来。当然，这样可以扩大学生的知识面，拓展学生的视野，但是有些教师把课程资源开发滥用了，导致教学内容的泛化。在新课程的教学活动中，我们需要进行课程资源的开发与利用，拓展课程资源的价值。同时，教师在课堂教学活动中也应避免那种为了教学而盲目进行的教学资源开发。

四、教师的教学与教师的科研

教学是教师的首要任务，教师应该进行课堂教学。当然，教师也需要对教学本质的认识过程和对知识的体验过程，所以教师需要去反思教学、研究教学。

新课程改革强调教师作为“动态的研究者”，而不只是知识的传授者。教师不仅是“教书匠”，同时也是“教学设计师”。教师不仅要教学，同时也要

进行教学反思，研究教学。但是在新课程实施中一些教师为了迎合上一级领导的检查，为了应对新课程改革所带来的挑战而盲目地抛弃了教学的应然，转向了所谓的“教学科研”，忘记了自己是一个课堂教学的教师。我们教师需要恰当处理教学与科研的关系，既坚持以课堂教学为主，又从事教学科研，从事课程开发与研究，从而更好地进行课堂教学实践活动。

五、应试的结果评价与促进学生发展的过程评价

应试，顾名思义，就是应付考试。应试教育主要指以让学生达到在知识方面考试成绩较好的一种教育模式。应试教学精神内涵就是以考试成绩作为最高行动指示。教学的一切都是为了取得在考试时的好成绩，当然主要是知识点的考查。应试教育曾经是传统教育的精华和象征，所以许多教师仍然固守着以讲授知识为主的应试性教学。他们认为考试是一切衡量标准，考试是有效检测教学的唯一教学评价手段。

新课程强调发展性评价。新课程强调课程评价要促进学生的发展，促进教师的发展，促进课程的发展，倡导过程性评价。但是这样一来，为了促进学生的发展，为了追求学生的知识体验，有些教师开始特别专注过程性评价，只关注学生在课堂教学活动中是否表现活泼，课堂气氛是否活跃，是否进行情感体验，从而忽视了学生对知识的学习，教师对学生智力的培养，忽略了学生能力的形成。

在新课程改革中，我们要善于把握应试与发展性评价的关系。不可否认考试是体现教育公平与平等的有效的教学评价手段。正如邓小平所说，“考试是检查学习情况和教学效果的一种重要方法，如同检验产品质量是保证工厂生产水平的必要制度一样。当然也不能迷信考试，把它当做检查学习效果的唯一方法。要认真研究、试验、改进考试的内容和形式，使它完善起来。”新课程实施过程中的关键是考试制度（中考、高考），也应该与新课程改革相配套。新课程改革专家钟启泉教授指出课程与教学评价制度是新课程改革的三大瓶颈问题之一。改进考试制度是其中一项繁重的任务。发展性评价是新课程改革所倡导的，理所当然要在新课程实施过程中体现出来。从而推动课程本身的发展，推动教师的专业化发展，更好地促进学生全面、个性化、自由、和谐的发展，实现伟大的民族复兴。

总之，新课程实施过程中还存在一系列理想与现实之间的差距，我们教育理论工作者和教学实践工作者应该积极转变思想，为新课程的实施不断创造良好的环境。

参考文献

[1] 邓小平语，光明日报 [N].2005－10－12 (6).

[2] 李光久．博弈论基础教程 [M]．北京：化学工业出版社，2005.

[3] 张传燧．综合实践活动的课程资源及其主题开发设计策略 [J]．教育科学研究，2004 (6)：32.

[4] 余文森．新课程教学改革的成绩与问题反思 [J]．课程·教材·教法，2005 (3)：3－9.

[5] 温欣荣，等．课程改革背景下基础教育问题的反思 [J]．课程教材教法，2005 (8)：11－17.

[6] 肖川．教育的理想与信念 [M]．长沙：岳麓书社，2002.

[7] 张晖新．课程的教学改革 [M]．北京：首都师范大学出版社，2001.

[8] 钟启泉，等．基础教育课程改革纲要（试行）解读 [M]．上海：华东师范大学出版社，2001.

教师参与课程决策的文化障碍及其对策

新课程改革以来，在课程决策方面打破了我国一直奉行国家课程决策的局面，实现了国家课程、地方课程、校本课程三级课程管理体制，“从课程民主的角度看，国家和地方的教育行政部门、学校、家长、教师和学生对课程决策、课程设计、课程实施和课程评价都享有一定的课程权。”[1] 从而实现我国课程权力的多元化，凸显了教师的课程决策权。但是在教师课程决策的实践过程中往往遭遇各种来自文化障碍方面的阻隔，导致课程决策的实效性不强。因此，笔者试图从文化视角去分析教师参与课程决策，从而推进教师参与课程决策的进程，实现教师专业化发展。

一、课程决策与文化障碍的内涵分析

（一）课程决策

（1）课程决策的含义。决策（Decision - making）主要是指为了达到一定目标，采用一定的科学方法和手段，从两个以上的方案中选择一个满意方案的分析、判断过程。课程决策主要是指一个人、一群人、一个团体或者一个组织就其课程分析、设计、执行和评价过程中选择最佳课程方案的过程。

（2）课程决策的层次。学者 Tanner 认为，课程决策可以在以下几个方面进行：国家层面、州层面、学区层面、学校层面和教师层面。学者 Sowell 认为，课程决策是在国家层次、地方层次、学校层次和课堂层次等水平上发生的。我国倡导国家、地方、学校三级课程管理，因此笔者认为教师参与课程决策的层面主要还是在国家层面、地方层面、学校层面三个层面的课程决策。

（3）课程决策的一般程序。第一，发现课程中的问题。第二，确定课程目标：量化目标。第三，课程价值准则的确立：有形与无形价值。第四，拟定课程方案。第五，课程分析评价。第六，课程方案选优。第七，课程方案实施。第八，追踪课程决策。

(4) 课程决策的影响因素。对于课程决策的影响因素，目前学术界存在不同看法，有些学者认为主要是内部因素和外部因素，课程决策制约因素“既有外部因素，如课程资源、国家、地方和学校的教育哲学和教育管理方式等，也有来自教师的教师因素。”[1] 有些学者认为课程决策受到政治等因素的影响，“课程决策并不是单纯的教育课题，经常受到政治意识、社会变迁和利益团体的影响”[2]。还有些学者认为课程决策受到“知识观、价值观、教师观”[3] 等因素的影响，加拿大学者让·H. 杨格（Jean H. Young）认为影响教师参与课程决策的因素有：第一，自我（self - assurance）。第二，职业主义（professionalism）。第三，教学的要求（demands of teaching）。第四，与其利益的冲突。第五，实用主义（pragmatism）。第六，对委员会的看法。综上所述，笔者认为，课程决策的影响因素主要有：第一，文化因素。第二，课程意识因素。第三，课程相关技术因素。第四，教师因素。第五，社会因素。其中，文化因素在教师参与课程决策过程中是一个重要的影响因素。

（二）文化障碍

(1) 文化障碍的含义。根据《现代汉语字典》的理解，文化主要是指一个群体（可以是国家、也可以是民族、企业、家庭）在一定时期内形成的思想、理念、行为、风俗、习惯、代表人物，及由这个群体整体意识所辐射出来的一切活动。在这里，我们进一步界定文化障碍，它主要是指人们已经形成的思想、观念、行为、习惯等文化形式，对包括改革等在内的人们活动产生了一定的阻碍，我们把这种阻碍称为文化障碍。

(2) 文化障碍的表现形式。第一，物质文化层面的障碍。第二，精神观念文化层面的障碍。第三，制度文化层面的障碍。第四，行为文化层面的障碍。

二、教师参与课程决策的文化障碍的主要表现

（一）观念文化障碍

(1) 教师课程决策的观念文化层面障碍。教师长期以来形成的被动执行课程的观念根深蒂固。长期以来我国教师只是作为课程的执行者，奉行“上

所定，下所行”的课程理念，教师只是充当“教”的角色，教师根本就没有课程权力意识。

（2）学校领导课程决策的观念文化障碍。一直以来，中小学校领导都认为，教师的任务是教学，即教好书就够了，教师不是什么课程设计者，也不是教育与课程的研究者，没有权力去参与课程决策，因此，中小学校领导可能会忽视教师参与课程决策的概念。

（3）社会上一直将教师参与课程决策的机会和权力排除在外。社会上各界人士，包括教育行政人员在内，都认为教师是“教书匠”，教师没有权力去参与课程决策，教师只是执行上级的行政命令就行。因此，将具有课程决策权力的教师边缘化，否认将教师参与课程决策过程。

（二）制度文化障碍

（1）长期以来缺乏教师参与课程决策的机制，影响教师对课程决策的参与。从 1949 年到 20 世纪 80 年代中期，我国处于“完全国家决策模式阶段”[4]。我国一直以来实行国家统一课程，全国一本教材、一本教科书，一个大纲，这个阶段的课程发展模式是实现国家统一课程，由课程专家和教育行政部门制定，教师只有课程实施和教学的权力，没有课程设计和课程评价的权力，教师被排除在参与课程决策的门槛之外。

（2）传统高度集中的课程管理制度，导致地方课程、学校课程的缺失，教师无缘参与课程决策。由于中央高度统一的教育管理体制，导致国家实行统一集权的课程管理制度，即实行国家课程。没有地方课程和校本课程，缺乏教师参与课程决策的课程管理制度，课程管理缺乏地方自主性、灵活性和均衡性。

（3）我国以应试教育为主体的课程与教学评价制度，导致教师缺乏课程决策的时间和空间。我国一直以应试教育为主，教师把主要的时间和精力花在应试教育上，对学生进行灌输式教学，导致“教死书、死教书、教书死”等比较恶劣的教学循环。因为评价一个教师的课程实施和教与学的效果，其指标体系是唯一的，就是学生的考试成绩，所以教师根本没有参与课程决策的时间和精力。

（三）行为文化障碍

（1）教师参与课程决策中无所谓的消极态度。由于长期以来，教师没有参与到课程决策中去，因此对于新课程改革过程中所倡导的课程决策制度，教师的态度是无所谓或根本就是不屑一顾的，在课程决策行为上表现出消极参与。

（2）对于课程决策，教师采取一种应付心理。在新课程改革过程中，教师心里认为，课程决策不是自己的课程与教学任务。因此，教师对于课程决策的态度不是很积极，而是采取一种应付心理，为课程决策而进行课程决策。

（四）知识与技术文化障碍

（1）教师不懂得课程决策的知识和理论。由于中小学教师没有学习过课程决策相关的理论和知识，因此对课程决策的知识与理论根本不理解。

（2）教师缺乏课程决策的技术，不懂得课程决策的程序和步骤。在课程决策过程中，教师没有课程决策技术，不懂得怎么样去进行课程决策的操作。

（3）教师缺乏课程决策的能力。由于教师习惯于教书、教教材、教教学大纲，根本没有见识过课程决策的过程，因此缺乏课程决策的能力，不知道怎么去进行课程决策，也就无从去参与到课程决策活动中去。

（五）课程传统文化障碍

（1）官本位的课程决策传统。我国自古以来就是官本位，即什么事情都是当官的说了算，因此形成一种“上有政策，下有对策”的局面。在课程决策的领域也不例外，认为课程决策是上级行政部门和课程专家的任务和工作，教师没有课程设计的权力和任务，教师只是对课程决策的执行。导致在今天的课程决策过程中，教师还保留着这样官本位的课程决策传统理念。

（2）我国传统的完全国家课程管理模式。从1949年到20世纪80年代中期，我国是完全国家课程模式，即只有国家课程，没有地方课程和学校课程，教师在课程中的地位没有得到彰显，教师的课程决策权是被忽视的。因此，在今天倡导国家课程、地方课程、学校课程的过程中，教师对课程决策还显得无所适从。

（3）传统的忽视学生生活需要和教师发展的课程决策文化。课程决策不仅是社会发展的需要，而且需要适应学生生活和教师专业发展的需要。但是传统的课程决策是忽视教师的专业发展，忽略学生的身心发展、生活需要和个人兴趣的。因此，在课程决策中，教师并没有深刻认识到自身专业发展的需要，对课程决策参与的重要价值也没有认识到。

三、教师参与课程决策中文化障碍消除的策略

（一）不断创新课程决策文化理念

课程决策文化主要是指一个人、一群人、一个团体或者一个组织就其课程分析、设计、执行和评价过程中选择最佳课程方案的过程中所表现出来的思想观念、行为习惯、心理活动等。为更好地推进教师参与课程决策的行为，课程决策文化也需要不断创新，主要从以下几个方面进行：

（1）中小学校长的课程理念要实现从“课程管理”到“课程领导”的转换，以进一步促成其课程决策文化理念的形成。因为“课程管理”与“课程决策”是两个相互联系但不同的理念，“领导行为偏重于决策、指挥、创新、较多地考虑管理中的人文、价值和发展动力因素。管理行为则侧重于安排、执行、整合、协调，较多地考虑管理中的技术因素。”[5]课程领域中的“课程管理”与“课程领导”是既有联系又存在差异的关系，具体区别见下表。中小学校长要不断树立教师参与课程决策的文化观念，尊重教师的课程决策权力，重视发展教师的课程决策能力，加强对教师课程决策的课程领导。

课程领导与课程管理的区分

项目	课程领导	课程管理
权力主体	形式权利分享，课程相关人员均民主分享权力，尤其是对课程实施及其结果承担责任的学校与教师	管理权力集中于管理者特殊阶层，学校和教师不分享权力
权力实施	依靠课程领导者的法定权力和自身的个人权威，以后者为主	依靠课程管理者的法定权利和自身的个人权威，以前者为主
决策及推行	课程相关人员民主决策，作为决策主体之一的学校和教师进行实施	课程管理者进行决策，以形式命令方式自上而下推行，学校和教师被动执行课程决策

续 表

项目	课程领导	课程管理
教师观	相信教师具有创意和创造力，具有一定的决策能力	认为教师只是既定决策、命令的执行者，缺少决策能力
沟通模式	纵向沟通之外有较大程度的校内外横向沟通和交流	纵向行政命令为主，有较少的自发形式的校际间横向沟通
动力来源	决策主体自身的创意和创造力，自我驱动	来源于外部、上司的监管、监控

资料来源：靳玉乐，赵永勤．校本课程发展背景下的课程领导：理念与策略［J］．课程・教材・教法，2004（2）：9.

（2）促成中小学教师课程决策理念的形成和角色的转换。第一，教师发挥充分主动性、能动性和创造性，自觉去适应新课程改革的要求，需要具备国家课程、地方课程、学校课程三级管理的理念，形成科学的、明确的课程意识，包括形成参与课程决策和参与课程领导的文化理念。第二，中小学教师需要认识到教师不是被动的课程执行者和课程实施者，而是课程的开发者和设计者，课程的研究者和评价者，“如果学校的课程发展有一线教师参与，课程可能会更清晰、易懂，更容易被其他教师所理解”。[6]

（3）需要树立正确的、科学的、发展的课程决策文化观念。课程决策不是一项简单的课程任务，而是一项复杂的教育课题，经常受到政治意识、社会变迁和利益团体的影响，所以课程决策是一种政治协商过程，决策起来相当复杂。因此，我们需要思考建立一种课程决策的文化观念。第一，形成一种理解的、对话的、分享的、反思的课程决策文化，让教师与其他课程决策主体能共同对话与交流。第二，构建包括教师、课程专家、教育行政人员、学生、家长等在内的多元主体参与的课程决策文化。第三，形成有利于教师专业发展的课程决策文化。教师不仅是课程实施者，而且是课程开拓者与设计者，课程研究者与反思者，教师也是具有课程决策能力的课程决策参与者。这样一来，教师以专业的能力来进行课程决策，同时可通过参与课程决策促成教师专业成长。

（二）以法律形式保障教师课程决策权

（1）制定和完善保障教师课程决策权的法律。卡松和弗里森指出，“教师拥有相当的专业知识，他们应该在教育决策中拥有较大的权限，以实践其学识，同时保护其职业利益。”[7] 因此，在课程决策权的保障方面，需要制定保障教师参与课程决策合法权力的法律体系。虽然我国一部分法律提到了教师的教育改革权利，如《中华人民共和国教师法》中规定：教师具有进行教育教学活动，开展教育教学改革和实验的权利。但是目前缺乏对课程决策权利的法律文件，因此在深入改革过程中，需要制定相关法律文件来保障教师参与课程决策的权利。

（2）构建一个有利于保护课程决策主体利益的法律。在课程决策过程中，教师、家长、学生、课程专家等多元主体均参与课程决策，因此，需要保护好各个课程决策主体的权力和利益，并实现课程决策权力与利益的共享，因为“课程利益主体权力主体的权力界限清楚、职责分明，彼此通过协商，实现权力共享。”[8]

（三）加强教师参与课程决策的教育与培训

（1）加强教师教育过程中的课程决策。我国传统的师范教育中，师范生即职前教师，根本没有学习课程决策的理论，也没有体验课程决策的过程，导致师范生进入教师角色后没有能力去参与课程决策。因此，为了改变这样的现状，我们需要加强课程决策的教师教育，培养教师在课程决策方面的知识与能力，体验课程决策的过程，培养教师课程决策的素养。

（2）鼓励教师进修，提升教师参与课程决策的专业能力。第一，鼓励教师继续教育与培训，加强课程决策的内涵与理念的学习，从而为课程决策奠定知识论基础。第二，让教师在“教”中学，加强教师课程决策实践的体验和学习，让教师在课程决策的体验中不断提高。第三，提高教师不断参与课程决策的学习愿景。

（3）培育课程决策的学校内部种子——教师人力资源队伍。在学校中不断鼓励教师参与校内外的进修，以便培养各方面具有一定专长的课程决策的师资，使校内随时有一位专长人力资源的教师组织，以便解决课程决策过程中所需要的教师资源。

（4）开展多元化教师进修成长活动，促进课程决策能力的提高。教师进修可以有接受性进修（听讲式、学位进修），也可以有分享式进修（校际参访、经验分享）及研究性进修（实践、教学设计、自编教材、行动研究），要以多元化进修来促成教师课程决策能力的提升。

（四）构建教师参与课程决策的技术支持的文化

（1）让教师具备课程决策的知识是基础。包括：第一，课程决策所需要的专业性知识。第二，课程决策所需要的条件性知识。第三，课程决策所需要的实践性知识。

（2）教师需要具备课程决策所需要的方法论。在教师参与课程决策过程中，需要具有一定的方法论，不是盲目去进行课程决策。因此，教师需要在辩证唯物主义方法论指导下，分析课程决策。

（3）教师参与课程决策的支持系统构建。决策支持系统（Decision Support System ，DSS）是辅助决策者通过数据、模型和知识，以人机交互方式进行半结构化或非结构化决策的计算机应用系统。它是管理信息系统（MIS）向更高一级发展而产生的先进的信息管理系统。它为决策者提供分析问题、建立模型、模拟决策过程和方案的环境，调用各种信息资源和分析工具，帮助决策者提高决策的水平和质量。第一，课程决策系统构建是当今时代课程发展的要求。第二，课程决策系统是课程决策的重要保障，需要加以重视。第三，明白课程决策支持系统的价值导向。第四，了解课程决策支持系统的类型。课程决策支持系统包括结构化课程决策系统。非结构化课程决策系统和半结构化课程决策支持系统。第五，掌握课程决策支持系统的基本结构：数据库、模型库、方法库、人机对话系统、知识库和专家系统等。

（五）构建积极主动的教师课程决策行为的文化

（1）教师具备终身学习愿景，积极参与课程决策学习与实践。课程决策能力的培养需要一个过程，需要教师不仅学习好课程决策方面的理论知识，更需要教师需要具备课程决策的智慧。因此需要教师不断去学习，坚持终身学习，提高教师的决策能力，以便更好地去参与课程决策。

（2）教师对课程决策行为的一种主动反思。教师不仅需要体验课程决策的过程，从中找到课程决策过程中的兴趣、乐趣和专业情感，还能在课程决策中主动反思自我。

（3）教师参与课程决策，并积极合作。课程决策不是一个人的事情，特别是学校课程层面，需要本学科教师，本学校全体专业教师的共同协作，还需要学生、社区与家长等人员和课程资源的参与。因此，教师需要主动形成一种课程决策的合作意识。

（六）改革课程决策的传统文化

（1）改变以往课程决策改革过程中只重视国内情况，忽视国际课程决策发展趋势的现状，不断借鉴发达国家教师参与课程决策的经验。我们需要改变以往的课程决策文化传统，加强借鉴发达国家的课程决策经验，如吸收美国等发达国家将国家、地方、学校三级结合的先进经验，适应地方的差异性，“我国中小学课程决策机制要走向真正的国家、地方、学校三级相结合的模式，真正实现课程决策的灵活化、多样化”，那么就需要“缩减国家层次的课程决策权限，增强地方层次的课程决策权限。”[9] 因此，我们需要寻找和探求符合我国课程决策的改革路径，构建适应我国多民族，地方差异性较大的特点的课程决策模式。

（2）改变原来的忽略教师参与课程决策的文化传统，鼓励教师积极参与课程决策的行为。第一，给予教师时间上的支持。大家都知道，我国中小学教师课程与教学任务繁重，没有时间和精力去参与课程决策。因此，教育行政部门、中小学校领导需要给予教师一定的时间，让教师去参与课程决策活动。第二，给予教师一定经费支持。教师参与课程决策，不仅需要时间，也需要一定的劳动，付出一定的精力。因此，需要给予教师一定的经费支持，让教师没有因为参与课程决策而担心扣工资等的后顾之忧。

（七）加快课程决策的信息化

当今时代是信息化时代，教育信息化已经成为教育发展一种趋势，课程领域的信息化也随之而来。课程与信息化的整合，是新课程改革中提出的一种重要理念。在课程决策过程中，需要加强信息化。一方面，促进课程决策过程中包括教师在内的课程决策主体之间的交流、合作与分享。另一方面，促进课程决策的信息化过程，加速课程决策，提高课程决策的效率。

四、结语

课程决策是课程改革过程中具有重要意义的一项举措，是进一步推进三级课程管理体系构建过程中非常关键的一个环节，只有深入解决教师参与课程决策的问题，才能更好地推进地方层次及学校层次课程的开发，也能更好地促进教师专业能力的发展。

参考文献

[1] 罗晓杰．三级课程管理体制下教师参与课程决策权问题探析［J］．教师教育研究，2006（6）．

[2] 林文展．课程决定［J］．教育资料研究，2003（38）．

[3] 丁念金．论教师的课程决策意识［J］．课程教材教法，2006（3）．

[4] 丁念金．试论我国基础教育课程决策机制的转变［J］．课程·教材·教法，2001（5）．

[5] 冯大鸣．沟通与分享：中外教育管理领衔学者世纪汇谈［M］．上海：上海教育出版社，2002.

[6] 王斌华．发展性教师评价制度［M］．上海：华东师范大学出版社，1998.

[7] 汪凌．课程改革的设计与决策［J］．外国教育资料，1998（2）．

[8] 钟启泉，岳刚德．学校层面的课程领导内涵、权限、责任和困境［J］．全球教育展望，2006（3）．

[9] 丁念金．美国中小学课程决策机制的变迁及其启示［J］．外国中小学教育，2003（12）．

探析新课改继续推进的问题与策略

十多年来，新课程改革作为一种撼动中国现有课程模式的理想与行动，已经取得了一定的成绩，在此笔者不再赘述。但是，随着时间的推移和课程改革实践的日益深入，新课程改革中遭遇的问题日益显露出来，对于新课程改革的批评和冷观越来越多，新课程改革中的矛盾与冲突也凸显出来。前面出现过关于新课程改革的“四次争鸣”。[1] 现在越来越多的文章和学者关注新课程改革的前途问题，甚至发出新课程改革何去何从的呼喊。如何实现新课程改革的成功，以至于出现了新课程改革的迷茫，对新课程改革信心的缺失导致了新课程改革出现了一系列困境。面对如何走出困境，如何重拾新课程改革的勇气和力量，如何推进新课程改革这一系列的问题，我们需要积极面对，不能回避，要防范新课程改革失败可能带来的灾难，争取新课程改革的成功。事在人为，这是一句经典的话语，在新课程改革过程中，我们应避免和减少不成功所带来的后果，也需要积极争取成功的机会。

一、新课程改革推进中的问题

（一）新课程改革方向的迷失

2001 年，新课程改革带着美妙的希望顺利起航，期望将通过一次改革改变我国课程目标、课程内容、课程结构、课程管理、课程实施、课程评价等教育和教学过程中的一些弊端，树立起新的课程与教学理论体系。但是十多年来，我们又发现“我国基础教育课程改革的指导理论、教学方式、教学内容、训练形式及研究行为偏离了基础教育的正确方向，均存在需要认真反思的问题。”[2] 我们试图打破一种旧的教育模式，建立一种新的教育理念和教育模式，但是我们的课程目标与课程行动相距甚远，我们课程专家的设计蓝图与教师们的教学实践存在万丈鸿沟，从而一些教师成为新课程改革的“宠儿”，成为教育改革的“新贵”，而另一些教师依然故我，感觉辛辛苦苦坚持课程改革还不如从前的应试教育来得“实在”。在“上有对策，下有政策”的理念下，课程政策执行出现了偏差，课程目标没有得到应有的凸显。在这个时候，行政命令起不到作用，即使再厉害的课程专家也解决不了现实中的教育问题，出现了无奈感和无力感。到此，一场轰轰烈烈的课程改革“变味”了，在探讨和争论中，课程改革迷失了方向，在新与旧的争斗中，课程改革漂移了，在理想与现实中，课程改革迷失了。

（二）“三维目标”的批评如潮

三维目标是指知识与技能、过程与方法、情感态度价值观三个方面，这是新课程改革的一个“亮点”，也是学者和教师们关注最多的问题，它的关键在于教师在进行课程实施时的具体操作。当前的关注中，学者对“三维目标”的批评是比较多的，如有学者指出，三维目标存在漏洞百出、逻辑混乱、不便操作等三个问题。[3]另有学者指出，三维目标中个别目标提法的科学性尚待商榷；强调三维目标的“一致性”使教师不敢在教案中分开陈述教学目标；强调三维目标“同等重要”使得教师在教学中失去了“抓手”。[4]面对新课程改革中所提出的三维目标，大家的看法是“横看成岭侧成峰，远近高低各不同。”对其的批评伴随课程改革实践的深入而日益增多。

（三）新课程改革的理论基础备受质疑

新课程改革的理论基础是什么，对于该问题的回答，可能还没有一个明确的答案。而对新课程改革理论基础最大的误解是：后现代课程观、建构主义、多元智能理论等是新课程改革的主要理论基础。[5]在这样的情况下，新课程改革理论基础的不确定性，导致出现了一系列的问题，以至于产生课程改革理论的泛化，而理论基础的泛化对课程与教学论学科发展带来了“客串”“偏离”“拼盘”等消极影响。[6]在新课程改革理论基础备受质疑的条件下，新课程改革的合法性与合理性遭到质疑，也带来了课程改革政策的执行者和管理者在课程改革评价过程中所遇到的一系列问题与困境，继而产生新课程改革不确定性的“连锁反应”。

（四）新课改的唯西方化倾向

我国新课程改革过程中，无论是在课程理论的设计和阐述中，还是在课程改革背景的论述等方面都凸显了西方化的倾向，存在着一定程度的“唯西方中心”倾向。对于新课程改革中的“唯西方化”倾向，得到了广大的学者认同，舆论宣传强化了某些西方课程内容，教师培训内容的西方化倾向，课程实践为追求“唯西方化”而片面强化形式等方面彰显了新课程改革的“唯西方化”[7]新课程改革的“唯西方化”，导致对本土教育传统的忽视，导致对已有教育文化的轻视，导致过分依赖西方理论解决课程改革中的问题，而没有将西方理论进行消化，产生“消化不良”的理论功能性，也使西方理论解决好我国教育改革中的课题，从而也导致民族教育文化品格的散失。

（五）新课程改革中的形式化

在新课程改革过程中，“有些改革实践确实丢了精神而流于形式。”[8]在新课程实施过程中，教师在形式上是运用新的教学方法，借助于新的教学技术，实践的是一种新的教学模式，表面上看起来是那么一回事，实际上是“貌合神离”，其在精神内涵上缺失了，背离了已有的新课程改革精神。教师往往是为探究性学习而开展探究性学习，为个性化学习而进行个性化学习，没有从根本上去纠正以往错误的教育和教学理念，也没有摆脱那种已有的教育和教学行为习惯的束缚，没有“换新”，只是“喜新”或者还是在“念旧”，更或者只是出于一种应付，出于一种无奈而为之，走走过场，“穿新鞋走老路”。

二、新课程改革推进中问题出现的原因

（一）过于依赖行政主导

我们知道，教育改革可以是自上而下，也可以是自下而上，而我国新课程改革主要是采取自上而下的方式。“我国的课程改革总是以官方的意志为依据，由少数专家特别是学科专家来制定新课程标准，而这些专家大都是没有在中小学任教的经验，不了解教育实践中真正需要改革的内容。然后通过行政命令来推行课程改革的实施，这就把教师、学生、家长乃至社会各界人士排斥在课程改革的决定之外，教师和学生成了法令的接受者。”[9]在这种以行政命令为课程改革主要推进方式的前提下，行政命令造成了似乎做什么样的事情都需要得到官方认可才行的局面，从而对其依赖性，包括进行什么样的

改革，都是为了得到上一级的赏识和褒奖，形成了功利性的一面。因此，在政治体制下的教育工作方法往往只是政绩工程，流于形式，什么行为都难以有实质的内容和真正的效果。

（二）本土教育理论的抛弃

在新课程改革过程中，新课程所倡导的一些理论和理念都是西方化的，这种挥之不去的“引进情节”和“移植偏好”，使得我们习惯于简单地从国外引进或从相关学科中移植。[10]而在移植西方的教育理论过程中，往往又将已有的本土化教育理论所遗弃，导致西方的理论没有学习好，没有很好的理解透，而原有的教育理论又被否弃掉，从而产生理论的空隙和断裂，使得更多的从事课程改革的理论研究者和实践操作者头脑一片空白，产生理论和思维的模糊化，导致课程改革推进受到阻碍。

（三）课程改革设计过于理想化

在进行课程改革设计时，课程改革专家对于课程改革设计过于理想化，主观认为所有的教师都能达到所预期的课程目标，能达到基础知识的掌握、基本能力的培养、价值观态度与道德修养、体能和健康教育、公民教育等方面的课程目标。[11]但是在现实的教师课程实施中却显得很难做到，因此，会出现这样或者那样的偏差。

（四）未处理好相关利益关系

社会学原理告诉我们，人类是一种利益群体，因为利益而走到一起，也因为利益而各自为政。在新课程改革过程中非常明显的是，有些学校因为积极参与课程改革而成为名学校，获得更多的教育资源，从而感觉到新课程改革的“甜头”，而一些学校没有积极主动参与课程改革而落后，于是乎产生一种抵触心理。而对于个体而言，一部分人因为迎合新课程改革而“声名鹊起”，也获得了相关的利益，一部分人因为不去主张课程改革而没有得到相应的利益，在新课程改革的大浪淘沙过程中，因为新课程改革会触及大部分的利益，也有可能是损害其利益，有可能是增盈其利益，因而会导致林林总总的新课程改革心态，或者支持，或者反对，或者中立。因此，新课程改革为何出现这样那样的困境，其中最深刻、最“顽固”的一个原因，显然在于

"利益"的制约。[12]可见，没有处理好新课程改革过程中相关群体或个人的利益是其中重要的一个方面。

三、推进新课程改革的策略

（一）重塑新课程改革的价值

课程改革的价值所在是影响课程改革是否顺利进行的重要前提。新课程改革明确提出"为了中华民族的复兴，为了每位学生的发展"的口号，并倡导"多元主义教育价值观""教育民主与教育公平的理念""主体教育观""生态伦理观""个性发展观"五个方面的价值。[13]笔者认为，新课程改革的价值诉求，不仅需要关注到课程和教学本身的内在价值，也需要关注到学生的成长和发展的价值，而且还需要关注到教师专业化发展的价值，关注到学校的发展的价值，顾及教育系统之外的价值。总之，在新课程改革过程中，需要规避那种大而空的价值取向，切实处理好相关的利益群体，即新课程改革不仅促进教育内部的利益得到发展，也促进教育相关利益者的利益得到保障。无数改革的经验告诉我们，改革为何成功，为何不成功，关键在于是否得到最广大人们的支持。课程改革也是如此，课程改革要取得成功，关键需要符合最广大教师的利益，符合最广大学生的利益，切合最广大学生家长的利益。一是促进所有学生的发展，这是教育改革道德正当性的来源；二是对积极支持并参与教育改革者予以合理的利益回报，这是教育改革社会合法性的前提；三是采取民主的推进方式，这是教育改革过程有效性的保证。[14]因此，新课程改革是一场教育利益的再分配，总是会损害到一部分人的利益，但是我们需要恰当处理好各个方面的利益关系，特别是广大中小学教师的利益需要得到保障，从而获得更多的教育内部的支持力量。

（二）处理好传统教育与教育改革的关系

我们知道，改革是一种推陈出新，是长江后浪推前浪，是一种教育理念颠覆另一种教育理念，是一种理论体系占据原有的理论体系，是一种行为模式取代另一种行为模式，即既改变过去的原有理念和理论，也重构新的价值理念和行为。因此，新课程改革是对原有的教育文化传统进行革新，对现有的课程理念和教学行为进行改革，进行重新“洗牌”，重构新的课程理论体系，但是“教育不仅仅需要改革，同时也需要保守、传承和不改革。”[15]在新课程改革过程中，我们忽视了传统教育的继承与发展，过于依赖西方的理论借鉴，比如在新课程改革之初就倡导建构主义理论、后现代主义理论等英、美、日等发达国家的教育理论和课程思想，对传统的教育思想进行了抛弃，出现“唯西方化”的倾向。所以学者说结合中国国情来看，“必须深入揭示课程改革的国情制约性规律，努力全面地、辩证地、理性地认识中国国情，能动地适应中国国情。”[16]然而，在我国新课程改革倡导和实施过程中，我们更多的是忽视传统的教育，割裂传统教育与新课程改革之间的关系，抛弃甚至否定传统教育，走向反面，这也是新课程改革所忽视掉的症结所在。所以，在新课程改革推进过程中，我们需要将传统的教育理念以及一些教育传统进行发扬，恰当处理好中国传统教育与当代课程改革之间的内在逻辑性，积极学习当代发达国家的教育经验和教育理论，同时又要适切于中国教育改革的现实。

（三）扫除课程改革的文化障碍

新课程改革是一场文化的革新，是一种教育文化的重建，与原有的教育文化存在一定的冲突。比如新课程改革对应试教育的否定，倡导对学生进行过程性评价，对国家课程一统天下的抛弃，主张国家课程、地方课程、校本课程三级管理等新的课程文化理念。在新与旧的边缘中，存在一定的冲突和斗争，旧的课程文化不会轻易放弃其地位，会阻碍新的文化理念的产生与生成，于是存在观念文化障碍、制度文化障碍、行为文化障碍。[17]这些障碍一方面阻碍新的课程文化的生成，另一方面也会在新的课程文化理念中产生消极影响。因此，需要扫除这些文化障碍，重构适合新课程改革的文化理念。

（四）解决好课程实施中“新”与“旧”的关系

在新课程实施过程中存在教师的教学与科研之间的博弈、应试的结果评价与促进学生发展的过程评价之间的博弈、传统的教学手段与现代信息技术手段之间的博弈、教师主体性与学生主体性之间的博弈、接受式学习与研究性学习之间的博弈等“新”与“旧”之间的较量。在这个较量过程中，这些新的课程理想与已有的课程现实之间在进行来回挣扎。一方面新课程改革的强大力量会战胜原有的惯性力量，那么新课程改革就会快速前进；另一方面，前者也可能被后者所战胜，那么新课程改革就会停滞不前；还有另外一种情况就是双方势均力敌，那么就会出现“拉锯战”。因此，许多学者提出了构建新课程改革的动力系统，形成新课程改革的动力机制，增强“新”的力量来推进新课程改革。

（五）实现强势和弱势学校课程改革的均衡

（1）促进城乡之间学校改革的均衡发展。在新课程改革过程中，对于城市学校来说，由于教师、生源、教育经费等优质教育资源，城市学校借助新课程改革的“东风”乘风而上，取得了很好的发展，形成了“锦上添花”之势。而对于薄弱的农村学校来说，需要的是“雪中送炭”，需要的是更多的关照和扶持。但是由于历史和现实的原因，农村学校在新课程改革过程中并没有得到更多的关照，特别是在城乡一体化进程中，农村学校在“撤并”整改中形成了城乡之间的两道鸿沟，农村学校与城市学校之间的差距不是日益缩小，而是不断拉开差距，高位均衡成为一句空话，而且农村学校教育问题越来越多。这是新课程改革之初所没有预设到的，也成为新课程改革不能深入发展的原因。因此，在新课程改革进行发展的过程中，城市与农村学校之间的均衡发展应得到更多的关注，以便通过新课程改革促进城教育一体化。

（2）推进东、中、西部地区之间学校改革的均衡发展。我国是一个多民族、地理位置复杂多样、文化多元的国家，存在东中部地区之间发展不均衡的现象，这是一个不可否认的事实。在新课程改革过程中，东中部地区学校借助自身已有的优势，加上课程政策的支持，东中部地区学校开始实现了较快的发展，形成越来越多的优质学校，而西部地区学校却还在徘徊不前，于是与东中部地区形成了越来越大的差距。笔者以火车作比较，东部地区学校已经进入“高铁”时代，中部地区学校进入“动车时代”，而西部地区学校还是“绿皮车时代”。在此两极分化和不均衡发展的条件下，新课程改革很难在落后地区得到更多的支持。因此，新课程改革需要关注地区均衡发展，在政策方面、师资方面等可能范围内进行倾斜，竭力推进中西部地区学校的发展，推进其新课程改革。

（六）保持正确对待课程专家的态度

不容置疑，新课程改革需要专家的积极参与和指导，需要其发挥理论指向作用，但是在此过程中也存在风险，诸如教育改革的整体性与专家知识的分立性、教育实践的反思性与专家理论的不确定性、教育改革的公共性与专家行为的“为我”性。[18]一般来讲，我们对待专家的态度有下面几种形态：一种是对课程专家的敬畏和膜拜，将课程专家看作是高高在上的理论拥有者，是课程理论的代名词，对其理论和言论奉为真理，对之听从；一种是对课程专家的排斥，认为课程专家的理论太深奥，是形而上的东西，在中小学课程实施过程中难以适用，姑且听之，在行动中依旧固有原来的理念和行为模式；一种是采取中立的立场，如果发现课程专家的理论有道理，在课程实施中有效就采用，否则就走回原来的“老路”。当然，还有其他的一些立场和姿态。笔者认为，在新课程改革推进过程中，教师既不能一味依赖和依附于课程专家的理论和指导，也不能完全抛弃课程专家的指导，而是需要采取适当的态度对待课程专家。

（七）重视社会舆论力量

新课程改革需要舆论支持，这是必须的。舆论力量为新课程改革的继续前行提供重要的群众基础和宣传。但是，我们需要重视更多的教师、学者以及社会人士对新课程改革的关注，包括其对新课程改革“支持”的言论与“反对”的言论，允许存在与新课程改革“不和谐的声音”，需要摒弃“统一”思想的陋习，克服“制造”舆论的惯习，改变“主流”媒体的姿态。[19]因此，在新课程改革推进过程中，我们需要重视社会舆论力量，发扬那种批评与自我批评的精神，既能自我反思，也能接受外界的提醒和监督，鼓励那种有益于新课程改革推进的社会舆论出现，勇于接纳那些切实关心新课程改革的负责任的言论。

四、结语

新课程改革的深入推进成为一个“瓶颈”问题。当然，新课程改革需要继续前行，正如鲁迅先生所说，“愈艰难，就愈要做，改革向来没有一帆风顺的”。[20]因此，一方面需继续推进新课程改革；另一方面也要重视前进中的道路，发现问题并解决，从而实现新课程改革的成功。

参考文献

[1] 纪德奎. 新课改十年：争鸣与反思 [J]. 课程·教材·教法，2011 (3)：18－24.

[2] 邢红军. 中国基础教育课程改革：方向迷失的危险之旅 [J]. 教育科学研究，2011 (4)：5－21.

[3] 李康耀. "三维目标"的三个问题 [J]. 教学与管理，2012 (3)：38－39.

[4] 魏宏聚. 新课程三维目标在实践中遭遇的尴尬与归因 [J]. 中国教育学刊，2011 (5)：36－39.

[5] 吴永军. 正确认识新课程改革的理论基础及其价值取向 [J]. 教育科学研究，2010 (8)：5－8.

[6] 张传燧. 当代课程与教学论学科发展的理论基础审思 [J]. 湖南师范大学教育科学报，2012 (2)：64－68.

[7] 刘家访. 课程改革"唯西方化"倾向质疑 [J]. 教育理论与实践，2011 (1)：46－49.

[8] 石鸥. 关于基础教育课程改革的几点认识 [J]. 教育研究，2005 (9)：28－30.

[9] 王成龙，邵惟炜，王文振. 基础教育新课程改革面临的问题及解决策略 [J]. 改革与开放，2010 (7)：160－162.

[10] 牟杰. 新课程改革：教育传统的联系与断裂 [J]. 美中教育评论，2006 (7)：46－48.

[11] 钟启泉，崔允漷，张华. 为了中华民族的复兴，为了每位学生的发展——《基础教育课程改革纲要（试行）》解读 [M]. 上海：华东师范大学出版社，2001.

[12] 吴康宁. 中国教育改革为什么会这么难 [J]. 华东师范大学学报：教育科学版，2010 (6)：10－19.

[13] 张华. 再论基础教育课程改革的价值取向 [J]. 天津师范大学学报：基础教育版，2003 (3)：1－5.

[14] 吴康宁. 教育改革成功的基础 [J]. 教育研究，2012 (1)：24－31.

［15］程天君．教育改革三问［J］．教育研究与实验，2011（5）：1－5.

［16］王本陆．论中国国情与课程改革［J］．北京师范大学学报：社会科学版，2006（4）：18－27.

［17］王中华．新课程改革的文化障碍与策略［J］．教育理论与实践，2008（4）：28－30.

［18］邵泽斌．教育改革的专家风险［J］．教育发展研究，2011（8）：1－6.

［19］吴康宁．反思我国教育改革的舆论支持［J］．湖南师范大学教育科学学报，2012（2）：5－9.

［20］鲁迅．鲁迅全集（第六卷）［M］．北京：人民文学出版社，1981：117.

论新课程改革文化精神

“为了中华民族的伟大复兴，为了每位学生的发展。”我国第八次基础教育课程改革已经进行十多年了，取得了一定的成绩，而关于新课程改革的研究也越来越多，但是对于“新课程改革的文化精神到底在哪里?”的回答还是不多，为了更好地推进新课程改革，特别是2012年全国第八次课程学术研讨会以来，越来越多的学者关心新课程改革的文化精神，为此，笔者也做出了一定的思考和研究。国内已经有很多学者认为，新课程改革在本质上来说更是一种文化革新。笔者也很认同，新课程改革就是改革我国传统的课程文化、教师文化、教学文化、评价文化等教育文化，重新建立一种新的教育文化范式，重塑一种文化精神。既然，新课程改革文化精神的构建如此重要，那么，如何去构建?而在新课程改革文化精神构建的过程中会遇到哪些制约因素呢?笔者就此问题展开些许思考，以求教于大方之家。

一、新课程改革文化精神的意蕴

（一）文化精神的含义

对于精神，从词典解释上：第一，指人的意识、思维活动和一般心理状态，如精神面貌、精神错乱、精神上的负担等都是这个方面的意思。第二，指宗旨、实质、要旨以及事物的精微所在、主要的意义等，如领会文件的精神。[1]何为文化精神?笔者根据精神的定义，认为文化精神主要是指文化要旨、文化的实质与本质性的存在。

（二）新课程改革文化精神

新课程改革文化精神是指新课程改革过程中所存在的一种本质性的和精髓性的东西，就是指向新课程改革核心品质和终极价值的精神。新课程改革文化精神的内涵主要体现在三个方面：第一，对人的看法和价值重新认识，提高人的主体性和彰显独立人格。新课程改革就是要改变以往无“人”的教育文化理念，重新认识教育中的人，包括对教师与学生以及参与课程改革中的其他人员的再认识，将教育视为属于人的教育，为人的教育，在尊重人的身心发展规律之上所进行的一项人类活动，而不是一种无人的社会活动。因此，在新课程改革过程中，改变过去将人作为一种学习与教育工具而存在的看法，将人的发展作为教育的目的，并凸显人的最高价值。第二，对知识的再认识，重新界定知识。以往的知识观将知识定位为一种固化的文字与经验，而新课程改革文化精神所倡导的是将知识视为一种过程性的和体验性的，动态性的和不确定性的，所以强调知识的建构性和生成性，也关注学习是一种体验性和探究性学习。因此，应在教育评价过程中关注多元性评价和过程性评价，从而全面性评价教师与学生。第三，完善对教育的体认。教育是什么？教育就是教师“教”和学生“学”，是教师对学生的单向知识传授，这是传统的看法。新课程改革需要打破现有的认识定位，解构教育已有的内涵，重构新的时代意蕴，将教育看作是一种学习，学生是带着一定的生活经验和学习经验来学校的，教师是教给学生以学习能力，而不是现成的知识。因此，教育是教师与学生之间的学习与合作，是两者相互之间的对话与交流，教育和学习是终身性的，同时，“教育即生活”，教育与生活是一体化的，从而更加深刻理解教育的本质。

二、新课程改革文化精神构建的价值

（一）重新认识教育中的“人”

在我们的传统文化中，“人”是只有在社会关系中才能体现的——他是所有社会角色的总和，如果将这些社会关系都抽空了，“人”就被蒸发掉了。[2]的确，一直以来我们是无“人”的教育，在教育视野中人被“虚无”了，漠视人的存在，将教师视为是“教书匠”，将学生看作是学习的工具，而师生关系是一种冷冰冰的教与学的关系。新课程改革就是重新审视我们教育中的“人”，将人看作是大写的“人”，重视人的存在。因此，在新课程改革的文化精神下，“人”都发生了变化：首先，教师的地位和价值得到提升，由被动发展到倡导专业化成长，形成更强的教师专业意识与专业精神，以致有学者喊出了"不能跪着教书"，关注教师的独立思考精神。当然，在新课程改革文化精神下，教师文化形象也发生着变革，正如日本学者佐藤学在《课程与教师》中提到的教师形象及其文化类型的转型，见下图。[3]其次，学生的地位得到提升。通过构建新课程改革文化精神，学生的地位在新课程改革中也被提高了，由原来被动的"受教育者"发展为"学习者"，与教师的关系也被重构，特别是学生的个性化发展得到了前所未有的重视与关注，更好地体现了教育的"一切为了学生，为了一切学生"的主旨，更重在"为每个学生提供最适合的教育，使学生的个性特长得到充分发展。"[4]可见，在新课程改革文化精神下，教育中的"人"得到了重新的界定和认识，"人"从虚无走向存在，从被作为一种"现象"到"回到人本身"。

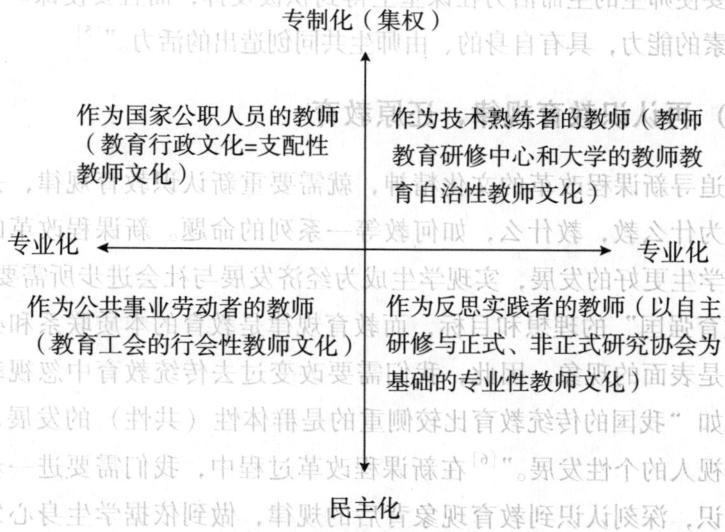

教师形象的规范类型及其文化

（二）重新定位知识

知识是课程和文化的载体，因而它是课程改革不可避免涉及的内容。那么，在我们课程改革过程中，究竟以什么样的知识观来定位呢？早在19世纪的时候，斯宾塞就提出"什么知识最有价值？"的命题，而阿普尔又提出了"谁的知识最有价值？"对于这个问题的回答，我们需要进行深刻的理解和思考，因为不同的知识观会带来不一样的课程内容观。当前，我们需要认识到知识观的变革，进一步认识到知识不是静态的，它是动态的，是建构的、生成的，而且知识具有公共知识和个体知识之别。因此，我们需要重新认识知识，重新定位课程中的知识，以便于教育者的教学，也有利于学习者的学习。

（三）重新认识课堂

课堂教学是课程实施的主要途径，是进行新课程改革的具体体现。构建新课程改革文化精神，需要对课堂教学进行重新认识，进一步认识到课堂不是教师的“照本宣科”，也不是学生的“死记硬背”，而是学生与教师成为“学习共同体”，基于课堂教学场景进行探究和体验，进行学习经验的分享与学习任务的合作，是一种心灵的对话与交流。因此，新课程改革文化精神更加强调“课堂教学不但要使师生的生命活力在课堂上得到积极发挥，而且要使课堂本身具有生成新因素的能力，具有自身的、由师生共同创造出的活力。”[5]

（四）再认识教育规律，还原教育

我们追寻新课程改革的文化精神，就需要重新认识教育规律，去深刻理解教育中为什么教，教什么，如何教等一系列的命题。新课程改革的宗旨就是为了让学生更好的发展，实现学生成为经济发展与社会进步所需要的人才，实现“教育强国”的理想和目标，而教育规律是教育的本质联系和必然的联系，而不是表面的现象。因此，我们需要改变过去传统教育中忽视教育规律的做法，如“我国的传统教育比较侧重的是群体性（共性）的发展，在一定程度上忽视人的个性发展。”[6]在新课程改革过程中，我们需要进一步理清对教育的认识，深刻认识到教育现象背后的规律，做到依据学生身心发展规律和社会发展规律来“施教”，还原教育的本色。

（五）形成文化归属感

我们一直以来在追赶别人，在学习他人的教育经验，从“师夷长技以自强”的洋务运动开始就不断学习西方，到后来学习苏联，到今天学习美国、日本等发达国家的教育，学习了别人很多教育与文化，但是最终还是没有进行消化，没有培养出杰出人才，没有实现教育强国。为什么呢？笔者认为一个很重要的原因在于自身的文化定位不够准确，没有形成一种文化归属感，而更多的是“中学为体，西学为用。”当前，我们的课程改革过程中，也存在几种倾向，一方面过于强调向西方学习，可以称为“文化激进主义者”，另一方面抵制向西方学习，称为“文化保守主义者”，还有一种就是“文化自由主义者”，在这些文化倾向中，笔者认为，还是需要将其综合起来，既要坚持一定的“保守”立场，也要有“自由”立场，让课程改革成为一种际遇，将课程改革与文化革新同步起来，从而形成文化归属感。

（六）彰显教育公平

教育公平一直是“教育人”所追求的，而教育公平的关键是机会公平，基本要求是保障公民依法享有受教育的权利，重点是促进义务教育均衡发展和扶持困难群体，根本措施是合理配置教育资源，向农村地区、边远贫困地区和民族地区倾斜，加快缩小教育差距。[7]新课程改革文化精神的重要体现就在于此，通过课程改革促进教育内部公平和教育外部公平，实现城乡之间教育公平，实现东中西部地区之间的教育公平，从而推进全国教育的整体质量的提升。

（七）实现教育文化的创造

我国教育具有丰富的文化传统，对当前课程改革具有重大的影响。我们知道，传统一方面为我们提供了更好的文化源泉，为我们进行课程改革提供了丰富的课程资源，但是在另一方面也束缚着我们的“手脚”，窄化我们的“视野”，让我们不敢去“离经叛道”，不敢“越雷池半步”，从而不利于我们大胆改革。通过重新构建新课程改革文化精神，我们能进一步正视我们的文化传统，也进行文化开拓和创造，毕竟教育也需要创造，教育上的创造，正如陶行知指出的：“时时都是创造之时，处处都是创造之处。”通过教育创造，我们才能革新，才能做到“苟日新，日日新，又日新。”所以，我们构建新课程改革文化精神，就能重视教育创造的价值，不断进行教育文化的创造，并在此基础上获得新的飞跃与发展。

三、新课程改革文化精神构建的制约因素

（一）中国文化精神的一元性

在我国文化精神中，更多的是强调一元性，以儒学为西方文化的形成为

多元，其所经历文化冲突多，而中国文化的形成，只可谓一元，其所经历文化冲突少。[8]在传统的中国一元性文化精神的影响下，新课程改革文化精神建设中，往往出现是要么过分强调学习西方文化，要么过分强调本土文化，要么再次出现历史上的“中学为体，西学为用”的局面。在这样的语境下，中国文化精神的“根深蒂固”和一元文化的惯性思维严重影响新课程文化精神的建构，以至于在新课程改革文化精神重建过程中缺乏“质疑”的声音，缺少文化的冲突，没有多元文化的出现，更多的是被一元文化驯服，而导致新课程改革的文化精神难以重建。

（二）教育行政化的强势存在

“官本位”是我国几千年来一直存在的政治文化思想。根据教育与政治的相关性原理，我们知道在教育领域中，教育也受到官本位的影响，正如有学者指出，我国现在的学校已如政府一样，行政机构越来越臃肿，行政人员越来越多，有的学校甚至出现厅级干部“一走廊”，处级干部“一礼堂”，科级干部“一操场”的场面。[9]众多的教育行政官员参与课程改革的领导、管理、决策，往往会影响教师的民主，影响课程决策和课程政策的执行，往往会出现教育行政权力过大，而教师的学术权力和教学权力被压制，形成一种“官大一级压死人”的局面，甚至会出现“知识与权力”之间的博弈，出现教师话语权的旁落，教师文化被边缘化，而非主流文化的中心化，甚至会出现人为的“教师合作文化”等现象，而不是一种“自然合作”。可见，在教育行政化的强势存在之下，新课程改革的文化精神重建变得举步维艰。

（三）教师文化自觉性不强

文化自觉是由费孝通先生提出来的，而文化自觉具有三种意蕴，即自觉对待民族文化，并将其发扬光大，自觉吸收他者文化中的精华，自觉实现文化创新。[10]在新课程改革过程中，教师的文化自觉性还不够，往往出现过度依赖自己民族文化出现“妄自尊大”的文化现象；或者对西方文化和多元文化的全盘接受，认为西方的课程理论都是优秀的而出现“妄自菲薄”的现象。在这两种文化现象的“摇摆”中徘徊很难做到自觉地进行文化创造。

（四）社会人士对课程改革的支持力度

我们知道，任何一场改革都需要一定的群众基础。我们的新课程改革是一场文化的革新与教育的洗礼，是一种课程改革意识和课程文化的重新建立，是一种社会性的改革，而不是只局限于教育领域，它牵扯到社会其他领域的人士的人际关系与利益关系，所以它客观需要广大社会群众的积极参与。然而由于理念与利益、文件与文化、前台与后台、官方与民间、中央与地方、城市与农村之间的差异与矛盾等原因，我们的课程改革变得长期性、曲折性以及复杂性。[11]因此，社会人士对课程改革的支持力度会影响新课程改革文化的重建。

（五）功利主义文化大行其道

功利主义文化是我们一直以来比较受到崇拜的、“潜规则”的一种文化，比如读书是为了什么？读书是因为“书中自有千钟粟，书中自有黄金屋，书中自有颜如玉。”自古以来那么多的文人武将参加科举就是为了“一举成名天下知”，为了光宗耀祖，为了能扬眉吐气等，此等行为无不打上了功利主义色彩的烙印。在学校教育中，功利主义文化就表现为重视考试分数，以分数为主的考试文化弥久不衰。在这种功利主义文化的滋扰下，参与新课程改革的人员显得“患得患失”，害怕失去现有的精神层面和物质层面的功利而畏缩不前，不管是教育行政人员还是学校教师都不敢超越这个界限，以致新课程改革文化精神的重建困难重重。

（六）契约文化精神的缺失

在理解契约文化精神之前，我们首先需要了解契约是主体的合意行为、自由行为、理性行为、社会行为，在契约面前，身份、门第、等级等不再起作用，而契约完全是平等主体的自主的行为。[12]可见，契约文化精神是一种民主精神，是一种对话和协商的文化精神，包括以法律文化为代表的契约意识和文化精神。但是由于我国自古以来深刻受到“人治”文化精神的统治和毒害，契约文化精神往往遭到践踏和被搁置。而在新课程改革过程中，契约文化精神仍然比较缺失，缺少对法律文化的敬畏，缺乏对契约文化精神的尊重，而这些缺失往往不利于新课程改革文化精神的重新构建。

（七）新课程改革理论基础备受质疑

新课程改革的理论基础是什么？这是这次课程改革的重要前提。然而对新课程改革理论基础最大的误解是：后现代课程观、建构主义、多元智能理论等是新课程改革的主要理论基础。[13] 在新课程改革的理论基础备受质疑的前提下，参与课程改革的课程专家、教育行政人员、教师、学生家长等直接或间接参与改革的人员都显得迷茫，以致对新课程改革的文化认知不够清晰，进而对新课程改革的文化重建显得比较困惑。

四、新课程改革文化精神构建的路径

（一）推动教育体制的改革

这次课程改革是自上而下的全方位的改革，在其推行过程中不可避免地会加入行政力量因素，而形成“自下而上的课程设计与自上而下的实施策略的矛盾”[14]，一味依赖教育行政力量去推进，就会出现“上有政策，下有对策”，使课程政策执行走向“负极”。因此，我们需要强调新课程决策的教师参与、学生参与以及家长的参与，而且还倡导民间力量的参与。在新课程改革过程中，我们需要改变过去那种过分依赖于行政力量推行的状况，将教育行政力量和行政人员转向为课程改革服务的提供者和支持者，为课程改革提供坚强的人力、物力、财力的“后盾”和“大本营”，是战场后方而不是“前锋”。新课程改革尽可能从“下”而“上”去建构教育文化，将课程改革转向到区域性改革，转向到学校的特色化建设和教师的个性化教学与教育文化的重新建构，以及倡导民间力量对课程改革的监督和评价，从而使课程改革落到实处，将课程改革的受益者惠及更多的人民群众，而不是“改革是一阵风，一刮就过去了”和“走过场”“流于形式”，而是一种文化理念的革新，教育文化思想的洗涤。

（二）实现教育的去功利主义

我们知道，很多事情是希望付出就得到回报，这也是应当的。但是，我们也需认识到，“十年树木，百年树人。”即教育工作的长期性和后效性决定了我们办教育和进行课程改革不能急于求成，不能“揠苗助长”，而只能适应学生个体身心发展规律性，根据学生的身心发展规律来进行课程实施和课程评价，而不能盲目地追求当下及时的教育效果以致过于功利主义，其中以考试分数来评价学生的评价文化就是其充分体现。功利主义文化对教育的危害是相当大的，以致出现“钱学森之问”。正如学者指出，“当代教育中的功利主义价值倾向，其本质在于片面强调教育为个人和社会现实发展需要服务的价值，并把这一价值推向一种极端的状态，从而完全抛弃、背离了教育自身的终极价值追求。”[15]因此，在新课程改革进程中，我们需要以教育规律办事，尊重学生的身心发展规律，少点功利心，坚持教师专业标准。以中学为例，需要“尊重中学生权益，以中学生为主体，充分调动和发挥中学生的主动性，遵循中学生身心发展特点和教育教学规律，提供适合的教育，促进中学生生动活泼学习、健康快乐成长，全面而有个性的发展。”[16]

（三）形塑契约文化

契约文化是一种体现平等、公平与民主的重要文化精神。西方的契约文化与古希腊文化以及宗教文化的传统相互关联，在推进社会进步与教育发展上起到了重要作用，到今天，契约文化仍然发挥着不可忽视的价值，而契约文化精神对我们新课程改革的文化精神构建也具有重大的借鉴意义。因此，我们需要形塑一种体现民主与平等的契约文化。首先，教师与学生之间形成一种契约。对于教育史上的课堂教学中心问题，一直在经历变迁，赫尔巴特传统教育的三中心“教师中心、教材中心、课堂中心”，到杜威现代教育的新三中心“以儿童为中心，以活动为中心，以经验为中心”，再到今天的后现代语境下，教师被去中心化，教师成为“平等中的首席”，由教学的管理者、控制者转变为学生发展的指导者、合作者，由裁判学生成绩的法官转变为学生成长的促进者，由课程计划的执行者转变为课程与教学的建构者。[17]其次，教育行政领导与教师之间形成一种契约。教育行政领导更多成为一种课程领导，不是依靠行政命令式“管理”教师，而是基于契约文化前提下的一种专业性课程领导和指引。因此，现代的校长不应满足于“行政权威”，而应成为真正的“专业权威”。[18]最后，课程专家与教师之间形成一种契约。新课程改革“呼唤”顶层设计，需要课程专家的指导，但是存在教育改革的整体性与专家知识的分立性、教育实践的反思性与专家理论的不确定性、教育改革的公共性与专家行动的“为我”性等因素的影响。[19]可见，课程专家存在一定的风险，课程专家的指导与教师课程改革实践存在一定的文化冲突。因此，需要在课程专家与教师之间形成一种契约文化，能更好地加强交流与沟通，分享与融合，实现课程改革理论与实践的有效结合。

（四）正确处理课程改革中的多元性文化

当前我国新课程改革过程中涌现出了许多的新文化与理论，诸如建构主义、要素主义、后现代主义、混沌理论等多种文化与理论，面对这种多元化的文化，我们是坚持自己的文化包括儒家文化、道家文化、佛教文化等，还是一味采用别人的文化呢？面对多元文化，一般采用的策略可能是统一型策略、保护型策略、交替型策略或对话型策略。[20]那么，在新课程改革过程中，我们该如何建构自己的文化理论呢？笔者认为，首先，我们需要借鉴别人的理论，借鉴是一种很好的学习，诸如泰勒课程原理、杜威的教育理论、多尔的课程理论等都值得我们去学习，我们需要博采众长，而且学习也是我们中华民族的传统美德，“我们这个国家和民族，自古以来就以重视学习、讲究学问之道而著称于世。”[21]其次，我们不能一味地去学习和借鉴他人而忘记自己的文化建构，忘却自己的文化使命和责任感，以致出现“唯西方化”倾向。因此，在我国课程改革中，要正确对待西方课程改革理论，应尽量避免“唯西方化”成为现实。[22]

（五）建立社会群众广泛参与的文化支持系统

正在如火如荼开展的基础教育课程改革是中国历史上规模最大的一次课程改革，可以说是前无古人的一种改革，牵涉其中的人力、物力、财力也可谓是相当巨大的，其影响着亿万人民的切身利益。因此，在新课程改革推进中需广大社会群众的积极参与，也客观需要“建立一种强有力的课程改革支持系统。”[23]而在构建新课程改革的文化精神的过程中，也就需要建立社会群众广泛参与的文化支持系统，从而将新课程文化和教育文化放到社会文化这个宏观背景中去建构，以实现获得更多的社会性支持和奠定扎实的群众基础。

（六）参与课程改革人员的文化自觉、文化自信、文化自强

在我国新课程改革文化精神的建构中，参与课程改革人员（简称“课改人”）需要文化自觉、文化自信以及文化自强，因为文化自觉、文化自信、文化自强是时代赋予我们的历史性任务，这一任务的目标指向正是中华民族文化的伟大复兴。[24]首先，“课改人”需要文化自觉。“课改人”要实现文化自

觉，对自己的课程文化和教育文化有自知之明与自我觉醒，充分认识到文化的使命感和责任感，自觉地将文化建设融入到课程改革进程中去，积极地推动文化的发展与创新。其次，“课改人”需要有文化自信。在课程改革过程中，“课改人”的文化自信就是要相信自己的文化，能正视中华民族文化发展的昨天与今天，能有一种既不高人一等的姿态，又抱有文化强势对待自己和他者的文化，也不以文化自卑的心态对待他者文化，而是要相信自己的文化，积极乐观地面对自己的文化，这也是文化自强的重要方面，“只有坚持文化自信，才能真正通向文化自强。”[25]最后，“课改人”要文化自强。文化自强是文化自觉、文化自信的最终归宿，“就是要使我们的文化具有强大的吸引力影响力、强大的活力创造力、强大的实力竞争力。”[26]在新课程改革过程中，“课改人”需要借鉴学习美国、日本等发达国家的教育文化理论，也要觉知中华民族文化的优势与光荣传统，还要实现文化自信和文化自觉。同时，“课改人”还需要不断地进行教育文化革新与创造，增强民族文化的活力与创造力，从而实现我们的教育文化“走出去”，形成强大的国际竞争力与吸引力。

五、结语

就新课程改革的本质来说，它是一场文化的涤荡和洗礼，也是一种文化的更新与变迁，因此，新课程改革深层意义上的追求就是对“人”的重新考量，对知识和文化的价值重估，这需要一个长期和系统的过程。因此，对新课程改革文化精神的追问具有其存在的价值，需要我们正视。

参考文献

［1］佚名．精神［EB/OL］．http：//eidiam. 911cha. com/ww9kcnU = html.

［2］刘小枫．中国文化的特质［M］．北京：生活·读书·新知三联书店，1990.

［3］佐藤学．课程与教师［M］．钟启泉，译．北京：教育科学出版社，2003.

［4］顾明远．个性化教育与人才培养模式创新［J］．中国教育学刊，2011（10）：5 – 8.

[5] 叶澜．让课堂焕发出生命活力［J］．教师之友，2004（1）：49－53.

[6] 鲁洁．教育社会学［M］．北京：人民教育出版社，1990.

[7] 教育部．国家中长期教育改革和发展规划纲要［N］．中国教育报，2010－7－30（01）．

[8] 唐君毅．中国文化之精神价值［M］．桂林：广西师范大学出版社，2005.

[9] 张楚廷．学校管理学［M］．长沙：湖南师范大学出版社，2000.

[10] 李艳．文化自觉的三重释义［J］．东北师大学报：哲学社会科学版，2012（4）：230－233.

[11] 吴康宁．中国教育改革为什么会这么难［J］．华东师范大学学报：教育科学版，2010（4）：10－20.

[12] 耿改智，杨亮才．试论社会主义市场经济条件下的契约文化建设［J］．理论月刊，2004（4）：34－36.

[13] 吴永军．正确认识新课程改革的理论基础及其价值取向［J］．教育科学研究，2010（8）：5－8.

[14] 张爽，林智中．中国大陆统整课程改革的实施策略：问题与对策［EB/OL］．http：//www. pep. com. cn/kcs/kcyj/kcll/kcda/201008/t20100824_707716. htm.

[15] 徐生．教育的功利主义与终极价值追求［J］．理论前沿，2009（4）：17－19.

[16] 教育部．中学教师专业标准［EB/OL］．http：//baike. baidu. com/view/7071296. htm.

[17] 王中华．后现代语境下的教师观［J］．当代教育论坛，2007（1）：71－72.

[18] 钟启泉．从“行政权威”走向“专业权威”［J］．教育发展研究，2006（4A）：1－7.

[19] 邵泽斌．教育改革的专家风险［J］．教育发展研究，2011（8）：1－6.

[20] 米歇尔·苏盖，马丁·维拉汝斯．他者的智慧［M］．刘娟娟，张怡，孙凯，译．北京：北京大学出版社，2008.

[21] 江泽民．江泽民文选（第一卷）［M］．北京：人民出版社，2006.

[22] 刘家访．课程改革“唯西方化”倾向质疑［J］．教育理论与实践，

2011 (1): 46 - 49.

[23] 钟启泉，崔允漷，张华.《基础教育课程改革纲要（试行）》解读［M］. 上海：华东师范大学出版社，2001.

[24] 王南湜，侯振武. 文化自觉、文化自信、文化自强何以可能［J］. 毛泽东邓小平理论研究，2011 (8): 13 - 16.

[25] 仲呈祥. 文化自信的力量［J］. 求是，2011 (7): 48 - 49.

[26] 吴兰书. 推动文化自觉增强文化自信实现文化自强［J］. 理论与当代，2011 (9): 5 - 8.

关于课堂公平的思考

“教育公平是社会公平的重要基础。”[1]而教育公平说到实处还是需要让其由一种原则、一种理念转变成为一种可以具体操作的实践，即需要把教育公平落实到课堂教学中来。课堂是学校教育教学活动开展的具体场景，课堂教学的公平与否关切到教育公平的具体实施，因此需要教育工作者，特别是课程与教学理论工作者和站在中小学第一线的课程实施者进行重视，在理解的基础上进行操作与实践。只有中小学课程实施者把课堂公平作为一种制度，一种原则，一种方法，一种过程，一种实践坚持下去，课堂公平才会真正的得到彰显。

一、课堂公平的意蕴

课堂公平主要是指教师在课堂教学过程中对学生进行公正对待，不偏袒任何个别学生，同时课堂公平“并不等于把大家拉平”[2]，主要是在课堂教学活动中根据不同的学生学习和生活经验，做到因材施教。课堂公平具体体现在公平的课堂评价，公平的课堂提问，公平的课堂管理等几个方面。

（一）课堂公平体现为公平的课堂评价

在课堂教学过程中，公平的课堂评价主要有以下几个方面：①公平的课堂评价理念。课堂评价是以促进学生的发展为理念，“评价最重要的意图不是为了证明，而是为了改进。”[3]②公平的课堂评价内容。公平的课堂评价主要围绕“三维目标”，即知识与技能，过程与方法，情感、态度与价值观三个方面的评价。不能只局限于知识中心的评价，特别是在多元智能理论关照下，不仅需要重视学生的知识，更需要重视学生多方面的智能。③公平的课堂评价方法。公平的评价方法不仅使用量化评价，而且使用质的评价方法。不仅重视学习的结果，更加关注学生的学习过程与主观体验。④公平的课堂评价主体。公平的课堂评价主体不仅是学校领导、教师的评价，也需要学生自己的评价，还有同学的评价及家长的评价。

（二）课堂公平体现为公平的课堂提问

在课堂教学活动中，公平的课堂提问主要有：①课堂提问的对象面向全体学生，并且课堂提问的主体与客体是统一的。公平的课堂提问需要改变传统只是单向的教师向学生提问，而且只是向考试成绩好的学生提问及教师淡薄地对待学生的提问等不公平的课堂提问理念与行为。要形成一种公平的提问理念与方式，教师设计好的问题具有面向所有学生提问的可能性，教师允许学生向自己提问，让学生参与提问。②改变传统的课堂提问模式，建立公平的课堂提问模式。采用“提问—回答—提问”[4]的模式，提问的过程不仅要引导学生参与，也要使学生给出他或她所回答的理由。当教师向学生提问的时候，学生就要回答，不论学生的回答怎么样，教师需要继续追问学生：你以什么证据、理由或逻辑推理来支撑你的答案？这个过程就形成了“提问—回答—提问”的模式。例如，学生在做一个选择题时，学生选 A、B、C、D 都不对，那么教师可以继续提问学生为什么选择 A，让学生找出证明答案的证据或逻辑推理来。通过采用“提问—回答—提问”的模式，能有效地避免学生胡乱回答或靠猜来回答问题的情况，同时也能充分反馈学生的学习情况和思维状态，让学生积极地投入到分析问题、解决问题以及证明的过程中来，让学生收到提问所带来的效用。

（三）课堂公平体现为公平的课堂管理

公平的课堂管理主要表现在：①公平的课堂管理理念。公平的课堂管理理念离不开人性化的管理，即以学生为本位，不能把学生看作是学习的机器与工具，而应该把学生看作为一个发展的、未成熟的、完整的、大写的“人”，人与人之间是平等的，教师需要公平地对待每个学生。②公平的课堂管理制度。在建立课堂管理制度的时候，教师需要将每个学生都定位在制度、原则范围内，不能有特殊的、不公平的现象。③公平的课堂管理行为。在具体的课堂教学行为过程中，教师对待每个学生需要坚持公平的奖赏与惩罚。

二、课堂公平遭遇现实违背的现象

（一）课堂制度层面的不公平

在课堂教学中存在不公平的课堂制度，具体表现在以下几个方面：

①课堂教学管理制度的不公平。对于课堂教学管理制度的不公平存在许多方面，如座位的排列缺乏人文性，而更多的是根据教师的爱好。这些都体现课堂教学管理制度存在的弊端和不公平。②课堂评价制度的不公平。课堂教学评价更多的是教师对学生的评价，而缺乏学生自己对自己的评价和同学对自己的评价，也较少的让学生去参与评价教师的教学效果。

（二）课堂文化层面的不公平

课堂文化是学校文化的重要体现，不公平的课堂文化不利于教师教学的展开和学生学习的进行。具体而言：①师生地位之间的不公平。在课堂教学中，教师总是处于主动的地位，教师可以反问和提问学生，但是学生总是过于被动的接受教师的言语和行为，而学生缺乏话语权不能很好的问教师，与教师商量探讨。②师生交流之间的不公平。教师往往倾向于自己偏爱的学生，把更多的时间和交流的机会给他们，而忽视了更多学生的交流与对话。

（三）课堂行为层面的不公平

在课堂教学中，存在一些违背课堂公平的课堂行为，具体有：①教师在作业布置和批改方面表现出的不公平。教师布置作业时总是“一刀切”，问题设计缺乏选择性，让学习成绩好的学生做得过于轻松，而有时对学习成绩差的学生又过于困难。在作业批改过程中，往往对成绩好的学生作业批改会仔细一些，而那些成绩差的学生会敷衍了事。②赏罚的不公平。教师总是偏爱那些学习成绩相对较好的学生，对于触犯同样错误的学生不能有效地一视同仁，教师对自己偏爱的学生会处罚轻，而对不喜欢的学生会重罚。对学习成绩暂时落后的学生的进步，教师往往没有去表扬而总是用一种歧视的眼光去对待。③提问的不公平。在课堂教学过程中，教师总是提问前面几排的学生，或者提问那几个自己喜欢的学生，这是一种情况。另一种情况就是早预备那些难的问题问学习成绩暂时领先的学生，而把相对容易的问题则问学习成绩差的学生，很少考虑让学生自己去选择回答。

三、课堂公平的构建策略

（一）形成课堂公平的意识与理念

教育公平的实现，需要教师具体落实到课堂实践中。课堂公平的前提就是需要教师课堂公平意识与理念的形成。教师需要具有的课堂公平意识与理念主要有以下几个方面：

（1）公平地对待自己与学生。教师与学生是教学活动中的两个主体，他们不是主体与客体的关系，而是“主体间性”的关系，教师与学生地位是平等的，学生需要公平对待教师，教师需要公平对待学生，“关心爱护全体学生，尊重学生人格，平等公正对待学生”。[5]

（2）公平地看待每个学生。学生是一个未完成的、未成熟的，有思想、有情感的，发展中的生命个体，每个学生都需要被关注与重视。教师需要转变那种传统的课堂理念和课堂行为，即倾向于喜欢品学兼优的学生，给予他们更多的关心和爱护。对那些中间层次的学生很少关注，任其自然，冷落他们。对于少数成绩落后的学生视为“眼中钉”，对他们的长处视若无睹，对其缺点耿耿于怀。教师需要公平对待每一个学生，把“爱”的阳光散向每个学生的心田，重视中间层次学生和关注暂时落后的学生，正如陶行知先生那样做到“爱满天下”。当然，我们所指的主要是教师的“爱”在课堂中能泼洒给每个学生。

（3）树立课堂公平的服务意识。在“教育即服务”的全新的理念下，对教师而言，每个学生都是教育教学服务的对象，没有高贵与不高贵之分，需要教师的公平对待。

（二）构建公平的课堂文化

民主、开放、自由、公正、公平的课堂文化是推进课堂公平的重要基础。课堂文化是指在长期的课堂教学活动中形成的，并为教师与学生所自觉遵循和奉行的共同课堂精神、教学理念和“教”与“学”的行为方式。主要包括课堂制度文化、课堂物质文化、课堂行为文化等方面，具体来讲包括课堂舆论风气、学术氛围、教室环境、教学环境、人际关系、行为规范等。在课堂公平的形成过程中，教师需要大力加强课堂文化建设。课堂文化建设主要包括：①课堂物质文化建设。课堂物质文化建设主要包括课程建设和教学环境建设。在新课程理念下，教师需要积极建设课堂物质文化，形成有利于新课程实施的良好氛围。②课堂精神文化建设。教师改变以往以权威对学生采用压制、抑制和控制的方式，及片面强调满堂灌输知识、教师说教的课堂文化理念，形成多元化的课堂文化理念，“让课堂充满生命的活力”[6]。③课堂制度文化建设。课堂教学目标的设计关注学生的全面发展，改进课堂评价制度。同时，形成科学性与人文性的有效结合、静态动态结合、原则性与灵活性结合的课堂管理制度文化。④课堂行为文化建设。课堂行为文化建设包括教师学会用心灵去倾听学生的心声，让学生学会质疑、学会表达，形成师生合作学习的行为文化，达到师生之间的“视界融合”。

（三）形成民主平等的师生关系

毋容置疑，课堂公平的形成，离不开民主、平等、和谐的师生关系，具体而言：①教师需要建立对等、对话的师生关系，形成一种对话与交流，理解与促进的发展性师生关系。课堂教学活动中，教师是“教”的主体，而学生是“学”的主体，两者形成“主体间性”，两者的关系不是“我”与“他”的关系而是“我”与“你”的对话关系。“人与人之间的交往是双方（我与你）的对话和敞亮，这种我与你的关系是人类历史文化的核心，可以说，任何中断这种我与你的对话关系，均使人类萎缩”[7]。②形成教学相长的师生关系。教学相长是课堂教学的一种重要目标，通过教学活动来促进学生的发展，教师的发展，课程自身的发展。③教师需要关爱每个学生。教师爱护学生，公平对待学生，对学生一视同仁，才会有学生尊重教师，所以教师需要把课堂中教师与学生的关系从“‘伤害与受伤的关系’转到‘关爱与被关爱的关系’”[8]。

（四）课堂实践中做到课堂公平

课堂公平的实现，关键在于教师在课堂教学中践行公平性的原则。具体而言，教师需要做到：①赏罚分明。对于暂时优秀的学生需要给予关爱和赏识，而那些暂时落后的学生也需要给予表扬和赏识，同样中间层次的学生也需要教师的欣赏，所以“多从学生身上找优点，带着欣赏的眼光去看待学生”[9]，同时对于学生的惩罚也要公平合理，“商君治秦，法令至行，公平无私。”[10]②公平对待课堂资源。在对待课堂资源的过程中，教师需要体现出课程资源分配的效率与公平，既能实现教学过程的最优化，又能做到公平，使有限的课堂资源让每个学生都能得到尽可能的发展。③公平提问学生。教师需要改变那种把难的问题向学习成绩好的学生提问，而问题答案简单的留给学习成绩差的学生来回答的设想。教师需要将问题设计得更加科学合理，既体现问题的难易梯度，又能让更多的学生得到思考，以便激发学生的学习主动性、积极性和创造性。④公平地布置与批改作业。教师在在作业布置时讲究艺术性，在作业批改时，讲求形式灵活并具艺术性。在整个作业布置与批改过程中都要体现出公平、公正、公开。⑤形成公平的学习组织——“学习共同体”。学习共同体是指一个由学习者及其助学者（包括教师、专家、辅导者等）共同构成的团体，他们彼此之间经常在学习过程中进行沟通、交流，分享各种学习资源，共同完成一定的学习任务，因而在成员之间形成了相互影响、相互促进的人际联系，它的形成“超越了课堂同新的生活方式与社会原理相通的共同体”[11]，同时它由尊重个体差异性的前提下形成的“同一性”。在课堂教学过程中完成共同体的形成，体现出“教师是平等中的首席”，这是一种坚持公平性原则的学习和交流。教师指导学生进行探究性学习，学生之间相互交流与学习，教师也可以通过与学生的对话交流以及合作学习实现教学反思，促进自身的专业化发展。

四、结语

“天公平而无私，故美恶莫不覆；地公平而无私，故大小莫不载。”的确，教育领域需要积极推进教育公平思想，只有在课堂教学活动中教师做到公平，才会有学习积极性的出现、个性的张扬、主动性的发挥、创造性的形成，才会有民主的、融洽的、和谐的师生关系，才会有健康的、和谐的课堂的出现，才会有高效率的课堂和教学品位的提升。

参考文献

[1] 胡锦涛．高举中国特色社会主义伟大旗帜　为夺取全面建设小康社会新胜利而奋斗［R］．2007－10－15.

[2] 联合国教科文组织国际教育发展委员会．学会生存［M］．北京：

教育科学出版社，1996.

[3] 塔弗尔比姆．方案评价的 CIPP 模式［A］//教育学文集·教育评价．陈玉琨，译．北京：人民教育出版社，1989.

[4] 伊凡·汉耐尔．高效提问——建构批判性思维技能的七步法［M］．黄洁华，译．汕头：汕头大学出版社，2003.

[5] 教育部．中小学教师职业道德［N］．2008－09－01.

[6] 叶澜．让课堂焕发出生命活力［J］．教育科学论坛，2004（1）：51.

[7] 雅斯贝尔斯．什么是教育［M］．邹进，译．北京：生活·读书·新知三联书店，1991.

[8] 左藤学．学习的快乐——走向对话［M］．钟启泉，译．北京：教育科学出版社，2004.

[9] 王中华．杨昌济的教师思想及其对教师专业化的启示［J］．湖南第一师范学报，2007（4）：41.

[10] 刘向．战国策．［M］．北京：中华书局，2012.

[11] 左藤学．学习的快乐——走向对话［M］．钟启泉，译．北京：教育科学出版社，2004.

课堂案例的“三大原则”“八项注意”

众所周知，教学是教师的“教”与学生的“学”辩证统一的过程。在现代教育理论看来，教学是教师与学生的“主体间灵肉交流活动”，[1]教学是师生之间的“对话”。课堂是开展教学的具体场景与平台，是师生活动的主要时间和空间。课堂教学中，教师为了演绎理论知识，为了更好地让学生去理解与把握，会不断使用课堂案例。课堂案例主要是从教育教学实践活动中总结出来的实例，在被描述的具体情境中包含一个或者多个引人入胜的问题，同时也包含有解决这些问题的方法和技巧，有具体情境的介绍和描述，也有一定的理论思考和对实际活动的反思。

在今天的新课程背景下，为了更好的创设问题情境，教师需要恰切地运用课堂案例来开展教学。但是在现实的课堂教学过程中，常常遭遇课堂案例引起师生尴尬，课堂案例滥用等的现象。鉴于这些问题的凸显，笔者认为，课堂案例需要坚持“三大原则”“八项注意”，以便更好地构建融洽的、和谐的、充涌“生命活动力”[2]的课堂教学。

一、课堂案例的三大原则

（一）以促进课堂知识的理解为原则

课堂教学过程中，教师会采用不同的教学方法开展教学，教师也会引用课堂案例。首先，课堂案例是为学生更明了清楚地理解理论知识观点提供一个平台，创设一个情境。其次，课堂案例是为促进学生的积极主动参与，保持学生的情绪饱和和情感愉悦。最后，课堂案例可以促进学生的思维活跃，使其学有所得，体验成功。教师需要坚持运用课堂案例是为了更好地促进学生参与课堂，激发学生对知识理解的兴趣与动机，通过实例去理解知识，去建构自己的认知结构和知识，从而展开深入的学习。

（二）以促进教师的教学为原则

教学是学校工作的一个中心，一切工作都需要围绕教学而展开。课堂案例的运用是为了促进教师更好地组织教学，更好地完成教学任务，实现教学目标。教师通过课堂案例，加强教学目标的生态性、开放性，全面体现教学的教育性。关注学生学习的个性体验，更新教学方式，促进教学的更优化，加强教学材料的意义性，促进教学“多元化、多情境、多内容、多维度、多形式”[3]的互动。

（三）以增进师生交流为原则

课堂案例是课堂教学的一个重要载体，是师生对话与交流的一种重要媒介。教学不是简单的“问与答”的活动，不是“教师讲、学生听”的过程，而是教师与学生之间的一种沟通、一种交流、一种对话，一种共同学习，一种共同创造的过程，一种在教师的“向导”下师生共同经历与体验的精神之旅。通过课堂案例，教师与学生实现思想的交流，达到感情的沟通，促成师生的“视界融合”。因此，在课堂案例的运用过程中，教师必须坚持以促进与学生在形式上的交往、本质上的交流为原则。

二、课堂案例的八项注意

（一）注意课堂案例的生活性

新课程反对传统的“教死书，死教书，教书死”[4]观念，主张“教活书，活教书，教书活”，重视教学与生活的联系。新课程主张杜威先生的“教育即生活”，教师在课堂教学中，就是在“经历”一种生活，学生在“体验”一种生活，教师与学生在共同创造一种生活。既然课堂教学是一种生活的存在，那么课堂教学案例就需要关注学生的生活经验，关注学生的周围生活世界，反对那种脱离生活的案例。例如，在中学数学教学中，教师讲到“长方体”这个概念的时候，教师不仅需要从书本上找案例，而且可以从学生的周边生活中寻找案例。

（二）注意课堂案例的可理解性

教学是师生以课程为媒介所展开的一种教与学的理解活动。在教师备课过程中，教师需要研究和理解学生的思想、学生的学习状态，也应该理解知识，读懂、读透教材。在上课过程中，学生需要理解教师的言语，理解知识之间的内在逻辑与规律。为了更好的理解知识，教师需要将案例讲得清晰、明了，让学生充分理解案例，这样才能实现“教学即生成”。

（三）注意课堂案例的虚拟性与现实性

课堂案例可能是虚拟的、假设的，如数学上应用题的提出；课堂案例也可能是现实的，如讲解民族舞蹈，现实生活中还存在很多的民族舞蹈。对于虚拟与现实之间的案例，我们需要很好的掌握，以防因为虚拟的案例而伤害到现实中的学生。曾经有这么一个事件：讲解什么是高雅的生活情趣，什么是低级的生活情趣，一个老师虚拟了一个案例说：“某个班级有个同学上课迟到，课堂上睡觉，但是喜欢打篮球。请问这个同学的生活情趣是高雅的还是低级的?”班上一个学生马上站起来问老师：“老师你是不是在说我啊?”老师说：“这个案例是假设的。”该学生立刻生气地反问道，“怎么好像我与案例中的学生是一样的?”以对抗的态度对待老师，弄得课堂气氛很紧张。所以教师需要注意课堂案例尽量避免与现实生活中的学生对号入座。

（四）注意课堂案例的道德性

“学高为师，身正为范”，教师职业的专业特点决定了教师的示范性应该“知荣明耻”[5]。在课堂教学中，教师不能违背课堂案例的道德性来教育学生，如湖南一个老师为了鼓励学生读书，竟然在课堂中说：“读书是为了赚大钱、娶美女”。因此，教师课堂案例的例举需要尊重教师的道德标准和职业道德规范。

（五）注意课堂案例的法律性

《中小学教师职业道德规范（2008 年修订）》中严格规定：爱国守法。热爱祖国，热爱人民，拥护中国共产党领导，拥护社会主义。全面贯彻国家教育方针，自觉遵守教育法律法规，依法履行教师职责权利。不得有违背党和国家方针政策的言行。从社会学角度来看，教师是社会的代言人，教师的课堂案例不能列举违背我国法律精神的。对于那些不符合我国法律的言论与实例不能纳入到课堂教学中来。

（六）注意课堂案例的理论与实践性

课堂案例有理论方面的案例，也有实践方面的案例。教师应很好的去理解、去运用理论与实践的课堂案例，切忌把理论的案例与实践的案例混淆起来。对于理论性的案例，我们需要讲逻辑性，让学生去理解与领悟。如我们在思想政治课中讲到唯心主义与唯物主义之间的区别与联系时，我们能运用理论方面的案例来进行教学；对于实践性的案例，需要让学生去深入思考，把理论观念与实践案例密切结合起来。如在科学课程中，让学生学习体积（V）、质量（M）与密度（ρ）之间的关系，我们可以从生活中的实践案例去理解理论。因此，在运用理论与实践的案例时，教师需要准确把握两者的联系与区别，从而正确运用。

（七）注意课堂案例的互动性

教学是师生之间的对话关系的展开，教学是“我与你”的精神相遇，而不是“我与他”的关系的存在，案例的教学是为了促进学生—知识—教师之间的互动过程。通过课堂案例，创设学习的问题情境，进行问题分析并寻找答案，达到师生共同解决问题。共同合作，培养学生的协作能力，形成教师与学生的“学习共同体”。因此，教师需要注重课堂案例对教师与学生互动的促进。

（八）注意课堂案例的正面性与反面性

课堂案例包含了正面性的案例和反面性的案例。在课堂教学中，教师需要恰到好处的运用，可以从正面的案例去证明某个理论观点，也可以从某个反面的案例去反思某个理论观点，正所谓正面的案例反面用，反面的案例正面用。

三、结语

课堂案例是不同类学科，不同类专业，不同类层次的学校都需要引用的，在教学活动中起到了不可忽视的意义与作用，如果能更好地发挥其功能，对教学无疑是一个重要的助推器，广大教师不可等闲视之。

参考文献

［1］雅斯贝尔斯．什么是教育［M］．邹进，译．北京：生活·读书·新知三联书店，1991.

［2］叶澜．让课堂充满生活活力［J］．教育科学论坛，2005（1）：21.

［3］张晖．新课程的教学改革［M］．北京：首都师范大学出版社，2001.

［4］方明．陶行知教育名篇［M］．北京：教育科学出版社，2005.

［5］教育部．中小学教师职业道德规范（2008 年修订）［N］．中国教育报 2008－09－04.

第三部分

基础教育课程改革视域下的教师与学生

教育信息化与教师专业化

当前，教育信息化已经成为了一个教育关键词，不时在网络和报刊杂志中出现。同时教师专业化也是教育学界的一个重要字眼，不断袭击着人们的眼球。那么究竟两者是什么关系呢？教育信息化对教育专业化有什么影响呢？笔者就这个问题进行思考与探讨，以此文与大家共勉。

一、教育信息化对促进教师专业化发展的价值

（一）教育信息化为教师专业化提供信息资源支持

教育信息化是指在教育教学的各个领域中，积极开发并且充分应用信息技术和信息资源，促进教育现代化，以培养满足社会需要人才的过程。教育信息化包括以下六个方面：信息网络基础设施建设、信息资源的利用与信息技术的应用、信息化人才的培养与培训、教育信息资源建设、教育信息产业化、信息化政策法规和标准建设。在这六个方面中，信息化人才建设是教育信息化的重要保障，没有信息化的教师人才，教师专业化就是一座空中楼阁。江泽民同志说，教育的关键在于教师。当然教育信息化的关键就在于教师的信息化，在于掌握一定的信息技术和信息资源的教师，所以要实现教师专业化，必须“教育信息化先行”。

（二）教育信息化为教育现代化提供技术支持

教师在具备一定的信息技术基础之上，不断采用新的思路进行教学设计、课程开发、教学资源管理、学生管理。教师利用信息网络开发信息资源，实现信息资源的利用与信息技术在教育上的应用。教师借助信息技术为教育现代化的实现提供了有力的技术支持。如教师利用个人网站进行网络教学，有效地拓宽了教学的界限，从而为实现教育教学、教师培养和培训提供了信息技术方面的示范。

（三）教育信息化能够进一步完善教师资格认证制度

首先，教师要获得教师资格证必须具有所要求的教育技术和信息技术的素养。教育信息化以后，教师具备了良好的信息技术素质，有利于教师资格的认证。教师专业化要求，教师职业制度，教师准入制度，教师资格认证的条件是普通话的等级合格、教育学的考试合格、心理学的考试合格、学科专业水平的考试合格、教师思想的考核合格。教师信息技术素质考核也应成为教师资格认证的重要条件。其次，教育信息化促进了教师资格认证的公开化，增加了教师资格的透明度。随着我国科学技术的发展，我国高等教育的学历认证逐步在互联网上开通。只要输入学生毕业证号、姓名，就可以找到该学生在哪个学校毕业。教师资格证也是在互联网上公布，可以查看该教师是否具有教师资格证。《教师资格条例》规定“弄虚作假、骗取教师资格证的，品行不良、侮辱学生、影响恶劣的”，取消教师资格证。教育信息化可以促进教师利用信息技术区别教师资格证的虚伪与真实，从而有效地保障教师专业化发展。

（四）教育信息化有利于教师聘任制度的发展

《中华人民共和国教育法》第 34 条规定：国家实行教师资格、职务、聘任制度，通过考核、培养和培训，提高教师素质，加强教师队伍建设。教师与其他的行业一样需要改变长期以来的国家包分配的状况，将教师岗位纳入竞争的范畴。教师信息化有助于教师聘任制度的发展，表现有：第一，教育信息化能够让教师快速地获得人才招聘信息。教师招聘信息公布于互联网上，只要点击鼠标就可以查看。信息的获取速度比以前快数倍，信息的数量也有相应的增加。如此快的速度既有利于应聘者快速地获得招聘信息，也有利于招聘单位及时得到反馈信息。第二，可以提高招聘制度的管理效率。可以通过互联网把招聘单位、招聘对象、教师工资待遇等相关信息公布于众，教师只要上网就能获得信息。可以有效地防止招聘中的欺骗行为，从而保证教师招聘公开、公平、公正、合理、有序地进行，改进教师招聘的管理工作。

（五）教育信息化可以进一步促进教育服务理念的形成

教师是一门职业，更是一门事业，有人认为教育是“第三产业”，教师是一门服务性很强的行业。教师是教育的主要承担者，学生是教师的服务对象。教师通过信息技术与学生进行平等对话与交流，共同成长，即所谓“教学相长”，教师应是教学中平等的“首席”，而不是“权威”。教师通过信息化的过程来培养教育服务的理念，强化平等的师生关系，从而促进教育质量的提升。

二、促进教育信息化，实现教师专业化的策略

（一）教育信息化要求教师在认识观念上进行更新

首先，教师的角色定位发生改变。教师应该改变传统的教师权威角色，运用现代信息技术，以互联网为平台，与学生进行平等对话与交流，打破传统教育教学观念的束缚，从自我封闭状态走向自由、开放、澄明的交互状态。当今世界科技日新月异，已经是一个网络无处不在的时代。教师作为教学系统的一个重要组成部分，应该在一个开放、自由的系统中与学生进行“视界的融合”。教师与学生之间的关系与角色将会发生变化，教师要适应网络带来的改变，重新认识教师的角色。

其次，教师要重新定位教学活动中的学生。传统的教学活动中，教师是知识与学术的权威，教师对学生进行“填鸭式”的教学，学生只是被动的、接受式的学习，学生没有自主权。在这种教学状态下，学生严重缺乏学习的积极性、主动性、创造性。在今天的互联网背景下，学生进行探究学习，借助网络搜索资料进行创造性地学习。学生的学习积极性、主动性得到了充分的发挥，学生不再只是“井底之蛙”，在某些方面，甚至可能“弟子不必不如师”（韩愈语）。所以，在网络的支持下，教师要重新审视自己的教学对象。

最后，教师要对教育中介进行再认识。教育中介是指那些在受教育者与教育者之间起桥梁作用的物质与意识的东西。教育中介包括物质中介与精神中介。教育物质中介主要指教学内容和教学工具。传统的教学活动中教师有一支粉笔、一本教材、一张黑板就能进行教学。今天的教学活动中，教室已经成为了多媒体教室，投影仪、电脑、音响、麦克风等信息技术设备远远优越于粉笔的功能。教师没有驾驭信息技术的素质，怎么能进行教学活动？教学的工具也发生了变化，教师需要再认识教学工具。教学内容当然也不再是

孔子时代的“六艺”，也不再是“四书”“五经”和“一本一纲”（教学大纲和教材），而是包括教材在内的多方面的知识内容。获得知识的手段不只是教师上课，还可以从生活中、从互联网上获得，知识不仅出现在书本上，还出现在网络中、电视媒体上。所以，教师要重新认识教学内容。

（二）教育信息化要求教师在教育教学能力方面进行不断的提高

首先，教师要掌握基本知识与技能。教师应掌握的基本知识包括：了解教育技术的基本概念；理解教育技术的一些主要理论基础；掌握教育理论的一些基本内容；了解基本的教育技术研究方法。基本的技能包括：掌握 Windows 的一些基本操作方法，能够进行 Word 文档编辑处理；掌握信息检索、加工与利用的方法，如利用 Google、Baidu 等网站进行搜索下载；掌握教学媒体选择与开发的方法；掌握教学系统设计的一般方法，如制作电子教案、采用 PowerPoint 等制作教学课件。

其次，教师要具备一定的教学应用与创新的能力。教师能够利用互联网进行查找资料，如电子教案、学术论文；教师能够利用互联网来发表教学论文，如可以申请自己的 E－mail 来进行论文投稿；教师能够利用互联网同学生进行交流与联系；教师能申请教育博客进行思想交流；教师能够利用信息技术进行教育教学管理、学生管理，能够利用加密技术对学生的成绩、学生的评价、考核进行档案管理。

参考文献

［1］王中华．体验教育信息化［J］．教育信息化，2006（2）．

［2］教育部．中小学教师教育技术能力标准（试行）［J］．中小学信息技术教育，2005（2）．

［3］王俊贤．教育信息化与教育技术培养［J］．教育信息化，2005（4）．

［4］李克东，等．《标准》制定的思路、意义［J］．中国教师，2005（3）．

中小学教师焦虑心理的产生与化解

伴随着知识经济和信息化社会的日益发展，中小学教师的教学工作步伐和生活节奏也随之加速。相关调查表明，人们产生心理焦虑的比例大致为："20 世纪 50 年代初为 1.5%；70 年代为 4%；80 年代为 8%；90 年代为 21%。"[1]然而，近些年来人们心理焦虑的问题越来越凸显。中小学教师由于教学工作压力太大，每天"朝七晚九"，备课、上课、批改作业、出考试题目、参加教研活动、应付检查等，钱没多几个，工作量却比以前增加了几倍。根据《湖北日报》2007 年 3 月 27 日报道：中小学教师的心理问题检出率达 40.4%，明显高于正常成年人。其中，焦虑问题就是中小学教师心理问题的一个方面。中小学教师适度的心理焦虑是正常的，它有利于中小学教师冷静地分析问题和处理问题，促进教育教学活动。但是一旦中小学教师的心理过分焦虑，就会出现因为焦虑所导致的相关问题。很多中小学教师没有足够的心理承受能力，如 2004 年 12 月 1 日《重庆晚报》报道：22 岁的重点中学女教师上吊自杀。大量的事实证明，全国许多中小学教师早已处在亚健康状态中。这些问题需要我们正视和关切，同时应寻找正确的化解策略和途径，以便能更好地促进教师专业化发展，提升中小学教学质量和教育品位。

一、焦虑的全面理解

（一）汉语词典的解释

对于焦虑一词，《现代汉语规范词典》作出了这样的定义"①形着急忧虑。心情过分焦虑。②名焦急忧虑的心情。声音里充满焦虑。"[2]

（二）英语词典的解释

焦虑，英语单词是"anxiety"，在英语词典里的解释为"troubled feeling in the mind caused by fear and uncertainty about the future"[3]。

（三）心理学的解释

上海林紫心理咨询中心李孟潮在《焦虑的理论与治疗》中指出，“一般来说，在精神病学界和临床心理学界，焦虑的定义有三个要件：①焦虑是一种烦躁、急切、提心吊胆、紧张不安的心境；②焦虑者往往伴有植物神经功能紊乱的症状；③焦虑往往是没有相对固定的对象和明确的内容。”[4]

（四）总体的理解

综合焦虑一词不同层面的解释，笔者认为，焦虑主要是指人在面临现实的或将来可能出现的某种威胁、危险时所产生的一种紧张不安、烦躁、担忧、痛苦甚至伴随植物神经功能紊乱的情绪情感体验。

二、中小学教师焦虑心理的表现

（一）中小学教师自我效能感低

美国心理学家班杜拉认为，自我效能感是指“人们对组织和实施达到既定操作目标的行为过程的能力判断”[5]，即自我效能感是一个人对自己在某一活动领域中的操作能力的主观判断或评价。总之，中小学教师自我效能感的实质就是教师个体面对教学工作时对自己的自信程度，对教育教学活动能力的预期和判断，相信自己有多大程度的把握去完成教育教学活动任务。由于中小学教师的焦虑心理，他们之中存在一种消极评价自己教育教学工作的意义和价值的倾向，感到在其教学工作中不再有什么值得去做，感觉自己无法给学生的生活带来更大的变化，何况他们的职业所带来的诸如金钱、社会认可等回报也少之又少，有较强的自卑感和失败感，所以中小学教师自我效能感低。这种焦虑心理，不仅影响中小学教师的正常工作，而且还影响中小学教师正常的日常生活，甚至由于长期内心冲突、焦虑过度形成焦虑人格，对教育事业产生失望情绪。

（二）中小学教师的情绪情感衰竭

中小学教师的情绪衰竭是中小学教师焦虑心理的一个重要方面。中小学教师长期工作在压力的情境下，教学工作中持续的疲劳及其在与他人相处中各种矛盾，冲突而引起的挫折感加剧，最终导致一种在情绪方面表现出精疲力竭、麻木不仁的高度精神疲劳和紧张状态，情绪和情感处于极度疲劳状态，性急易怒、容忍度低、工作丧失热情、缺乏活力，有一种衰竭、无助感，并对生活产生冷漠和悲观。这种不安、紧张、呆板，惶惶不可终日及缺乏随机应变能力，同时还会伴随神经系统功能紊乱，如失眠、溃疡等。这样的焦虑的时间持续过久、过度了，就会使中小学教师长期处于紧张状态，往往形成不愉快、受压抑，甚至是痛苦的心理活动过程，这就会阻碍中小学教师正常的认识活动的进行，影响中小学教师的各种能力的发展。

（三）中小学教师的非人性化行为

在中小学教育教学活动中，中小学教师存在焦虑心理，常常以一种消极否定、麻木不仁的态度来对待自己的同事或学生，减少接触或拒绝接纳学生，甚至把学生视为没有感情的物体来对待，还有些中小学教师用带有蔑视色彩的称谓称呼学生或者用标签式语言来描述个别学生。不仅如此，对自己的同事也常常持多疑妄想的态度。

（四）中小学教师与学生的冲突

中小学教师处于焦虑状态，往往还会产生师生冲突。中小学教师在教育学生过程中，他们的出发点是好的，给学生多讲解些知识，管理严格一些，多布置一些作业，多督促学生的学习，而学生并不一定就“买账”，甚至与他们的老师发生语言冲撞或行为冲突。但是中小学教师认为他们“一切为了学生，为了一切学生，为了学生的一切”的出发点是好的，所以中小学教师总有一种“恨铁不成钢”的感觉。

三、教师心理焦虑产生的原因

（一）内部原因

（1）身体素质差。中小学教师在繁重的教学任务和科研任务的条件下，许多教师缺乏锻炼身体的时间，再由于学校和社区缺乏体育锻炼的场所，许多中小学教师很少有机会去锻炼身体，同时他们又过分透支自己的体力，导致一些中小学教师身体状况欠佳、体弱多病，身体的病痛和不适，当然会带来心理的焦虑和其他的一些问题。

（2）心理素质差。在现行中小学教师队伍中，有一部分教师本身的素质特别是心理素质比较差，他们在走上教师工作岗位之后，更是背上了沉重的心理包袱，难以胜任教育、教学工作的需要。中小学教师的心理素质是一个重要方面，如课堂教学中与学生的交际沟通是“我与你”的心灵相遇，人际关系的交往等都需要中小学教师具有较好的心理素质，如果缺乏相关的心理素质，中小学教师就会在教学工作中产生焦虑的心理，害怕遭遇“失败”。

（3）教学能力欠缺。在教师专业化背景下，作为中小学教师不仅需要具有广泛的科学文化和教育科学方面的条件性知识，还需要扎实的专业知识等本体知识，而实践性知识则更需要教学能力。中小学教师的教学工作必需具备的能力有表达能力、反思能力、研究能力、设计能力等，但一些中小学教师却缺乏某些方面的教学能力，结果一旦面临问题时就会产生焦虑心理。

（4）自我调适方面。在遇到一些突发事件或不良情绪情感时，有些中小学教师不能进行有效的自我调节，当然也缺乏自我调适的经验和策略，特别是当教学工作的新情况、新问题出现，就更需要中小学教师有勇气和心理素质去调整自己，转换自身角色去适应新的状况，如果中小学教师缺乏正确的自我调适，就不免产生心理焦虑的问题。

（二）外部原因

（1）新课程改革的教育理念冲击。肇始于2001年的我国第八次课程改革轰轰烈烈地开展着，新的课程和教学理念需要中小学教师不断去适应新的教学形势，这些新的教育理念不断冲击着中小学教师已有的教学理念和自身角色。在新课程改革过程中，中小学教师会产生如何实施新课程标准下的新教材等一系列焦虑。

（2）学校领导的评价所带来的压力。现在有部分中小学校，学校领导常常把“下岗”挂在嘴上，动不动给教师上一课，于是教师惶惶然，领导欣欣然，找到了当官的感觉。毋庸置疑，目前中小学学校存在激烈的竞争，学校领导把学校的评比，学生的评比和教师的评比联系在一起，学校领导的评价给中小学教师带来了过分的压力和焦虑。

（3）学生家长和社会给中小学教师的压力。学生家长和社会认为，他们把自己的孩子送到学校来，是交了学费的，学校教师就应当教育好学生，让学生能在德、智、体、美、劳等方面实现全面发展，并保证学生生命安全和顺利升学，这样一来导致中小学教师需要关注学生的安全隐患，需要过分关注学生的升学，从而形成升学压力等。家长和社会对中小学教师的期望值越来越高，中小学教师的压力和焦虑感就越大。

（4）工作量大和工作时间过长。中小学教师工作量大，已经是一个不争的事实，一般寄宿制学校高达 14 个小时左右。以某中学为例，“语文、数学、外语周课时为 10 节，政治、物理、化学、生物周课时为 12 节，历史、地理、体育、音乐、美术、劳技周课时为 14 节”[6]，备课上课、布置作业、批改作业、课外辅导、阶段测验、考试等流程可见一斑，还需要进行教育科研，开设选修课程、校本课程，对学生进行思想教育等工作，中小学毕业班还进行补课，这样高压状态下的中小学教师难免会产生焦虑。

（5）新时期的学生“难教”。新时期的学生特别是城市中小学的学生中独生子女日益增多，学生家庭背景比较复杂，社会不良风气也对学校教育产生了强烈的冲击。有些学生厌学，着迷于电子游戏，网络成瘾，看黄色影像制品，打架斗殴等，中小学学生越来越难于沟通和难以施教，特别是 1980 年出生的中小学教师面对 1990 年出生的学生，感觉很吃力和困惑。中小学生的难教育，会导致中小学教师思想上的困惑和心理上的焦虑。

四、教师心理焦虑的化解

（一）中小学学校领导转换学校管理的理念

首先，学校领导采取柔性管理。作为一位高明的中小学学校管理者，需要让中小学老师感觉到教学工作的乐趣，而不是教学工作的压力，让中小学教师感受到教学工作的幸福，而不是教学工作的痛苦，让中小学教师在宽松和谐的环境里将潜能发挥到极致，而不能让其在焦虑的环境里被动、机械的疲于奔命的活着，应让中小学教师沐浴在人性的光芒里。其次，学校领导坚持以人为本的管理理念。“以人为本”具体落实到学校的教学工作中来，就是学校领导要尊重中小学生的发展，尊重中小学教师的专业发展，让中小学教师干得舒坦，让中小学教师干得开心，让中小学教师干得有收获！最后，优化和创设融洽和谐的学校工作环境。具体来说，学校领导要重视并关心中小学教师教学工作中所遇到的各种困难，耐心指导他们工作，以宽容的态度对待他们在工作中出现的问题，鼓励他们大胆改革和实践，避免因中小学教师的教学工作压力过大而影响教学质量，挫伤他们的积极性，产生心理障碍。要把学校工作的需要和教师个体兴趣、特长结合起来，以最大限度地发挥中小学教师的潜能和积极性，给他们搭建充分施展才华的舞台，以满足他们的成就动机和需要，促进中小学教师专业化发展。

（二）加强中小学教师文化建设

我国教育学者石中英先生对文化概念的界定为“文化就是在人们的生存和发展历史中形成并通过人们的各种活动而表现和传承的行为方式、价值观念、风俗习惯、语言符号、知识系统的整体。它的核心是价值观念。”[7]根据其对文化的理解，笔者认为教师文化主要是指教师在教育生活和教学过程中所形成的行为方式、价值观念。教师文化包括教师物质文化、教师制度文化、教师精神文化和教师行为文化等。通过中小学教师文化的建设来改善其心理焦虑，提高其心理素质。具体而言可以从下列四个方面入手：①教师物质文化建设。教师物质文化建设主要针对提高教师的物质待遇，为中小学教师的教学工作提供更好的教学物质工作环境。②教师制度文化建设。教师制度文化建设，主要针对中小学教师管理和评价制度，加强中小学教师的科学性和人文性的管理，实现刚性和柔性结合的管理，同时改变中小学教师的评价制度，采取多元评价，促进以教师专业发展为本位的评价制度。③教师精神文化建设。对于中小学教师精神文化建设，主要强调教师要热爱教育教学工作，加强与学生的沟通、对话、交流，形成和谐融洽的师生关系，实现“视界融合”“教学相长”。④教师行为文化建设。中小学教师的教学行为主要包括备课、上课、批改作业和课外辅导等过程中所体现出来的行为方式。在这些教育教学过程中，中小学教师需要积极投入，尊重学生，促进学生发展和自身的发展。通过加强中小学教师文化建设，提升教师的文化修养和内涵，从而改善其心理焦虑的现状。

（三）实现中小学教师角色的转换

在新课程标准下，中小学教师的心理焦虑与他们没有很好的完成角色转换也有一定关系。新的课程与教学理念下，需要新的“教”的方式与“学”的方式。从教师中心走向学生中心；学生发展从单方面向多方面发展；学生的学习方式从独立学习到合作学习；学生的学习状态从接受学习到探究式学习；学生的学习反应从被动反应到有计划的行动；学习活动的内容从基于事实知识的学习到批判性思维，学习选择，决策；教学的背景从孤立的人工背景到仿真的现实生活中的背景；教学媒体从单一媒体到多媒体；信息传递从单向传递到多向交换。在新的课程环境下，如果中小学教师没很好的进行教育理念的转变和教师角色的转换，就会为焦虑的心理埋下祸根。因此，中小学教师需要完成传统教师角色的转换。从以前那种单纯的课程“消费者”转换为课程的建构者，懂得去开发课程资源，调整课程结构和课程设计；从教学的管理者转换为学生发展的指导者与合作者，启发学生学习、探究、创造的动力，参与学生的学习，形成“学习共同体”；从裁判学生成绩的“法官”，转换为学生成长的促进者。通过中小学教师角色的转换，不断适应新的课程环境，进行心理调试，提高焦虑心理的“免疫力”。

（四）中小学教师自身提高身体和心理素质

据调查，“58%的教师自我感觉身体状况一般，18.7%的教师自感身体比较差，认为自己身体健康的教师仅占20%。而在自感身体比较差的教师中，26～35岁的占19.4%，在各年龄中最高，其次为36～45岁，占19.3%。”[8]这两个年龄段的教师正是社会、学校、家庭的中流砥柱，他们的身体健康状况尤其值得关注。中小学教师需要加强身体锻炼和提高心理素质，通过锻炼身体来加强身体健康和心理健康。“每天锻炼一小时，健康工作四十年，幸福生活一辈子”这个锻炼身体的理念要深入到广大中小学教师中来。身体的锻炼需要长期的过程，不是一两天就能锻炼好的。尽管中小学教师的教育教学任务繁重，但也应计划每天抽出一些时间来锻炼身体，让他们参与各自兴趣爱好的活动，如舞蹈、打拳、乒乓球、篮球、跳绳、羽毛球、跑步、排球等一系列丰富多彩的活动项目。通过身体锻炼可以增强体力和生命活力，提高身体素质，在健康的身体基础上不断增强心理素质。

五、结语

中小学教师的心理焦虑问题是当前中小学教师队伍中普遍存在的现象，

一定的心理焦虑有益于教育教学工作的展开，但一旦超过一定的限度，心理焦虑就会影响中小学教师的身心健康，进而影响教学工作的质量和效率，因此中小学教师的心理焦虑问题值得我们大家去关注。

参考文献

[1] 陈小建．简论焦虑心理与调试方式［J］．江西社会科学，2000（10）：144.

[2] 李行健，等．现代汉语规范词典［Z］．北京：外语教学出版社，2004.

[3] A S HORNBY. 牛津高阶英汉双解词典［Z］．李北达，译．北京：商务印书馆，2002.

[4] 李孟潮．焦虑的理论与治疗［EB/OL］．http：//www. xlzx. cn/html/school/dpt/newdev/2007/0612/5305. html.

[5] 班杜拉．思想和行动的社会基础：社会认知论［M］．林颖，等，译．上海：华东师范大学出版社，2001.

[6] 江苏省泰州市第二中学．江苏省泰州市第二中学各学科教师工作量标准［EB/OL］. http：//www. tzez. com/bmzy/ShowArticle. asp？ArticleID = 1130.

[7] 石中英．教育学的文化性格［M］．太原：山西教育出版社，1999.

[8] 杨金玉．浅析教师的身体素质［EB/OL］. http：//www. zxccjy. cn/Html/jyky/084409250. html.

当前我国中小学教师流动研究的述评

很多年前，我国中小学教师流动的实践就已经在悄悄地进行，所以中小学教师轮岗并不稀奇。2014 年，全国关注的两会议案中关于教师的轮岗制惹来了争议。江苏省权威机构颁布实行了教师 6 年轮岗制度，并指出“教师轮岗是我省推进义务教育阶段优质均衡发展的措施之一，一定会执行。”[1] 这一举措再次引起大家的关注。中小学教师流动是一个常议常新的问题，也是与我国中小学教师管理、中小学教师聘任制度改革与发展、中小学教师专业发展、义务教育均衡发展等问题密切相关的课题之一，因此该问题一直以来都得到不同程度的关注与重视。对于中小学教师流动的问题，我们从中国知网（www. cnki. net）上一搜索便发现已经有过一些研究，从经济学理论视角、从伦理学理论视角、从管理学理论视角等不同方面研究与探讨了中小学教师流动，取得了一定的有价值的研究成果，但是也存在不足之处。因此，笔者试图对当前已有的中小学教师流动研究展开述评，并提出中小学教师流动研究的展望。

一、当前中小学教师流动的主要研究成果

（一）中小学教师流动的含义研究

对于中小学教师流动的含义，主要有这么几种看法：①有些学者从社会分层的角度来看，认为教师流动是一种职业流动，也是社会流动的一种表现，进一步将教师流动解释为“是不同区域、不同学校之间教师的位置移动，它或许是职业水平流动，也或许是一种以人才流动为特征的向上性职业流动。”[2] ②有些学者认为中小学教师流动有多层含义，具体来说，中小学教师流动包括两个方面的含义，“一是教师队伍中的人员向非教师职业流动，二是教师在不同学校之间的流动。”[3]

（二）中小学教师流动的理论视角

（1）伦理学视角。这类研究者主要探讨在中小学教师流动过程中，中小学教师、学校、政府等各个主体的伦理学问题，如研究者夏仕武在《中国教师》2005 年第 11 期上发表《中小学教师流动的伦理学分析》一文，着重探讨了中小学教师流动过程中“教师免受责难”“学校难逃其责”“政府理应受罚”[4]等几个方面的伦理问题。

（2）制度学视角。从制度学来研究中小学教师流动的学者比较多，这种研究集中探讨中小学教师的制度阻力，如《我国城乡教师流动制度创建的制度阻力探析》一文就提出了“城乡教师流动制度与相关教育制度之间的冲突”“城乡教师流动制度与社会制度之间的冲突”“城乡教师流动的正式制度与非正式制度的冲突”[5]，还有一些学者思考中小学教师合理流动的制度化，进一步探讨中小学教师人事制度改革，提出改革中小学教师工资制度，推进二元户籍管理制度等相关的社会制度的改革等。

（3）经济学视角。这类研究者认为经济原因是中小学教师流动的一个重要原因，特别是在农村中小学教师流动原因研究中发现经济原因在中小学教师流动因素中占有重要的分量，如研究者杨廷茂，李天鹰认为“教师流动的主要原因是经济原因”[6]。

（4）社会学视角。对中小学教师流动的社会学考察主要集中在思考中小学教师流动的社会因素，如学者钱扑发表在《上海教育科研》2006 年第 11 期上的《教师流动中的社会学问题探讨》一文着重探索了中小学教师流动的相关社会因素。

（5）管理学视角。这类研究主要探讨中小学教师流动的无序与促使中小学教师流动的因素是与学校管理、教育行政管理分不开的，进一步认为造成农村中小学教师流动无序与混乱的一个重要原因是“权势与知识对立”“职权与责任错位”“利益与才能失衡”[7]等管理方面的因素，因此需要从管理去寻找中小学教师流动的原因与对策。

（6）比较学视角。对于比较学研究，一方面的研究集中在从美国中小学教师流动来反思我国中小学教师，如学者迟为国的《美国中小学教师的职业流动与其原因分析》一文从人力因素、工作特点、价值取向、工资水平等方面探讨了中小学教师流动原因，并进行了深入的探究；另一方面的研究主要集中在日本中小学教师流动研究，如学者彭新实在《外国教育研究》2000 年第 5 期上所发表的《日本的教师培训和教师定期流动》加深了对日本中小学教师流动的研究。

（7）法律学视角。这类研究集中在从教师劳动者的合法权益来思索中小学教师的流动，如学者洪哲在《教育理论与实践》1995 年第 3 期上发表的《论教师流动》一文就提出“教师流动是保证劳动者合法权益，合理使用人才的客观需要”[8]。再有学者麻跃辉也强调了“加强立法，进一步完善教师聘任制。”[9]等。

（三）中小学教师流动的原因研究

（1）中小学教师流动是中小学教师的人权。研究者认为中小学教师流动是教师的人权，并指出，“劳动力归劳动者个人所有，是劳动者最重要的经济权利，是劳动者其他权利的基础，也是人权的重要组成部分。限制劳动者对自身劳动力的所有权，意味着对劳动者的超经济的强制，意味着违反人权。”[10]

（2）市场经济客观要求中小学教师资源的重新配置。“如果使中小学教师参与社会流动，就会给市场经济的发展带来无穷的活力。”[11]市场经济要求资源配置合理，中小学教师流动是教育资源、教师资源合理配置的重要表征。

（3）中小学校的管理不善、不科学、不到位等管理因素导致中小学教师流动，如“一些人为的因素造成教师流失”。[12]

（4）经济原因也是中小学教师流动的一个比较重要的原因。长期以来，中小学教师经济待遇低，而且教师的工资得不到应有的保障，加上“城乡教师的收入差距”[13]，导致了中小学教师的流动。

（5）中小学教师的个人原因也是中小学教师流动的一个原因。中小学教师的职业倦怠与从众心理等，都是中小学教师流动的重要原因。

（四）中小学教师流动的影响研究

（1）中小学教师流动的积极价值研究。一部分学者是从中小学教师流动的积极价值来思考和研究的，如认为合理的、有序的、双向的中小学教师流动可以起到积极作用，“对提高农村义务教育质量和促进城乡教育均衡发展起到了积极的作用。”[14]

（2）中小学教师流动的消极影响研究。有些学者主要研究和探讨了中小学教师流动造成流失的消极影响，进一步认为中小学教师流动造成“流出的教师难以得到及时补充，造成了教师队伍的不稳定，使一些学校师资结构失调，教师断层，学校整体师资力量下降。”[15]等不良后果。

（五）中小学教师流动的对策研究

对于中小学教师流动的对策，纵观近些年来的研究，主要有如下：①广泛借鉴其他国家的先进经验，如向美国、日本等发达国家中小学教师流动经验学习。②加强立法，进一步完善《中华人民共和国教育法》《中华人民共和国教师法》《中华人民共和国义务教育法》等与中小学教师流动相关的法律，用法律保障中小学教师的定期流动。③利用“转会”的形式，中小学教师流动到其他的学校需要“向原来学校支付‘转会费’——经济补偿”，[16]以便促成中小学教师的流动。④加快中小学教师人事制度改革，进一步完善聘任制、教师编制以及二元户籍管理制度改革，从而实现“中小学教师流动制度化”、[17]创设有利于中小学教师流动的人文环境，实施科学化的人文管理，“取消分配，三方管理”[18]，引导中小学教师畅通流动渠道。⑤以县域为基础单位，不断完善县域中小学教师流动。在县域范围内，通过“提升理念”“创新实践”[19]等措施和途径来实现县域中小学教师流动。

二、当前中小学教师流动研究存在的不足之处

（一）中小学教师流动研究视角不够宽泛

尽管当前中小学教师流动研究具有管理学、制度学、社会学、伦理学、法律学、比较学等理论研究视角，但是中小学教师流动研究还缺乏以下主要理论视角的思考：①当前还没有探讨中小学教师流动的文化学研究，没有从文化因素去探讨中小学教师为什么会产生流动，流动过程中其文化观念又将会是什么等问题。②当前研究还没有探讨中小学教师流动的心理学原因，以及从中小学教师流动的心理影响以及从心理学理论上去寻找中小学教师流动的对策。③缺乏对中小学教师流动的历史学研究，没有很好地去探究中小学教师流动的历史过程，也没有预测中小学教师流动的发展趋势。

（二）中小学教师流动缺乏对当前基础教育改革的探究

在这些新教师流动的研究中，尽管有一部分学者提到过中小学教师流动与基础教育师资资源的配置问题，如“关于推进基础教育师资配置均衡化的思考”[20]但是中小学教师流动研究过程中很少涉及基础教育与中小学教师流动的关系，而且对于流动与当前基础教育改革关系的研究还不多，甚至没有讨论和研究过。

（三）中小学教师流动研究没有提及中小学教育信息化研究

在教育信息化的背景下，教育信息化会对教育领域的各个方面产生影响，因此需要去关注。然而，在当前中小学教师流动中，很少见到研究者把中小学教师流动放到教育信息化背景下去研究，根本没有研究者去思考中小学教师流动的信息化。

（四）缺乏对当前新的教育政策的关注

关于当前中小学教师流动的研究往往缺乏对当前新教育政策的关注，尽管一些学者从政策视角来思考，但是缺乏一些主要教育政策问题的探讨：①没有与中小学绩效工资政策结合起来研究。当前中小学教师绩效工资是中小学教师流动中不可回避的一个问题，因此需要加以关注。②缺乏对中小学教师流动与中小学教师培训政策之间的关系研究。中小学教师培训也是中小学教师流动的一个重要问题，没有对中小学教师、中小学班主任等教师的培训问题进行探究。③缺乏对中小学教师流动与特岗教师政策关系的研究。没有去探讨中小学特岗教师问题。

（五）中小学教师流动研究中缺乏对中小学教师专业化的研究

中小学教师流动过程中，教师专业化问题是一个重要的问题。但是，当前的中小学教师流动研究中很少涉及，甚至没有学者去探索和研究教师专业化与中小学教师流动的关系。

三、中小学教师流动研究的展望

（一）继续坚持中小学教师流动的比较与借鉴研究

在研究我国中小学教师流动原因、问题、对策等的过程中，我们可以参考和借鉴美国、日本、法国、英国等发达国家的经验和做法，做到“洋为中用”。对他们的中小学教师流动进行比较和研究，在比较和研究其他国家做法的基础之上，充分考虑到我国现实国情、中小学教师的基本现状和中小学教育改革的实际，研究我国中小学教师流动情况，提出有针对性的管理策略和教育对策。

（二）加强中小学教师流动的法律学研究

对中小学教师流动需要加强法律学上的研究，从法律上去保护中小学教师的流动，保障义务教育的均衡发展，保证中小学学校质量，做到“有法可依、有法必依、执法必严、违法必究”。因此，需要不断修改和完善《中华人民共和国教育法》《中华人民共和国教师法》《中华人民共和国义务教育法》等法律，制定有关中小学教师流动的法律和法规，加强中小学教师流动的法制化、规范化，促进中小学教师流动的有序性、合理性。所以说，中小学教师流动的法律学研究仍然是一个需要关注的课题。

（三）将中小学教师流动研究与基础教育课程改革研究相结合

中小学教师是基础教育改革、基础教育课程改革的重要因素和关键，中小学教师关系到基础教育课程改革的成败。因此，中小学教师流动研究中需要关注基础教育课程改革研究，中小学教师流动是在基础教育改革中流动，在流动中不断进行基础教育课程改革。

（四）推进中小学教师流动与心理学研究结合

中小学教师流动中的心理因素，需要我们研究者去调查与研究，如探讨中小学教师为什么想流动，如前面提到的中小学职业倦怠与从众心理问题导致中小学教师流动。那么流动过程中的心理状态又是怎么样的，流动到一个新的工作部门将是什么样的心理等一系列的心理因素，我们研究者都需要用心理学的知识与原理去解答。因此，中小学教师流动需要进行中小学教师的心理学研究。

（五）促动中小学教师流动与教育信息化研究结合

教育信息化是指在教育领域全面深入地运用现代信息技术来促进教育改

革与发展的过程。教育信息化包括了中小学校信息化、中小学管理信息化、中小学教师信息化等信息化问题。在中小学教师流动中需要加强教育信息化问题的研究，需要关注如中小学教师流动过程中的管理信息化问题，中小学教师信息化问题等与中小学教师流动相关联的教育信息化问题。

（六）凸显中小学教师流动与中小学绩效工资研究结合

中小学教师流动与中小学绩效工资是息息相关的。按国家规定执行事业单位岗位绩效工资制度的义务教育学校正式工作人员，从 2009 年 1 月 1 日起实施绩效工资。当前，中小学教师绩效工资问题是一个热点问题。中小学教师工资问题牵扯到中小学教师的切实经济利益，所以中小学教师流动与中小学教师绩效工资密切相关。根据国家的相关规定“有关部门要密切配合，加强工作指导，建立健全有效的监督检查工作机制，严格把握政策和程序，指导和督促学校严格执行实施绩效工资的有关政策。”[21] 因此，在中小学教师不流动过程中，中小学教师绩效工资问题需要得到关注。

（七）提升中小学教师流动与教师专业化发展研究相结合

我国著名教育家顾明远曾指出：教育开放、教师自主流动，其实质不是教师教育的转型，而是教师专业化、教师教育质量的提高。可见，教师流动的合理、有序是中小学教师专业化发展的必然要求和具体体现。因此，在研究中小学教师流动的过程中，我们也需要关注中小学教师专业化研究。

（八）关注中小学教师流动中的特岗教师研究

“特岗计划”是中央实施的一项对西部地区农村义务教育的特殊政策，通过公开招聘高校毕业生到西部地区“两基”攻坚县以下的农村学校任教，引导和鼓励高校毕业生从事农村义务教育工作，创新农村学校教师的补充机制，逐步解决农村学校师资总量不足和结构不合理等问题，提高农村教师队伍的整体素质，促进城乡教育均衡发展。特岗教师的流动问题，是中小学教师流动的一个新的研究领域，需要我们研究者去加以研究和思考，以便更好地推进中小学教师流动问题的解决。

（九）加强中小学教师流动的实践研究

马克思哲学原理告诉我们：理论来源于实践，同时理论要服务于实践。

在这个理论指导下，我们知道了中小学教师流动的理论来自中小学教师流动的实践，同时中小学教师流动的研究需要回到中小学教师流动的实践中去，尽管有学者进行过实践研究，如有些学者提出了“教师流动的三种实践模式”，并重视“区域中小学教师定期流动实践模式的构建”。[22]但是，现有的对中小学教师实践研究较少，因此我们需要研究当前我国中小学教师流动实际的情况，在分析中小学教师流动现状的基础上来进一步思考中小学教师流动原因、策略等一系列的理论问题。

四、结语

尽管以前有许多关于中小学教师流动的论述和研究，但是就当前的情势来说，在我国基础教育改革的关键时刻，在我国中小学教师专业发展的重要过程中，我们需要加强对中小学教师流动实践的关注，同时中小学教师流动问题的研究也显得十分重要和迫切。

参考文献

[1] 刘颖．江苏中小学教师轮岗铁定施行［N］．南京晨报，2010－03－31.

[2] 钱扑．教师流动中的社会学问题探讨［J］．上海教育科研，2006（11）：4.

[3] 黎琼锋．合理化教师流动初探［J］．江西教育科研，2007（2）：50.

[4] 夏仕武．中小学教师流动的伦理学分析［J］．中国教师，2005（11）：9.

[5] 贾建国．我国城乡教师流动制度创建的制度阻力探析［J］．教育科学，2009（5）：35.

[6] 杨廷茂，李天鹰．欠发达地区县城高中教师流动原因及对策［J］．教学与管理，2009（11）：35.

[7] 田锐．农村中小学教师流动：归因与对策［J］．泰山学报，2008（5）：117.

[8] 洪哲．论教师流动［J］．教育理论与实践，1995（3）：28.

[9] 麻跃辉．从权益保障的视角解读中小学教师的流动［J］．中国教育学刊，2005（2）：8.

[10] 李健中．教师正常流动：路有多远［J］．中国人才，1996（7）：11.

[11] 李立国．市场经济与中小学教师流动［J］．江西教育科研，1994（3）：20.

[12] 邵学伦．关于中小学教师流动问题的思索［J］．山东教育科研，2002（8）：13.

[13] 李伯玲．城乡教师的收入差距与流动问题探究［J］．中小学教师培训，2007（3）：60.

[14] 庞丽娟．加强城乡教师流动的制度化建设［J］．教育研究，2006（5）：2.

[15] 张丰．教师流动可以采用转会制［J］．上海教育，2000（5）：44.

[16] 薛正斌，胡德海．中小学教师流动的实然与应然［J］．当代教育科学，2007（13）：45.

[17] 陈坚，陈阳．我国中小学教师流动的制度化问题研究［J］．中国教师，2008（4）：5.

[18] 翟光法．让教师流动之“水”活起来［J］．中小学管理，2002（11）：24.

[19] 马艾云，李保江．县域教师流动机制实施框架［J］．当代教育科学，2007（9）：16.

[20] 邓涛，孔凡琴．关于推进基础教育师资配置均衡化的思考［J］．中国教育学刊，2007（9）：34.

[21] 教育部．关于义务教育学校实施绩效工资的指导意见［N］．2008－12－23.

[22] 楼世洲，李士安．区域中小学教师定期流动实践模式的构建［J］．绍兴学院学报，2007（11）：20.

不断推进学生自治管理工作的发展

——陶行知学生自治管理思想带来的启示

1919年10月《新教育》第二卷第二期刊载了《学生自治问题之研究》一文，在文中陶行知先生明确提出了学生自治的概念、必要性、意义以及实施的注意事项，这标志着他的学生管理思想的形成与发展。他的以学生自治为起点和目标的学生管理思想内涵丰富、理论科学，超越了当时落后的学生管理观念，不仅促进了当时以南京试验乡村师范为实验学校的管理工作的顺利发展，而且提升了学生管理的理论研究，引起了许多教育界内外人士的注目，产生了强烈的影响。同样，在以人本主义理论、建构主义理论、后现代主义理论、多元智能理论等多维教育理论和思潮关照下的今天，他的学生自治的管理思想仍有重大的启示意义。

一、陶行知学生自治的管理思想

（一）学生自治的内涵剖析

陶行知认为，要讨论学生自治是什么，必须搞清楚学生自治的性质以及意义。他给学生自治下了一个定义："学生自治是学生结起团体来，大家学习自己管理自己的手续，从学校这方面说，就是为学生预备各种机会，使学生能够大家组织起来，养成他们自己管理自己的能力。"[1]同时，他对学生自治讲了三个要点，即学生指涉及全学校的学生甚至学生团体，自治主要指学生自己管理自己，学生自己立法、执法和刁法，又因为学生是在爱求学的时代，所以学生自治有一种练习自治的意味。针对学生自治的定义，他指出了学生自治不是自由行动，而是共同管理。接下来又讲到了学生自治是学生大家立法守法，不是违背和取消规则，他还提及了学生自治是学生练习自治，而不是放任或与学校宣布独立。陶行知通过对学生与自治的理解来分层剖析其内涵，从而更好的界定学生自治。

（二）学生自治的必要性

陶行知认为，实现学生自治是培养有共同自治能力的社会公民的需要。他深刻指出："想有能够共同自治的公民，必先有能够共同自治的学生。"因为今天的学生就是将来的社会公民，所以学校应当把学生自治能力培养出来才会有社会公民的自治。同时他又认为，当一个国家的民众渴望自由的时候，就应该给他们一些自治的能力，让他们能够约束自己，这样做，社会才会太平，否则人民不愿被治，也不能自治，社会就会产生危险。在上述基础上，他又提出了培养国民的自治习惯的问题，并指出共和国要有能自治的国民，也要让国民时常练习自治的道理，从而习惯成自然，他们就能够自治了。

（三）学生自治的效用

陶行知采用了辩证的思维方式去探讨学生自治对学生管理、学生发展以及学校发展产生的效用，既提出了学生自治的优点，也谈到了不足与弊端。陶行知认为，学生自治主要有以下几个优点：首先，学生自治是学生修身伦理的一种实践。他指出，要想去除道德与行为的背离状态，"非给学生种种机会，练习道德的行为不可。共和国国民最需要的操练，就是自治。"通过学生的自治，可以培养学生主动追求公共幸福的态度，也能养成他们担负公共事业的能力，还可以形成判断公共是非的能力，这算是真正的修身伦理。其次，学生自治是与学生的需要相一致的。陶行知认为，因为学校管理者与学生的经验不一样，环境也不同，所以，合乎学校管理者的意愿，并未合乎学生的意愿，这样就形成了两者之间的矛盾与对立，而要解决这个问题，就需要采取开放的姿态，"划出一部分事体来，让学生自己治理。"即让学生自治，通过学生自治达到更符合学生管理的规律的效果。再次，他认为，学生自治可以促进学生问题解决的经验的增长。通过学生自治，学生可以培养解决困难与问题的能力，而自己解决问题越多，那么学生的经验就越丰富，办事能力也越来越强。最后，他还提及了学生自治对辅助学校风纪的作用。通过学生自治，学生各个成员就共同遵守学校的规章制度，大家共同负责，从而形成整个学校的良好校园风貌。同时，陶行知也谈到了学生自治如果处理得不妥当，就会产生一系列的弊端：第一，把学生自治当作争权夺利的工具和手段。他指出，学生自治是一种团体的组织，如果运用得当，就能为集体利益尽义务，而如果运用不恰当，就会出现争权夺利的危险。第二，把学生自治误作治人的手段。他认为，这个问题是源自第一个问题而来的，学生自治中的团体权力如果使用不谨慎就会变成驾驭别人的工具。第三，学生自治与学校处在对立地位。他认为，学生自治应是协助学校的学生管理工作，而不是与学校的管理成对立，但处理不当，就会产生两者之间的对立关系，最后，会导致闹意气。他认为，由于学生有自治的机会，就会有发表言论的自由，多立主张、多办交涉，但如果处理不当就会闹意气，出现分歧甚至出现政客的手段。

（四）学生自治范围的标准

陶行知考虑到学生自治利弊问题，于是制定了学生自治范围的标准。第一，以学生应该负责的事体为限。他认为，只有那些学生愿意负责，又能够负责的事务才应列入自治范围。第二，那些需要观察周到的，需要学生共同负责的，就需学生自治。第三，事体参与人越普及，越需要学生共同负责的，就越需要学生自治。第四，还需要考虑学生年龄与经验。

（五）学生自治与学校的关系

陶行知认为，学生自治与学校具有两种关系，一个是关于权限的，一个是关于学问的。对于第一个关系，他主张学生自治会正式成立后，学校里面的事务，一部分仍由学校主持，一部分由学生主持。当然，学校要有专门负责与学生自治会联系与通信的教职员，当学校有事情，学校与学生声气相通，共同处理事务和问题。对于第二个关系，他认为，“共同自治是共和国立国的根本，非是刻苦研究，断断不能深造。”即学生自治不仅需要行，而且要进行研究。他进一步认为，可通过处理学生自治与学校的关系，扫除一切障碍，使师生的感情融化为一体，实现和谐的校园。

（六）学生自治实施中的注意事项

学生自治是一件大事，各学校都纷纷施行，然而在学生自治过程中需要注意许多问题。第一，学校和全体学校都来重视和关注学生自治。第二，学生自治如同地方自治，需要办理相关的手续。第三，给学生自治进行充分的宣传，以便增加学校成员的了解和兴趣。第四，学生自治条例需简单、清晰、明了。第五，推选出最好的学生自治领袖。第六，学生与学校对学生自治有一种自治协助贡献精神。第七，学生自治在试行中不断改良完善。

二、陶行知学生自治的管理思想对当代学生管理工作的启示

（一）充分认识到学生自治管理的重要性

对于学生管理工作而言，陶行知学生自治的管理思想有重要的启示价值。学生管理工作是学校管理工作的一项重要内容，它直接关系到学校的德育工作，也影响着教学工作的效果，更关涉到学生能否健全的发展。首先，学生自治是学生管理工作中的重要一环，通过学生自治，学生能把书本上、课堂上教师教的理论知识、道德转化为现实生活中的行为方式、习惯，“少年若天性，习惯了成自然”，可以培养学生自我管理的能力。其次，学生自治也反映了学生发展的需要。大家都知道，学生是有思想、有感情的完整个体，但又是一个处在迅速发展、未成熟、没有定型的独特个体，学生有强烈的主体性、能动性和创造性，而这种主体意识下的发挥需要通过学生自己管理自己的实践与行为，即学生自治的途径来实现。也就是说，学校给一部分事务让学生自己来管理，从而激发学生的主人翁意识和积极参与管理的态度。最后，学生自治也能促进学生的经验增长，培养学生学会解决问题的习惯和能力。特别在今天全新的教育理念下，学生不再仅仅是“学会”，而更需要“会学”，即学生需具备终身学习的理念，不断培养终身学习的能力，坚持“四个学会”即学会做事（learn to do），学会生存（learn to be），学会认知（learn to know），学会共同生活（learn to live together）。“这四种学习将是每个人一生中的知识支柱。”[2]学生在进行自治管理中，能增强解决问题的能力，以便将来面对问题与困难时，能镇定自若、自觉担负起解决问题的责任。

（二）正确引导学生自治管理

正确引导学生的自治管理是开展学生自治管理工作的关键。陶行知先生主张不仅把学生自治当作大事情来做，而且还要当作学问去进行研究，同时他还建议我们把它当作美术去欣赏，他认为：“自治是一种人生的美术。”的

确，我们认识到了学生自治对学生管理工作的重要性之后，就需要去正确引导它，那么，在具体的学生自治管理实践中如何进行呢？笔者认为，第一，加强思想方面的指引。学生自治是学生自己治理，自己管理自己，这是一种人本主义管理的理念，同时强调尊重学生，重视学生的自主权、选择权和参与权。它强调学生的主体性、能动性和创造性，因此教师方面需要给学生的发展以希望，给学生自我管理的机会，让学生主动解决问题，参与学校事务管理的权利，引导学生自主发展，从而实现“管是为了不管”的积极效果。学生方面需要积极主动的进行自我管理，负起自我管理的责任。第二，处理好学校与学生的关系。在开展学生自治的工作中，学校与学生两者之间的权限关系需明晰，哪些该是学校负责的，哪些是学生负责管理的。陶行知先生给我们讲清楚了，即学校事务管理有两部分，一个由学校主持，有部分由学生自治会负责，同时设立学校与学生自治会接洽的机构，至于学问上的关系，需要进行两方面的工作，一方面是学生之间的切磋，另一方面是教师的参与指导。第三，有效引导学生团体的发展。学生团体是学生自治的重要体现，学校里的一些学生团体的成立至少具备几个条件：学生团体的宗旨是为学生的发展服务的；一切活动应以遵守法纪法规、校纪校规为前提；办理相关的程序和手段等。通过引导学生自治，来引导学生的发展。第四，管理和培养好学生干部和领袖。学生干部应是全体学生的模范和榜样，学生干部的优劣关切到学生自治的成败。正如陶行知鞭辟入里指出的，推测一所学校自治的成败，关键观察学生领袖。因此，要搞好学生自治需要培养好学生干部。第五，加强教师的指导。学生自治是一种重要的学生管理工作方式，但处在未成熟的不断发展的过程，思想情绪不稳定，处理事务方式可能过激，自我约束力不够，所以需要加强教师对学生自治的指导。

（三）加强心理契约式的学生自治管理

加强心理契约式的学生自治是进行学生自治的重要途径。心理契约主要指学校中每一个成员和不同的学校教育管理者及其他人之间，在任何时刻都存在的一种没有明文规定的期望。它包括学生个人目标与学校教育目标和承诺的契合关系和学生在经过一系列投入、回报循环构成的组织经历之后，与所在学校形成的情感上的契合关系，体现在学生对学校的依赖感和忠诚度。契约式的学生自治管理是指在学生管理过程中，学校管理部门和教师必须经过对方的同意或认可才能产生约束力的一种管理方式。心理契约式的学生自治管理是一种动态过程的管理策略，在具体的实践中，主要有以下几个方面：第一，加强学生履行自己责任的行为，应给予表扬和积极强化，同时教师应给学生的自治以希望，充分利用“彼格马利翁效应”，提高学生自治的积极性。第二，提高学校的凝聚力，心理契约式的学生自治非常注重心理、情感等因素的参与，一个学校具有良好的凝聚力能增加学生对学校的信任感、集体荣誉感，所以需要不断提高学校组织内部的凝聚力。第三，注重动态式的权变艺术与策略。心理契约式的学生自治不主张制度规范化的条件和规章制度的约束，也没有一个一成不变的规定和目标，没有一个长短高低的过程与深度，一但彼此双方不信任，这种心理契约就不复存在。因此，在心理契约式的学生自治过程中，需要注重动态的权变艺术与策略。

（四）加速学生自治管理的信息化

加速学生自治的信息化，是有效推进学生自治的重要保障。在信息化时代教育领域也逐步实现信息化，即教育信息化。学生自治管理的信息化是教育信息化的重要体现。通过加强学生自治的信息化，促进学校与学生之间沟通与交流，为两者之间的对话提供一个方便、快捷的技术平台，使学校的学生管理工作更加高效。具体来说，主要可以从以下几个方面来进行学生自治信息化：首先，具备信息化的理念。打破那种“鸡犬不相闻，老死不相往来”的割裂、封闭状态，加强教师之间的沟通与交流，增加教师与学生之间、学生与学生之间、学生与学生团体、学生团体与教师之间的交流与合作，实现教育资源共享，让学生分享共同学习的快乐，获得共同生活的体验，同时共同携手面对困难与问题。其次，具备信息化的基本素养。掌握必要的和基本的信息素养如计算机网络知识和技能，以便在学生自治过程中，为教师与学生能进行有效沟通提供技术支持。最后，加强校园信息化，建设。利用国家大力支持校园信息化建设的良好机遇，加速校园信息化，以便为学生的自治管理创造良好的信息化环境，从而实现自治的信息化，促进学生管理工作的良性发展，提升教育品位。

三、结语

在今天以人为本的管理理念下，充分激发学生的自我管理意识，加强学生自治已经成为学生管理工作的重要内容。陶行知先生为我们指明了前进的方向，他的学生自治思想对我们具有重大的启迪意义。

参考文献

[1] 方明．陶行知教育名篇［M］．北京：教育科学出版社，2005.

[2] 雅克·德洛尔．教育——财富蕴藏其中［M］．北京：教育科学出版社，1996.

新课程改革中一道不可缺少的风景：学生评价

为了中华民族的复兴，为了每位学生的发展，2001 年我国进行了第八次课程改革。新课程改革的成败关系到整个国家的基础教育以及高等教育的发展，所以新课程改革备受社会广大关注。新课程改革是一项复杂而系统的教育工程，课程评价改革是新课程改革的重要内容，而学生评价改革是课程评价的组成部分，因此新课程改革需要重视和关注学生评价改革，从评价目的、评价原则、评价内容、评价主体等角度来审视学生评价。

一、新课程评价改革的理论基础

（一）多元智能理论

多元智能理论（Multiple Intelligence）是由美国著名发展心理学家加德纳提出来的，他认为智能大略分为语言智能、数学逻辑智能、空间智能、音乐智能、身体运动智能、人际关系智能、自我认识智能和自然观察者智能八类。每种智能在人类认识世界和改造世界的过程中都发挥作用，而且具有同等重要性。他认为以上智能不是以整合的方式存在，而是相对独立的，各自有不同的发展规律并使用不同的符号系统。因为每个人的智力都具有独特的表现形式，每种智力都有许多表现形式，所以我们很难找到一个适合任何人的统一评价标准，进而多元智能理论主张的教育评价应该是多渠道，采用多形式、在多种不同的实际生活和学习情景下进行的评价。

（二）建构主义理论

建构主义理论主要有杜威的经验性学习理论、皮亚杰的结构和建构理论、维果斯基的知识建构的社会性和最近发展区理论、布鲁纳的发现法学习理论和凯利的个人建构发展理论。所谓建构，是指个人用来解释或说明自己经验时所使用的一种思想、一种观念或看法。建构主义理论认为，知识并不是对现实世界的准确的表征，它只是一种解释、一种假设，知识是个体主动建构的，而不是被动接受的；知识是个人经验的合理化，而不是说明世界的真理；知识的建构并不是任意的和随心所欲的；学习者的建构是多元的。

（三）后现代主义理论

后现代主义理论强调多元、崇尚个体之间的差异、主张开放、重视平等、推崇创造、否定中心和等级、强调本质与必然，强调一种对话关系。后现代主义理论体现了课程是一种发展的过程，而不只是特定的知识体系载体，因而课程的内容不是固定不变的，是一个动态的发展过程；课程是师生共同参与探究知识的过程；课程发展过程具有开放性与灵活性。

二、学生评价的现状与新课程评价改革存在的差距

（一）评价功能和标准单一

评价过分重视评价的甄别与选拔，评价的内容过分注重学生的学习成绩，忽略评价的改进与激励功能，忽视学生的个体差异和全面发展。

新课程主张评价既要发挥平等的甄别功能，又要发挥教育、改进与激励功能，使评价的过程成为促进学生发展和提高的过程，使每个学生获得最大的发展。同时，新课程改革倡导发展性的学生评价，主张“建立促进学生全面发展的评价系统。评价不仅要关注学生的学业成绩，而且要发现和发展学生多方面的潜能，了解学生发展中的需求，帮助学生认识自我、建立自信。发挥评价的教育功能，促进学生在原有水平上的发展。”

但是，现行教育评价的价值定位在甄别和选拔功能上，忽视形成性评价，忽略评价促进学生发展、教师提高和改进教学实践的功能，其主要的评价内容是智育，注重知识与技能，其标准是相当单一的。忽视了学生的德育、体育、美育、劳动技术教育等方面的评价和学习能力、创造精神、良好的学习态度、习惯的养成等方面的评价。

（二）评价方法单一

过分注重量化评价，忽略质性评价，注重相对评价，忽视绝对评价和个

人内差异性评价。

新课程改革强调评价方法要多样化，评价方式要灵活、多样，评价需要从单一的考试背景中扩展到广泛的背景中，如从教室、家庭到社会生活中去收集信息，在多种智力活动中去收集信息，以便全面反映学生的学习过程和学习结果，提出对学生的发展有针对性的意见。

然而，在现行的教育评价过程中，往往把考试作为唯一的评价手段，过分注重分数，注重等级，注重量化。在考试评价过程中，强调学生之间的比较和相对评价，不注重绝对评价和学生个体内差异性评价，给学生心理产生巨大的压力，制约着学生的成长。对学生发展过程的平等方式还不够重视，没有根据评价的目的、性质、对象等方面的不同来进行相应的评价。

（三）评价主体“倒置”：学生处于被动地位

新课程强调，在评价过程中改变单一由教师评价学生的倾向，重视学生的主体地位，使评价成为教育管理者、教师、学生、家长等各个教育活动的相关要素共同积极参与的活动。可是在现行的教育评价过程中，出现了评价主体“倒置”。评价主体“倒置”是指政府、学校、教师在开展教育评价时所展开的是“他评”的方式，使被评价者的学生处于一种消极的被动的地位，学生参与评价的积极性、主动性、能动性、创造性被抑制，学生的自尊心、自信心得不到很好的保护，学生的主观能动性得不到好的发挥。

三、新课程改革中一道不可缺少的风景：学生评价

（一）学生评价的目的

（1）着眼于学生的整体发展。人的身心发展是一个不可分割的整体，教育目标和课程目标也体现了整体发展的要求。所以，在确定学生评价标准和评价方法时，应该树立整体的价值目的观，评价一方面要全面体现整体的要求，既重视心理发展，也重视身体发展，既重认知、情感，也重行为、能力；另一方面要重视学生各个方面素质的相互渗透、相互促进，“使获得基本知识与基本技能的过程同时成为学会学习和形成正确价值观的过程。”

（2）着眼于学生的个性发展。重视学生的个性发展已经成为当代学校教

育改革的一个潮流。强调发展学生的个性，把共性的要求内化到个体的品质上。评价是在统一的前提下，发展学生的自主精神与自主能力，促进学生的兴趣、爱好和才能、特长的充分发展，“促进学生在教师指导下主动、富有个性地学习”。所以，在进行学生评价时，重要的是看学生是否得到了生动活泼和自主的发展。

（3）着眼于学生的未来发展。教育是面向未来的事业，今天的教育必须为学生未来的生活做好准备，必须为未来的社会培养合格的公民。所以在学生评价过程中，应该关注学生非智力因素的培养价值，突出学生的理想、动机、情感、意志及兴趣等教育目标，注重基础知识与基本技能的培养，体现国家对公民素质的基本要求，重视培养学生终身学习的愿望与能力。

（二）学生评价原则

（1）全面性评价。在对学生的评价过程中，不仅对学生的学习成绩进行评价，还对学生的其他各个方面进行全面评价，重视学生的知识与能力，过程与方法，情感、态度、价值观等各个方面的教学目标的评价，打破以前那种单一的评价标准的评价原则。

（2）质性评价。从“质”的角度分析，运用各种方法，对评价所获取的数据资料信息进行思维加工，评价的结果从描述性材料呈现，数量化水平较低，甚至没有数量化，突破了量性评价的以学生的考试分数来评价学生的量性评价原则。

（3）过程性评价。学生评价作为促进学生发展的工具，要贯穿学生学习活动的全过程。要充分利用定位性评价、形成性评价、诊断评价与总结性评价的不同功能，在学生学习的各个过程提供各种不同类型的评价服务。

（4）发展性评价。发展性评价是以促进学生的全面发展为根本目的的学生评价，这种评价所追求的不是给学生下一个精确的结论，而是通过对学生过去和现在状态的了解，分析学生存在的优势和不足，并在这些基础上提出具体的改进建议，促进学生在原有的水平上有所提高，逐步达到培养目标的要求。正如斯塔费尔比姆强调“评价最重要的意图不是为证明，而是为了改进。”开展学生评价不是要打击学生的自尊心、自信心，而是为了促进学生的发展。

（三）学生评价内容

（1）双基、学力、品德、情感态度价值观。学生评价内容不仅包括学生的基本知识和基本技能的考查，还要重视学生的学习能力。这既指向学生通过学习已经达到的现有水平，又指向在现有水平所具备的未来学习的潜在能力（学习的实际可能性）。同时也包括学生思想品德的考察和情感、态度、价值观的评价。

（2）身心状况与外部行为表现。学生评价的对象不仅是外部行为表现，还包括学生的身心状况。学生评价不同于工厂产品的质量检查，产品质量检查的对象是看得见、摸得着的实体，而学生的身心发展状况是一种内在的品质，它并不完全通过学生的外部行为表现和活动结构表现出来。而同时学生的身心发展也是一个动态的过程。因此，学生评价是一个促进学生社会心理不断发展的过程。

（3）学生的强项与弱项。在多元智能理论指导下，学生的评价应该是全方位的评价，应该强调识别学生的强项和弱项领域，提出应继续学习或投身于有关领域的建议，指出哪些习惯有利于创造性的发挥，以及未来评价可以预测的是什么。学生评价应把学生的强项与弱项结合起来评价，而不能只是看到学生的某个侧面。

（四）学生评价主体

学生评价的主体应该是多方面的，学生评价的主体不仅包括管理者和教师，还应该包括学生的自我评价，包括同学、家长等评价主体的评价。

（1）管理者。管理者作为社会的代表者，有权力对教育政策执行力度、教育教学的情况和课程实施情况进行考察，如校长等教育行政管理人员需要对学生进行包括考试在内的各个方面的考查，以便教育政策的执行，课程计划的制定与修改，推动我国教育事业的发展，为国家培养出更多的人才。

（2）教师。教师是与学生在一起共同进行的“教”与“学”活动的合作者，是学生学习的指导者、管理者，是学生的教育者。所以，教师对学生的学习情况、思想情况和其他方面的表现比较了解，对学生的评价具有很大的发言权。

（3）同学。学生与学生之间是相互学习的伙伴，他们生活在一起，学习在一起，对自己同学的生活和学习情况有一个全面的了解，因此同学的评价也具有重大的作用。

（4）家长。一般而言，学生的家长很了解自己的孩子的性格和心理状况，当然对学习情况也比较了解，家长的参与能使学生的评价更加全面。

（5）自我。任何评价如果没有被评价者的积极参与，就很难达到预期的目的。学生不是被动的客体，而是参与评价的主体。自我评价不仅可以增加评价结构的客观性和科学性，还可以帮助学生提高自我水平，培养学生自主适应社会发展需求的自我调控能力。

四、结语

新课程改革是教育改革的一个重要环节，是由应试教育走向素质教育的重要一步，因此需要我们广大教育工作者无论是教育理论研究者还是教育实践者的关注。学生评价是新课程改革中不可缺少的组成部分，应受到应有的重视与深入的研究。

参考文献

［1］教育部．基础教育课程改革纲要（试行）［N］．2001－06－08.

［2］斯塔费尔比姆．方案评价的 CIPP 模式［A］//教育学文集．北京：人民教育出版社，1989：301.

［3］孙俊三．教育原理［M］．长沙：中南大学出版社，2001.

［4］徐勇，等．新课程的评价改革［M］．北京：首都师范大学出版社，2001.

［5］陈玉琨．教育评价学［M］．北京：人民教育出版社，1999.

试卷讲评：当前中小学教师面临的困境与对策

《基础教育课程改革纲要（试行）》指出，新课程倡导学生主动参与、乐于探究、勤于动手，“培养学生收集信息和处理信息的能力、获取新知识的能力、分析和解决问题的能力以及交流合作的能力”[1]，这些新课程理念不仅是一种教育教学理论，更需要贯彻在新课程实施过程中。试卷讲评是一种常见的课型，但很多中小学教师平时不去做深入的研究，讲评中往往出现这样那样的困境。笔者认为，试卷讲评是中小学学科课程学习的一个重要环节，其对于学生的学习与交流，能力的培养都具有重要的作用，因此中小学教师需要重视试卷讲评，寻找试卷讲评的策略以便更好地利用试卷讲评的契机来促进学生的学习与发展。

一、当前中小学考试试卷讲评困境的扫描

（一）错失试卷讲评的时效性

一般情况下，当阶段测试或考试结束以后，大部分学生都急于知道自己的测试成绩，情绪比较高，而且对试卷上的问题及自己的解题思路印象还比较深刻，此时进行讲评能够收到事半功倍的效果。但是，有些中小学教师因为各种理由往往好长时间没有批改完试卷或者批阅完后的统计分析工作又不及时，到讲评时学生早已把试题忘得差不多了，而且情绪已经开始懈怠，此时试卷讲评的效果也就可想而知了。

（二）缺乏答题方法与技巧的讲解

讲评试卷时，许多中小学教师往往偏重于给学生提供正确答案，而不关注解题思路、方法、步骤和技巧的讲解，这是不利于今后学生进行学习的深化和扩展的。一张试卷上的试题类型不同，那么学生的答题方法也各有差异。如果教师仅仅校正答案，即使学生知道了该题应该答什么，他们也并不知道

为什么要这样回答，对出错的原因和以后应怎样避免也不甚了了。

（三）没有试卷讲评的充分准备

有些教师认为，试卷讲评课无关紧要甚至根本没有把试卷讲评看成一种课型，上课之前不去做好准备工作，上课时拿起试卷就开始讲，结果是无的放矢，信口开河，想到哪里讲到哪里，讲到哪里就算到哪里，这样一节课下来到底讲了些什么东西，连教师自己也说不清楚，不用说学生更是一头雾水了。

（四）未突出讲评试卷的重点与难点

在一套试卷中各道试题的难度系数是不一致的，当然学生出错的数量和程度也将是不一致的，意味着试卷是有难点与重点的区别的，但是在试卷讲评中有些教师没有注意到这些问题。有些教师讲评试卷，就没有重点，从第一个试题按部就班地讲到最后一个试题，面面俱到，这样既浪费时间又不利于学生掌握知识点与学习方法。

（五）不能与学生进行对话、交流

一般来说，试卷讲评是以教师的分析讲解为主，但教师一讲到底的“一言堂”的状态也是需要尽力克服的。试卷讲评中，教师往往按照自己设计好的解题方法和思路来对试题进行讲解，不关注甚至忽视了学生对问题的理解与解题方法。同时，在试卷讲评过程中，因为没有什么系统的知识内容可讲，所以教师讲起课来就缺乏热情，教学方法也呆板生硬，既不注重启发学生的思考，也不引导学生的积极参与，课堂气氛平平淡淡，缺乏生气与活力，教师勉强地“讲”，学生勉强地“听”，这样一来，试卷讲评的效果肯定不会好。

二、新课改背景下试卷讲评策略的探讨

（一）及时进行试卷讲评

时效性是学生学习的一个重要的变量，我国古代著名的教育家孔子早就

告诫我们，“学而时习之，不亦乐乎”[2]，及时的试卷讲评对于学生对知识点和学习方法的总结以及思维的开阔是很有效果的。心理学原理也告诉我们，记忆与遗忘是一对矛盾，记忆的规律性要求我们教师对学生的测试需及时进行讲解。因此，在每一次测试或考试结束以后，教师需要即时进行批改试卷，统计学生的分数情况，并进行试卷的评价和试题的分析，以便及时的进行试卷讲评。

（二）做好试卷讲评的充分准备

教师需要为试卷讲评做好充分的准备，以便提高试卷讲评的效果。首先，教师需要统计学生的测试效果，如学生的分数情况、及格率、优秀率等基本的情况。其次，教师需要知道这套试卷考查重点和难点在哪里。再次，教师需要了解学生出错的试题分布在哪个区域。最后，教师需要了解学生出现错误的原因主要有哪些。

（三）突出试卷的重点与难点

根据美国教育家布卢姆的《教育目标分类学》，教育目标可分为认知（cognition）、情感（feelings）和动作技能（action skill）领域等，而认知领域又分为“识记、领会、运用、分析、综合、评价”[3]六个层次，一套试卷会凸显这些不同的层次。当然，试卷的侧重点并不一样，而且根据每一门学科课程标准的不同要求和课程目标的不同，一套测验试卷的试题是有重点与难点之分的，而且学习的阶段不同，试卷的侧重点也有差异，因此教师需要对试卷的重点与难点突出进行试题讲评。根据学生的测验和答题情况，教师需要进行的有重点和难点的讲解，应该分三类：第一类，没有或很少有学生出差错的试题，教师通常可以跳过不讲评或点到为止；第二类，有部分学生出差错的试题，视具体情况适当进行讲评；第三类，绝大多数学生出现差错的试题，这类试题往往属于迷惑性、难度系数大、综合性较强的试题，教师需要重点进行讲评。

（四）加强解题方法与技巧的讲评

教师在讲评试卷的过程中，需要针对性地对试题进行解题方法与技巧的讲解。教师需要基本做到：指导学生学会读懂试题、审清试题、理解试题的大意，正确把握答题方向；指导学生理顺答题步骤，注意答题的条理性和规范性；指导学生掌握一定的答题方法与技巧，提高答题速度，并能在试题难度较大的情况下，灵活机动地予以解答。教师不仅给学生一个正确的答案，而且需要给学生解答问题的方法与技巧，面对同一道试题，我们可以从不同的角度来思考解题方法，教师不仅授学生以“鱼”，更要授学生以“渔”，通过一道试题的讲评让学生了解和掌握更多的解题方法，开拓学生的视野，启发学生的创造性思维。

（五）进行试题的规律性的总结

试卷讲评不是把每一道题讲评完就没事了，关键在于对试卷的试题做一个规律的总结和分析，为什么这个试题做错的学生多，有些试题即使是讲解过的，但学生还是做错了。试卷上的每道题目与前后的题目之间是否有联系，这些试题与教材上的知识点之间的关系是怎么样的，让学生注重知识的掌握，更需要重视知识的迁移和能力的培养，教师对这些问题需要向学生进行清楚的讲解，让学生去总结试卷的规律，让学生总结出对试题的规律性认识和找出学生自己存在的问题。学生对做题中出现的问题注意总结，并及时解决，重点放在培养自己的分析问题和解决问题的能力上，以便为以后的学习与复习做好准备。

（六）加强师生交流，突出学生的能动性

试卷讲评课堂活动中，教师与学生需要进行对话与交流，关注学生的学习需要与试卷讲解的需求。教师不能只是顾自己的讲解，而不关注学生的意见与建议，不重视学生的心理，教师可以发挥学生的能动性、创造性、自主性，让学生对测试的结果和试卷的试题进行总体评价。如试卷题目出的好还是不好，好在哪里？试卷的难易程度怎么样？学生做试题成功的有哪些？学生做试卷失败的在哪里？面对这些问题，让学生自己进行评价，同时让学生找到测试成功与失败的关键，在教师的指导下，让学生自主的找到解答问题的方法与技巧，总结测试的经验与教训，让测试成为学生以后学习的重要契机。

（七）多样化的试卷讲评的方法

试卷讲评是教师与学生共同参与的一种课堂教学活动，试卷讲评不仅需

要教师的积极投入即教师的讲评，也需要学生的积极参与即学生主动的“倾听”和思考。为了充分调动学生的积极性，可以采取多种的试卷讲评方法，对难度不大的试题，可以让学生自己讲；对跨度大、综合性强、学生完成普遍感到困难的试题，可以先让学生进行讨论，在讨论的基础上再由教师综合点评，形成一个参考答案，这样有利于充分调动学生思维的积极性和敏捷性，提高学生分析问题和解决问题的能力。

三、结语

新课程背景下，中小学试卷讲评需要教师去关注学生学习积极性的发挥，学习能力的培养和创造性思维的养成。因此，教师需要改变过去试卷讲评存在的不足与问题，积极探究新课程背景下的试卷讲评策略，从而更好地促进学生的学习与全面发展。

参考文献

［1］教育部．基础教育课程改革纲要（试行）［N］．中国教育报，2001－06－08.

［2］布卢姆．教育目标分类学［M］．上海：华东师范大学出版社，1989.

新课改中思想政治课作业的思考

我国古代伟大的教育家孔子说过，“少成若天性，习惯成自然”，可见习惯在学生的身心发展中具有不可忽略的价值与作用。新课程突出学生的主动性、能动性和创造性，强调以学生的发展为本，此课程理念客观要求教师关注学生“学会”“愿学”的习惯养成，学生要具备自主学习、勤于动手、勇于探究、乐于合作等良好的习惯，为未来生活、工作、学习奠定基础。思想政治课作业作为巩固知识和训练学生技能以及开发智能的重要手段和工具，可以培养学生许多方面的习惯，通过习惯的培养，从而实现学生全面的、健康的、和谐的发展。

一、思想政治课作业可以培养学生的习惯

（1）语言的习惯。通过思想政治课作业，可以培养学生的语言表达能力，让学生形成“说”的习惯。思想政治课作业中，学生可以大胆地表现自己，新课程标准下，中小学教材突出“说”的技能的培养。学生在做“说”的作业过程中，进行“Talk Show”，勇敢表达自己，从而培养学生爱说、敢说、善于表达的习惯。

（2）思维的习惯。学生在做思想政治课作业的过程中，能养成认真思考和具备严密的逻辑思维的习惯。学生通过思想政治课作业的解答和训练，形成逻辑思维严密的思考习惯。同时，通过学生作业可以培养学生发散性思维的习惯，可以充分发挥学生的想象力，在遇到相似问题时能多维度地去思考答案。

（3）行为的习惯。学生的行为习惯需要不断进行培养，思想政治课作业是其中的重要途径之一。做作业的过程中锻炼学生的行为习惯，如学生做作业时，让他们快速、准确的完成作业，按时交作业，如此这样可以培养学生勤快、守时的行为习惯。

（4）研究的习惯。新课程倡导学生主动参与、乐于探究、勤于动手。学

生探究精神和习惯在新课程中得到学习，而这种探究的习惯需要逐渐培养。在做思想政治课作业的过程中，学生需要一种主动探究的精神，善于提出问题、分析问题、解决问题，要养成一种积极思考、主动探究的习惯。

（5）诚信的习惯。思想政治课作业可以充分培养学生诚信的习惯。“人而无信，不知其可也”，一个人在社会生活中需要有诚信，特别是在今天经济社会中，一些欺骗行为不断涌现，人们更加渴望教育培养出来的人才是诚信的。诚信的习惯需要从小培养，而教育又在诚信的培养过程中担负重要责任。学生诚信习惯的培养有多种渠道和方式，而思想政治课作业是一条不可忽略的路径。在思想政治课作业过程中，学生需自己去寻找答案，不是去看书上的答案，或是偷看甚至抄袭其他同学的作业，而且书本上的案例也为学生诚信打好了基础。通过让学生主动地思索，独立地去解决问题，从而培养学生诚实守信的习惯和一种责任意识。

（6）生活的习惯。学生在做思想政治课作业过程中，可以培养自己的主见，面对同一个问题，可以用多途径达到殊途同归，学生坚持自己解决问题的方法和答案，不轻易放弃自己的正确想法，从而培养学生在生活中的主见，同时也可以培养学生在生活中合作、分享的习惯。新课程强调学生要学会与他人合作、共同分享成功的喜悦和失败的痛苦，学生在思想政治课作业过程中，与同学探讨、争辩、合作研究，这样一来能充分培养学生分享与合作的习惯。

（7）反思的习惯。思想政治课作业能培养学生不断反思自己的习惯。面对问题中自己的答案，学生进行不断推敲和验证，这是一种反思的方式。另一种反思的方式就是在教师判定自己的答案是错误的时候，教师在讲解过程中，学生通过不断反思，发现自己的错误所在，总结自己出现错误的教训和经验，避免以后再犯同样的错误。“吾日三省吾身”，学生要通过作业不断反思自己，从而养成一种反思的习惯。

二、如何利用思想政治课作业培养学生的习惯

（1）思想政治课作业设计多元，形式多样。在设计思想政治课作业时，教师需考虑到作业的多元、多样性，根据作业的不同，教师可以设计常规性作业、复习性作业、讨论性作业、订正性作业、小结性作业。根据学生作业

的途径不同，教师可以设计书面作业、口头作业、实践作业、表演作业。根据学生作业的主体不同，教师可以设计个体作业（学生单独完成的作业）和集体作业（两个学生以上或小组进行集体完成的作业）。根据学生作业的地点、时间不一样，教师可以设计课堂作业与家庭作业。根据学生作业答案的唯一性不同，教师可以设计封闭性作业（答案是唯一的作业）和开放性作业（答案可以是多元的）。根据作业的难易程度不同，教师可以设计A、B、C层次不同的作业。根据学生个性特点和基础以及兴趣爱好的不同，教师可以设计具有选择性的作业，如可以设计5个题目，让学生自主选择其中3个。总之，要通过教师设计不同类型、不同档次、不同方向的作业来培养学生的不同习惯，让学生在做作业过程中形成良好的习惯。

（2）思想政治课作业布置时，讲究艺术性。在思想政治课作业布置时，教师需力求艺术性。在作业布置过程中，思想政治课教师需考虑到所选的作业应具有典型性、系统性、启发性、精减性，通过作业的训练，巩固学生已学习的知识，培养学生多方面的能力和习惯。同时，思想政治课教师在布置作业时，需充分考虑到学生的身心发展规律，考虑到学生思维发展是处于感知运动阶段（0～2岁）、前运算阶段（2～7岁），具体运算阶段（7、8～11、12岁），还是处于形式运算阶段。教师不能盲目的给学生布置大量的、机械性的、重复性的作业，不能给学生进行“题海”战术，特别是在今天新课程背景下强调学生减负，教师布置的作业分量应适度，难易程度也要恰到好处。这样一来，学生的作业才会真正有效地培养学生的能力，养成学生的习惯。

（3）思想政治课作业检查时，家长与学校要联合，齐抓共管保证教育的选择性、一致性。使学生不仅在学校里进行学习，又在家庭里进行学习。家长需要与学校一致，去监督学生作业情况以便配合学校对自己的孩子进行督促，有条件的家长还可以辅导自己小孩的作业，这样有利于学生作业的及时检查，让学生有更多的时间去考虑问题。通过家校一致的管理与教育，严格把好作业关，从而实现教育的一致性与连续性，培养学生自觉完成作业的习惯，并逐渐形成其他的习惯。

（4）思想政治课作业批改的形式灵活并具艺术性。在进行思想政治课作业批改时，教师可以采取多种形式进行，如教师批改、家长批改、学生自己批改、学生之间交换批改、以小组为单位进行批改。通过多种形式的作业批改，能快速将信息反馈给学生本人，让学生及时有效地获得正确的信息。同时，作业批改时教师需具备艺术性，不能简单地打“√”和“×”，而是需要给学生以话语评论，充分调动学生做作业的积极性、创造性，让学生不断反思自己，从而实现学习上的进步和习惯的养成。当然，对于不同学生、不同作业等的不同情景，思想政治课教师需要采用不同的评语做到“因材施教”，对于学习有困难、自卑的学生，应采取鼓励为主，如写上“有进步”之类的评语，让学生看到前进的希望，树立学习的信心，而对于学习成绩较好的学生，可采用具有挑战性、竞争性的评语如“××同学比你的解法更技巧”“不再认真，××同学将超过你了”等，以便激励学生更加拼搏，不断超越自己。因此，在批改学生作业时，教师需要掌握艺术性，让学生养成良好的习惯。

（5）思想政治课作业讲解时，要引导学生进行反思。在思想政治课作业讲解时，教师需要正确引导学生，教师在指出学生错在何处时，更需要引导学生自己去发现错误的原因。所以，笔者认为教师讲解思想政治课作业需要一种艺术和能力，去引导学生进行反思，从而培养学生的习惯。

三、结语

在今天新课程改革背景下，减轻学生负担不应该成为一种时髦的教育口号，而应该成为一种具体的学科教学实践。在精减式学生作业的过程中，不断培养学生多方面的良好习惯，从而实现学生全面和谐发展。

参考文献

［1］教育部．基础教育课程改革纲要（试行）［N］．2001－06－08.

［2］王中华．陶行知创造教育思想及其启示［J］．生活教育．2007（9）：11.

反思：我国高中文理分科的取消与维持

当前，对于高中文理分科的争论几乎达到白热化的程度，以至于国家教育部从2009年1月7日起在权威网络上正式启动公开征求《国家中长期教育改革和发展规划纲要》意见，收到了社会各界大量建设性的意见和建议。其中第六项就是“高中取消文理分科的必要性和可行性。”[1]一石激起千层浪，于是乎，全国各个行业和各个领域的各界人士纷纷发表自己的看法与建议，当然，首当其冲的要数专家、教师与学生对该问题的关注与重视。归纳起来，主要有三个方面的看法：

第一种是主张马上取消文理分科，他们取消分科的理由是，第一，取消分科并不等于所有课程都要学，而是学生根据自身兴趣爱好选择侧重文科或者理科的课程，它的前提是高中能开齐开足各种选修课和实行学分制度。第二，文理分科实际上是导致人才培养水平下降的一个很重要的原因，也造成了我国科学精神和人文情怀的分离。因为过早的文理分科以后，理科就不再学习历史、地理，不再和伟大的思想家对话，那么科学家的人文情怀就有问题，如硫酸泼熊事件、马加爵事件等问题的出现，正是人文精神缺失的表现，其后果非常严重。文理分科导致部分学生对中国问题、对人类问题、对民族文化的关系、环境污染问题等很少关注。第三，文理分科降低了民族的整体素质。文理分科，导致阅读减少了，阅读能力高低直接关系到一个国家和民族的未来。但我们国家的阅读力长期以来一直走低，导致国民素质降低。我国每年出版图书不下30万种，但是每一户家庭的图书消费数量不到1.75本，人均阅读量太小，这是很危险的。第四，文理分科导致应试教育变本加厉。由于文理分科后理科考试的难度越来越大，造成了所有的理科学生都要学习许多他们一辈子根本派不上用场的东西。更令人不解的是，理科学生可以凭数学、物理、化学、生物奥林匹克竞赛的获奖证书，换来一张大学的入门券，而文科学生再精彩，也没有保送的资格。许多文科方面有优异才能的学生，最后都不得不放弃了自己的专长，选择报考理科。第五，文理分科大大削弱了文科的水平。由于理科的高难度，很多学生理科学不下去就去学文科，学习文科不是出于兴趣、热爱，而是无奈的选择。这样，学习文科的人本身就成为“二等公民”，选择文科本身就是一个失败者的象征。另外，理科难度进一步加大，又产生了更多的学习失败者。第六，文理分科之后，学生很难接受通识教育，学生的功底不够。通识教育的推行，不是为学生谋求某种职业做准备，而是以追求学生的公民意识、完善人格，传递重要的价值观为目的，文理分科之后，就很难做到这点。

第二种观点反对取消文理分科。持文理分科意见的人认为，第一，学生的兴趣爱好有偏向很正常。根据统计，高中生偏科的要占50%～60%。所以认为文理应该分科。因为到了高中阶段，学生的学习特长、兴趣倾向已经显现，他们有的擅长文科，有的擅长理科。根据自身的特点和今后的发展方向，学生选择侧重文科或理科，有利于他们集中精力，为今后的发展奠定基础。第二，现在的绝大多数高校都是分科招生，所以高中分科也是为了与大学接轨。第三，搞过大综合，科目太多，复习面太广，学生的压力太大了。分了文理科可减轻学生很多负担，从而不会因为要应付高考，把时间花在自己不擅长或是不喜欢的科目上。分科有利于学生发挥特长、爱好，并符合因材施教的原则，也有利于高校择优录取新生。第四，现在的知识非常丰富，就一个人的兴趣与精力很不容易在一个领域里发挥出色。有所侧重地学习才能深层次的得到提高。文理分科创造了最佳的学习环境，让学生在学习上能有最大的收获。第五，文理分科可使学生学有专长，理科好就只需钻理科。分文理也便于学生选择专业，有利于自己个性的发展，真正做到“术业有专攻”。

第三种观点认为，文理分科取消与否无所谓，关键在于高考制度改革。应放下高中文理分科的争论，着手去探讨如何去改革高考制度与高等学校的招生制度，改革教育方法与学习方式。

一、高考文理分科的历史原因

（一）学习苏联的办学经验

20世纪50年代以后，我国在各个领域主要学习苏联的经验，教育领域也不例外。据了解，前苏联在第二次世界大战中损失了大批知识分子，而战后重建又急需大量专业人才。于是，苏联便采取并强化了“分科教育”的办法，以提高专业人才的“出炉”速度。配以计划经济下大学毕业生“一个萝卜一个坑”的分配制度，苏联的教育体制像一台“人才制造机器”，周而复始地生产着各行各业需要的大学生。通过分科教育，苏联的大学生们在各自的专业领域内打下了扎实的基本功。至于他们的知识结构是否合理、综合素质是否足够，短期内无从知晓，对国家也并不重要。新中国成立后，一切从零开始的新中国同样面临专业人才短缺的困境，于是自然而然地就拷贝了苏式的“文理分家”之路。首先，建立一批专业院校，如外语学院，然后对高校进行专业大合并——以工业化为主要目标，将不同大学的同类专业“集成”为统一、单一的专业学院，或并入清华大学等工科院校。高校合并加强了工科院校的专业性，我国目前能够拥有数量如此之众的工科名校，很大程度源于那次合并。工科迅速发展的代价是文科被削减。

（二）社会分工思想

高中文理分科有其产生的指导思想，文理分科的思想基础是亚当·斯密的“社会分工论”，认为在文科和理科之间，集中精力专注其一，能提高全社会的效率，培养各个方面的人才。大陆 1949 年后急需专业人才，因此开始了文理分化的步伐，首先成立了西安、南京、重庆等最早的 8 所外语学校，并在 20 世纪 50 年代开始了对高校的合并。当时实现工业化是经济建设的主要目标，为了适应对专业人才的需求，自 1952 年起，将同类专业院校合并为专业学院，建立起适应计划经济的高校体制。这样的合并加强了工科院校的专业性，但也造成了专业面窄，理工、文理分家，文法、财经等学科也被削减的状况。但在文化大革命结束前，大陆的高中一般都没有实行文理分科。1977 年，恢复高考制后，为分类选拔人才，高中文理分科才开始。分科一般是在高一进入高二阶段进行的。虽然实行文理分科，但是所分的科目只是政治、历史、地理、物理、化学、生物。必修科：语文、数学、外语（英语、俄语或日语）。文科综合：政治、历史、地理。理科综合：物理、化学、生物。

（三）学习苏联的学习与教学理论

当时，我国教育理论界主要以苏联的教育理论为指导，如以凯洛夫为代表的教育学理论一直指导我们的师范教育，一直流行在我国的中小学课堂。

而与之相应的课程编制、课程评价体系也在不断形成，影响了当时一代人甚至几代人。

（四）对我国传统文化的过分批判，重视实业教育

“五四”运动以来，对我国传统文化进行了比较严厉的批判，主要批判那些士大夫思想，批判那种过多的思辨，强调一种实业精神，重视实干，“说得好不如做得好”。近代现代以来许多教育家多是重视职业教育，重视实干精神，如晏阳初、陶行知等教育家都注重“行”。改革开放以后，“学好数理化，走遍天下都不怕”这样的言辞，充斥着学校的课堂，重视理科，轻视文科，导致许多人的人文精神的丢失。

二、高中文理分科问题解决的迫切性

理论与现实的原因客观要求高中文理分科问题得到切实解决，只有解决好了该问题，基础教育改革才能更有效地运行，高中教育才能培养出更多、更好地适应我国社会发展所需要的各个领域的人才。

（一）基础教育改革的要求

基础教育课程改革，需要相应的评价制度如高考制度与高等学校的招生制度的改革，教学方法，课程内容，课程结构等一系列的配套改革，以便促进新课程改革的深入实施与纵深发展。

（二）高中文理分科所带来的现实问题

如前所述，高中文理分科带来了一系列的现实问题，如人文素养的缺失，民族整体素质的降低，让应试教育有了更大的市场，同时也造成了更多的危害，导致学生的学习积极性、主体性缺乏，学生的创造力缺失。

（三）当前教育理念的更新

当前，我国教育理论界更加重视课程目标中的知识与技能、过程与方法、情感态度价值观，关注学生的人文精神与科学素养的结合，注视学生的和谐发展，强调学生对知识的体验和愉快的学习态度，让学生学会认知、学会做

事、学会生存、学会共同生活。现代教育强调学生不仅要学习做事，更需要学会做人，不仅关心“在”，能为将来生活做好知识技能方面的准备，也要关注“此在”，学生当下的学习与生活的心理状态。改变那种“选择适合教育的儿童”的教育，要创造“适合儿童发展的教育”。

三、推进高中文理分科问题解决的对策与建议

毋容置疑，高中文理分科问题的解决是一个长期的过程，是一个复杂的过程，不可一蹴而就。笔者认为，高中文理分科问题是个迫在眉睫的课题，但是又不能过于急切，有效解决才能更好地促进教育良性发展，巩固基础教育课程改革的成果和进一步促进高中课程改革的发展，具体而言：

（一）先试验，后推广，稳步推进高中文理分科的改革

高中文理分科的取消与维持，是一个牵一发而动全身的系统工作，不能简单地说“取消”或“维持”，关键是为解决该问题做好一系列的准备工作，采取“先试验，后推广”的策略，可以允许某些条件与时机成熟的省份，如文化与经济条件相对发达的东部地区、学校率先开展取消高中文理分科的试验，在试验基础上进行评估与考核，从人才培养与社会效益方面进行验证，如果效果好，就加以推广，从而有秩序、有步骤地推进文理分科问题的解决。

（二）转变我国传统的文化理念

“换心”在生理上的手术来说就不是那么容易的一件事情，病人会痛苦，痊愈的时间比较长，特别是两个心融合程度不好的情况下，甚至会出现病人死亡的危险。而要转变我国许多人已经形成的“重理轻文”“学好数理化，走遍天下都不怕”的文化理念也是比较困难的，需要经过痛苦的内心挣扎，但是不能因为困难我们就不去做，我们要迎头赶上，就像鲁迅先生所说“愈艰难，就愈要做，改革向来没有一帆风顺的”[2]。

（三）促进教师文化建设

教师是高中文理分科问题解决的一线实施者，他们的一些理念与行为直接关系到该项改革的成败与否。①教师需要重新审视学生。学生是个什么样

的人？学生是具有个体经验、有思想、有情感的人，学生对于文理科的学习具有自己的选择意向，具有自己的职业兴趣，教师需要平等的对待学生，尊重学生的选择，善待学生的选择权。②教师需要多元化的评价学生，学生对教师的评价是很看重的，所以教师需要从多个视角来考量学生，不仅看到学生某些学科的学习成绩，更需要关注学生的全面发展，不仅重视学生智力因素方面的评价，也要重视学生的生活态度、学习的态度和情感价值观等非智力因素方面的评价。③教学活动中教师角色的转换，从课堂的控制者转变为学生学习的组织者、合作者，引导学生正确的学习与发展，从知识的传授者转变为学生学习的指导者，指导学生进行探究性的学习，关注学生的学习体验，“从评判学生成绩的‘法官’转变为学生成长的促进者”[3]，促进学生的全面的、和谐的发展，同时又是个性的发展。

（四）重建课程文化的理念

课程文化理念的重建，对于高中文理分科的问题具有重大意义。①重建高中课程目标，课程目标定位于培养德、智、体等全面发展的人，培养人文精神与科学涵养结合的人，知识与技能结合的人，做事与做人结合的人，身心康健和谐发展，既具有共性又具有张扬的个性的人。②课程结构方面加强选择性、综合性和地方性，重视学校课程的发展，加强课程的层次性，可以将课程分为 A、B、C 等层次，A（难度高）、B（难度一般）、C（难度低），让学生根据自己的学习兴趣与职业兴趣来主动选择自己感兴趣的课程，而不是学校强迫学生去选择课程。③课程评价定位于评价学生的综合方面，改变过去那种过分选拔甄别的评价机制，实现“教考分离”，改革高考制度，进行“必考课程加选考课程”，让学生有选择高考科目的权利。

（五）做好教育宣传和舆论导向

高中文理分科的弊端与现实问题，以及取消文理分科的好处等许多问题都需要我们去宣传，去鼓励社会各界人士理解、支持和配合高中文理分科的改革。广大报纸、报刊、电视等媒介，特别是网络等媒体需要广泛报道高中文理分科的利与弊，切实为改革做好宣传与舆论导航，让更多的教育界人士以及关心教育改革的社会人士来支持与关注。

（六）探索和开拓高中文理科改革的不同模式

对于高中文理分科问题的解决，我们可以探索不同的模式。①从大学淡化专业方面来加强文理科的融合。以2001年的北大元培学院为例，在元培学院，大学一年级的学生皆处于“无专业”状态。他们大一的主要任务，是通过听各个专业的课，比较、发现自己的兴趣，然后挑选专业。这与他们的同龄人在未入大学校门便已选定专业的常规程序，截然不同。“加强基础、淡化专业、因材施教、分流培养”，这片“特区”的开拓者们认为：应该强化本科低年级生的基础教育，到了高年级，再与宽口径专业教育相结合。这既能为研究生教育输送高素质、创新型的生源，也可以为社会提供适应力、潜力出众的本科毕业生。“先入大学，再选专业”的“特权”，引来了无数高考尖子生的向往。“元培模式”将这一教育思想从高考延伸到了大学。毕竟，大多数对社会、对自己缺乏足够认识的高考考生在高考填报志愿时都带有相当的盲目性，而一个人很难在自己不喜欢、或自己不适合的专业领域有所成就。②从课程方面来加强文理科互渗互补，“授以文理以交叉学科的广博知识”[4]。既培养学生的科学素养，又加强学生的人文精神，培养全面发展的人才，做到专家与通才互补。从人才目标、文化精神、才能开发、生理机制和社会需要五个维度与层面考察，要解决品德与才能、科学与人文、知识与智力、左脑与右脑、专家与通才等诸多矛盾，其主要目的都汇聚到一点，文科与理工科必须互渗互补，尽可能相互融合。高等学校对学生应当且可以授以文理交叉学科的广博知识，使他们既具有坚实的基础和宽厚的功力，又具有较强的社会交往和协调能力。当然，在处理高中文理分科问题的时候还有许多其他的可能途径与模式，我们需要进行不断地探索。

（七）处理好教育领域各种内部关系和外部关系以及社会各个方面的利益关系

取消与维持高中文理分科的问题，还牵扯到教育内外各种社会方面的利益关系，所以必需解决这些利益方面的矛盾与冲突。①这些利益关系不仅是各个学科的任课教师，因为教师可能面临更多的教学方面的困难甚至需要付出更多劳动来迎接高中文理分科改革。②取消与维持高中文理分科的问题还涉及千万学生以及学生家长的利益问题，如有些学生家长从小就花大量的钱去培养学生某个方面的特长，从小就灌输重视某个学科学习的思想，但是突然要综合考试，学生与家长都可能暂时接受不了。③取消与维持高中文理分科的问题还有相应的与高中文理分科配套的一些教学辅导书以及出版社、出版商的利益有直接的利害关系，如高中文理分科时，语文、数学、外语、历史、政治、地理、生物、物理、化学、美术、音乐、体育等这些学科都是分科的，尽管是文科大综合、理科大综合。可这些教学辅导书、参考资料一旦遭遇文理分科取消，就失去了原来的价值与应有的意义，那么这些都将是一项重大的经济损失。④当然，还有一些其他方面的利害关系。只有很好的解决社会各个方面的利益群体的关系，才能更好地展开高中文理分科问题的改革。

四、结语

高中文理分科的问题终究是要解决的，关键是如何去解决？解决的途径不是唯一的，解决的效果只能等到后面去验证，所以我们需要不断去探索新的解决途径。对于这个问题，大家都比较关心与重视，笔者也乃一孔之见，望方家指正。

参考文献

［1］国家就取消高中文理分科的可行性等征求意见［EB/OL］. http://www. sina. com. cn.

［2］鲁迅. 且介亭杂文，中国语文的新生［A］. 鲁迅全集（第六卷）［M］. 北京：人民文学出版社，1981.

［3］张晖. 新课程的教学改革［M］. 北京：首都师范大学出版社，2001.

［4］陈卫平. 试论文理科互渗互补［J］. 绍兴文理学院学报，2000（4）：99.

军训：高中生非智力因素培养的重要路径

一、前言

2015 年是世界反法西斯战争胜利 70 周年，国防教育备受社会各界认识的重视与关注。同时，纵观世界各国都非常重视高中阶段学生的国防教育和军事训练。普及和加强国防教育是全社会的共同责任。学校的国防教育是全民国防教育的基础，是实施素质教育的重要内容。高中阶段学生军训是根据《中华人民共和国兵役法》和《中共中央关于教育体制改革的决定》以及《中华人民共和国国防教育法》《高级中学学生军事训练教学大纲》《学生军事训练工作规定》等要求进行的，是高中学校改革教育内容，学生接受国防教育的基本形式，是培养“有思想、有道德、有文化、有纪律”人才的一项重要措施，也是培养和储备我军后备兵员及预备役军官，壮大国防力量的有效手段。根据《中华人民共和国国防教育法》规定，除大学生外，中小学生也应接受军训，时间一般在 9 月开学前或国庆后。通过军训，进一步让高中生增强国防观念，掌握基本的国防知识，学习必要的军事技能，激发爱国热情，自觉履行国防义务，培养高中生坚毅的品格，树立崇高的学习动机，发展高中生良好的个性等非智力因素。军训在培养高中生非智力因素过程中具有重要价值，我们教育工作者需要寻找对策进一步让学校军训规范化和科学化，充分发挥军训对高中生非智力因素的培养作用。

二、非智力因素与军训的理解

（一）非智力因素

指人在智慧活动中，不直接参与认知过程的心理因素，包括需要、兴趣、动机、情感、意志、性格等方面。非智力因素对智力因素具有重要的作用。

（二）军训

（1）军训的含义。军训是指军事训练。学生接受国防教育的基本形式，是培养和储备我军后备兵员及预备役军官，壮大国防力量的有效手段。

（2）军训的目的。第一，增强高中生的国防意识与集体主义观念，深刻领悟“立德、力学、力行、立新”的真正含义。第二，培养高中生的团结互助的作风，增强集体凝聚力与战斗力。第三，提高高中生的生活自理能力，培养思想上的自立和独立。第四，帮助高中生养成严格自律的良好行为习惯。第五，培养高中生艰苦奋斗、刻苦耐劳的坚强毅力。

（3）军训的内容。第一，训练高中生队型排列的军事基础知识和技能。第二，训练内务整理和紧急疏散等日常能力。第三，开展国防知识讲座。

三、高中生军训对高中生非智力因素培养的价值

（一）培养高中生的爱国主义、集体主义情感

通过军事训练，在让高中生懂得军队的基本知识与基本技能的过程中，通过一系列的军训活动如唱革命歌曲《团结就是力量》《打靶归来》和爱国歌曲《义勇军进行曲》《没有共产党就没有新中国》《中国，中国，鲜红的太阳永不落》等，让高中生形成爱国主义情怀。通过排列队伍、报数、集体走步等军训活动，让高中生形成一种集体荣誉感和集体主义情感。

（二）培养高中生的坚忍不拔的意志

在军事训练过程中，通过站军姿、踢正步、齐步走等一系列的军训活动来培养高中生的毅力和意志力，面对困难不怕苦、不怕累的乐观主义精神和革命英雄主义精神，通过在军事训练中敢于吃苦、勇于拼搏的作风，发扬“流血流汗不流泪，掉皮掉肉不掉队”的精神，让高中生形成一种坚强的意志。

（三）培养高中生正确的、崇高的学习动机

通过正面的军事训练和国防教育，让高中生了解基本的国防教育知识和

军事技能，了解中华民族的苦难历程和现实复兴的曲折、艰辛道路等我国的基本国情，让高中生树立起为国家振兴和伟大的民族复兴而努力学习的目的和动机。

（四）培养高中生正确的、合理的人生观和价值观

通过军事训练，让高中生充分认识到国家利益高于一切，为人民服务是中国军队的宗旨，进一步让其认识到“我为人人，人人为我”的人生观和价值观。在社会主义市场经济条件下，仍然需要坚持集体主义和为人民服务的人生观、价值观。在军训过程中，培养高中生正确的、合理的人生观和价值观。

（五）培养高中生的良好性格

在高中生军训期间，通过受到教师和军训教官的言传身教以及同学之间的影响，高中生也不断学会与别人相处，与他人进行友好的共同生活。通过榜样的示范作用，不断培养其待人接物的方式，文明礼貌的用语，形成良好的性格。

（六）培养高中生的团队协作精神

高中生的共性和个性都需要进行教育和培养。高中生军训强调步调一致、节奏一样，动作整齐等，还要求高中生在军训过程中服从命令，听从指挥等，这些需求有利于培养高中生为团队协作精神。

（七）培养行为习惯、学习作风和生活作风

通过内务整理、按时军训，培养高中生遵守时间、遵守纪律的行为习惯，通过革命英雄事迹，无私奉献的伟大精神的讲解等可以培养高中生艰苦朴素的生活作风，同时让高中生了解“宝剑锋从磨砺出，梅花香自苦寒来”，培养高中生勤于学习的良好作风。

四、推进高中生军训的改善策略

为了更好地发挥军训在培养高中生非理智因素中的作用，学校和教师需

要寻找相应的对策来促进和改善高中生军训。具体而言：

（一）在思想观念上重视高中生军训

思想是行动的先导，搞好高中生军训，首当其冲的是在思想观念上重视。第一，学校领导和教师在思想观念上进行重视，改变有些学校领导不重视，不制订军训计划，根据学校需要随时调整军训时间和内容的现状，充分认识到军训教学在学校教学中的价值以及对培养高中生的非智力因素的重要意义。第二，家长需要转换军训是耽误高中生的学习时间的思想观念，积极鼓励自己的孩子去参与军训，支持学校的军训教学。第三，社会人士也需要关注与重视高中生军训，特别是电视、网络、报刊等舆论媒介需要正向宣传高中生军训对培养高中生的非智力因素的价值。

（二）进一步明确军训教学目标

第一，全国各个高中学校执行国家统一的高中生军训教学目标。学校高中生军训教学的普遍要求：要全面贯彻党的教育方针，按照教育要面向世界、面向未来、面向现代化的要求，适应我国人才培养的战略目标和加强国防后备力量建设的需要。具体通过学生军训与教学使学生掌握基本军事知识和技能，增强国防观念和国家安全意识，强化爱国主义、集体主义和革命英雄主义观念；加强组织性和纪律性，培养吃苦耐劳和艰苦朴素的作风，促进学生综合素质的提高，为中国人民解放军培养后备兵员，为国家培养社会主义事业建设者和接班人打好基础。第二，高中学校在国家统一的军训教学目标基础上，需要根据国家国防教育方针的具体要求和结合学校实际情况，进一步明确军训教学的教学目标。第三，制订合适的学校军训教学计划，进行统筹安排。

（三）设置适当的军训教学的课程

第一，建议加强国家统一的高中生军训教学的课程。目前在全国范围内，还没有建立一个军训教学的课程，尽管国家制定了《中华人民共和国国防教育法》《学生军事训练工作规定》《高级中学学生军事训练教学大纲》等规范作为指导、组织和实施军训工作的基本依据，也有《学生军事训练工作规定实施手册》之类的书籍，但是没有更加具有操作性的军训教学课程与教材。

因此，笔者建议国家编制一套适合我国高中生军训的课程与教材。第二，加强地方军训课程建设。在国家统一课程的基础上，根据地方发展的需求建立地方性的军训课程。第三，开发校本军训课程。根据本学校的实际和客观需要，开发基于学校、在学校内部，为了学校发展的校本军训课程。

（四）加强军训教学师资队伍建设

第一，加强高中学校相关的教学领导和教学管理人员的有关军事培训，以便更好地领导和管理学校军训工作。第二，加强和重视军事教师队伍建设，并充分利用军民共建，请部队派人员帮训等形式，不断充实和加强教学力量。第三，加强班主任等教师的军训相关知识的培训和继续教育，以便更好地去教导和管理班级学生。

（五）加强军训教学管理

第一，时间方面的严格管理。国家要求高中生军训时间为 7 ~ 14 天，各个高中学校需要根据国家要求和本校实际进行严格的时间安排和管理。第二，加强军训教学内容的管理和督导。对于军训教学内容需要加强教学进程管理和督促。第三，安全方面的管理。高中生军训需要加强安全方面的教育和管理，避免如《新文化报》2009 年 8 月 1 日报道的“高一新生山上军训遭雷击死亡 学生被学校控制”等事故的发生，维护高中生身体和生命安全。

（六）加强军训教学评价改革

第一，评价目标。在对高中生军训教学评价过程中，需要树立恰当的、具体的军训评价目标。第二，评价主体。在军训教学评价过程中，实现教学评价主体多样化，将教官、班主任、领导纳入评价主体，同时还需要将同学、学生自己也纳入评价的主体。第三，评价内容。从高中生军事知识与军事技能、过程与方法、情感态度价值观等军训教学目标等几个方面来进行评价。第四，评价方式。可以采取多种多样的军训教学评价方式，如进行可查（提问或检查笔记等）评价，也可以采取考试评价方式。

（七）建设国防教育基地

为了进一步改善高中生军训，需要建立国防教育基地。建立国防教育基地需要具备以下要求：第一，有明确的国防教育主题内容；第二，有健全的管理机构和规章制度；第三，有相应的国防教育设施；第四，有必要的经费保障；第五，有显著的社会教育效果。通过加强国防教育基地建设，为高中生军训教学提供更好的军训场地，从而更好地促进军训教学。

五、结语

军训教学是国防教育的重要基础，是学校国防教育的重要途径，在培养高中生的非智力因素过程中具有重要价值与意义。因此，需要重视高中生的军训教学。

参考文献

［1］教育部，等. 关于印发《学生军事训练工作规定》的通知［N］. 2007－03－22.

［2］江泽民. 中华人民共和国国防教育法［N］. 2001－04－28.

［3］教育部. 高级中学学生军事训练教学大纲［N］. 2003－01－30.

［4］石磊. 普通高中军训工作的瓶颈及其破解［J］. 教学与管理，2007（8）：14－15.

第四部分

基础教育课程改革的评价

美国“高考”及其启示

一、前言

高考，当前教育界的一个热门关键词，多少人关注，多少人为之呕心沥血。不可否认，自从恢复高考以来，通过高考，为高等学校选拔了大量的不同层次的优秀人才。然而，时至今日，高考制度的弊端也越来越突出，有些人列出“高考九大弊端”，有些人列出“高考十大弊端”，特别是现行高考束缚了学生的创新精神和实践能力，所以进行改革刻不容缓。有些人认为，中国高考可以学习外国的高考，有些人则试图说不，大家各执一词。笔者认为，我国高考可以学习美国“高考”，同时需要结合我国的具体国情，不断进行高考改革与创新，以便更好地促进新课程改革的发展，更好地为高等学校选拔人才，培养更多更好的现代化人才，加快中华民族的复兴步伐。

二、美国高考制度分析

（一）美国高考的组织机构

美国实行教考分离，高中学校组织教学，高等学校和校外教育测试和教育服务机构组织进行考试。考生申请入学时，须参加大学指定的社会考试服务机构举办的测验。这些社会考试服务机构是非官方的和非营利的民间组织。

（1）教育测量服务中心，即 Educational Testing Service，简称 ETS。

（2）美国大学考试公司，即 Americal College Testing Program，简称 ACTP。

（二）美国高考的形式

（1）SAT（Scholastic Assessment Test），即学术水平测验考试，SAT 是美国高中生进入美国大学的标准入学考试，是美国教育测量服务中心（ETS）

于1994年在原有SAT（Scholastic Aptitude Test）即学术能力倾向测验的基础上加以改革而推出的新的考试形式，SAT考试成绩被美国3600余所大学接受认可，同时也被加拿大所有大学接受认可。

（2）ACT（American College Test），即美国高等学校测验，是1959年在依阿华由美国大学考试公司创建的一种大学入学考试项目，ACT是学生学业成绩和入学智能测验的一种综合测试，包括学术水平测试、学生能力测试、兴趣爱好调查等。其主要目的是考查学生运用所学知识的能力，以测量他们是否具备在大学学习所必需的能力。因此，它与学术评估测验的地位不相上下。

（3）AT（the Achievement Test），即学业成绩测验，简称AT测验，是美国大学考试委员会（College Entrance Examination Board，CEEB）在1901年开发的一种成就测验，由教育测量服务中心受托举办，目的是测量学生在中学阶段对特定学科知识的掌握及运用这些知识的能力，以此为学生选择大学和入校后选择专业提供参考，也可结合其他资料，如学术评估测验成绩或中学成绩，预测学生未来在大学学习中的表现。因此，它多是为入学竞争较激烈和水平较高的大学所采用的考试形式。

（三）美国高考的内容

（1）SAT分为两部分，一是通用考试——推理测验（Reasoning Test），包括阅读、写作和数学，被称为SAT Ⅰ；其他是单科考试——专项测验（Subject Tests），有数学、物理、化学、生物、外语（包括汉语、日语、德语、法语、西班牙语）等，被统称为SAT Ⅱ。SAT Ⅰ主要测验考生的写作、阅读和数学能力，每部分满分是800分，总分是2400分；SAT Ⅱ每科满分为800分。SAT Ⅰ考试包括SAT Ⅰ推理测验（Reasoning Test）和SAT Ⅱ专项测验（Subject Tests）两个部分。考试时间为3小时45分钟，题型为选择题及写作，主要测验考生的阅读、数学及写作能力，满分是2400分。SAT Ⅱ（Subject Tests）时间为1小时，大部分为选择题，主要考察考生某一专业的知识。可选择的SAT Ⅱ单科考试科目有数学、物理、化学、生物、外语（包括汉语、日语、德语、法语、西班牙语）等，学生应根据各专业和学校的要求报考。

（2）美国高校测验分语文、数学、社会科学（包括历史、政治、经济、社会学、心理学、人类学等）和自然科学（包括生物、物理、化学等）四科。此外，考生还要填写个人资料，回答兴趣问卷。全部考试和个人资料填写、

问卷回答须在4个小时内完成。(其中考试为160分钟)

(3) 学业成绩测验包括15门学科的考试，分为5组：英语，包括文学、写作；外国语，包括德语、法语、希伯来语、俄语、拉丁语、西班牙语；历史与社会科学，包括美国史和社会科学、欧洲史和社会科学；数学，包括数学Ⅰ和数学Ⅱ；科学，包括生物、化学、物理。文学或写作、数学为必考科目，考生还要在外国语、历史，社会科学和科学中根据专业从中任选一门。整个测验由客观型多项选择题和写作构成，每科1小时，共计3小时。

三、美国高考对我国高考的启示

美国“高考”为美国成为世界上最发达的国家作了不少的贡献，通过“高考”为该国家的各个领域培养了人才，包括培养了许多诺贝尔奖的获得者，为世界各个国家的教育树立了榜样。因此，美国“高考”对我国高考具有重大的借鉴价值与启示。

(一) 重新建立我国教育评价的理论基础

高考作为一种评价制度，作为一种可以操作的评价实践模式，是在一定的理论指导下进行的，所以高考制度的革新，需要教育教学评价理念的重建。主要表现在树立以下的理论基础：

(1) 多元智能理论

多元智力理论强调人的智力是多个方面的，不仅是认知方面的智力，包括言语—语言智力（Verbal - linguistic intelligence)、逻辑—数理智力（Logical - mathematical intelligence)、视觉—空间智力（Visual - spatial intelligence)、自知—自省智力（Self - questioning intelligence)，还包括情感方面的智力如音乐—节奏智力（Musical - rhythmic intelligence)、交往—交流智力（Interpersonal intelligence)，而且还包括身体—动觉智力（Bodily - kinesthetic intelligence)。多元智力理论告诉我们：首先，每个人拥有相对独立的智力要素，所以在评价学生过程中需强调多元性评价。其次，强调差异性评价学生。智力要素在每个人身上都以不同方式进行不同程度的组合，使得每个人的智力各具特点，这就是智力的差异性。最后，关注学生的创造性。智力具有很强的创造性，因为在解决实际问题时，对新的问题、新的情况不可能有章可循，这就需要综合已有知识和以前的经验，创造性地设计解决问题的策略和方案，这就需要关注学生的创造力。

（2）建构主义理论

建构主义理论认为“情境”“协作”“会话”和“意义建构”是学习环境中的四大要素或四大属性，同时认为，学生的知识是靠个体自己去建构、去生成的，因此在教学评价中，首先，重视学生对问题的开放性回答，学生个体性的去理解知识，生成知识，回答问题。其次，重视学生的选择性。最后，重视学生的创造精神。

（3）终身教育理论

终身教育理论强调教育、学习是终其一生的，教育与生活密切联系，学校教育、社会教育、家庭教育是一体的。所以，在教育评价中，首先，要重视教育评价的连接性，持续性，关注学生的未来发展。其次，要重视学生的个体自我学习。最后，要重视培养学生的学习态度和学习动机。

（4）生活教育理论

美国著名教育家杜威早就指出，“教育即生活”“从做中学”，教育与生活的联系紧密，所以在教育评价过程中，首先，需要强调学校教育与生活的联系。其次，需要重视学生的“做”，即动手方面的实践能力。

（5）全面发展理论

马克思全面发展理论告诉我们，人的全面发展就是发展的全面，是自由的发展，是和谐发展，循序渐进的发展。首先，教育评价不仅重视学生的智力因素，也需要关注学生的非智力因素理论的评价。其次，教育评价的可持续性，一次考试不是终身的评价，评价的目的是促进学生的发展。最后，教育评价需要关注学生发展的和谐性，不仅是智育，还包括德育、体育等方面的全面发展。

（二）进一步推进我国高中课程改革

（1）课程目标方面

进一步落实高中新课程改革的目标，注重学生的“知识与技能，过程与方法，情感、态度、价值观。”[1] 高中是不同于义务教育阶段的教育，而且学生处于成长阶段，包括思想、情感和职业兴趣等各个方面都开始趋向成熟，通过高考进行职业取向的分流，一部分进入研究性学校，一部分进入职业性学校，一部分进入教学型学校，一部分进入社会进行就业，高中阶段教育的课程目标定位于一方面为学生的进一步学习打好基础，另一方面为学生走入社会服务。高中阶段需要更加关注学生的知识与技能的培养，同时需要培养学生的学习主动性和生活态度，让学生学会认知、学会生存、学会做事、学会共同生活。所以课程目标需要重视学生的学习愿景与学习兴趣，关注学生的生活经验，关注学生的发展。通过课程目标的正确定位，来促进高考改革与发展，把高考的目标放在学生认知方面的考察，同时关注学生学习过程的考察，更加重视学生的情感、态度、价值观方面的考察。

（2）课程评价方面

在评价学生的时候，需要重视学生学习的过程性、体验性，以发展的眼光看待学生，通过课程评价来促进学生的发展，重视学生的创造性评价，不能仅仅以考试分数来衡量学生优秀与否。通过课程评价的改革，来促进我国高考更加重视学生创新精神的培养，重视学生的学习态度，充分认识到“评价最重要的意图不是为了证明（prove），而是为了改进（improve）”。[2]高考不是一考定终身的，高考是一种高等学校选拔人才的机制，是为更好地让学生去选择自己的专业，是为学生进入高一级的学校做出评价与分流。

（3）教学方法方面

培养学生的自觉学习能力，教学不是灌输式的“一问一答”“教师讲课学生听讲”的教学，而是教师与学生的教学对话，一种“我—你”关系的交流与沟通，一种心灵的敞亮与“视界融合”，教师更多的需要采取启发诱导，让学生自身去探究知识，体验知识的生成。通过教学方法的改革，来促进我国高考，改变那种“死记硬背”的被动学习，改变学生进入大学放松后不知道怎么进行学习的现状，凸显学生学习的主动性、积极性和创造性。

（4）课程结构方面

高中阶段，学生的兴趣和职业意向发生分化，高中出现文理分科教学，但是文理分科导致了一些问题；如人文精神的缺失等。特别是当代社会客观需要人文精神与科学精神的结合与统一，所以需要客观改变文理分科的现状，实现两者的融合与贯通，培养学生的综合素质与综合能力，高中文理科需要加强融合，突出高中课程的综合性。同时，高中课程需要加强课程的选择性，加强校本课程的开发，让学生有更多的机会去选择自己感兴趣的学科。

通过课程结构的改革，来促进高考改革，“建立综合评价体系”[3]，既考察学生的科学素养，又突出人文精神的考查。

（三）建设有中国特色的高考

美国高考采取的考试模式，其所产生的积极效用已经被实践所证明，所以被世界许多国家重视与关注，是值得我国高考去借鉴的。但是美国高考是在美国的文化底蕴下产生的，具有特殊性，因此我国高考改革需要建立有特色的高考模式。

（1）高考理念方面

高考的理念受制于我国教育的理念，大学教育的理念是什么？在教育家蔡元培看来，大学是“囊括大典，网罗众家”的学府，“研究高深学问”的地方。精英教育背景下，大学是个研究学问的学府，是“acdemey”，而在今天高等教育大众化的教育背景下，大学的理念不仅培养了研究高深学问的精英人才，同时也培养出更多的普通劳动者，从当前我国大学的招生录取比例逐步升高可以看出来，高等教育的大众化。在这样的情境下，高考的目的是一方面为研究型高等学校选拔有发展潜力的研究型人才甚至尖端人才，另一方面也为教学型高等学校选拔一大批人才。因此，需要明确高考的理念与定位。

（2）高考内容方面

在高考内容方面，一方面需要突出高考内容的科学性，充分考察学生的数学、物理、化学、生物等方面的知识与技能，另一方面需要重视高考内容的人文性，考察学生的语文、外语、历史、政治、地理等方面的知识与技能。在高考内容设计时，要充分重视文理学科知识之间的渗透与融合，考察学生的综合方面。

（3）高考组织与管理机构方面

我国高考可以尝试建立专门的考试组织机构和考试监督机构，专门负责高考考试与录取，体现高考的公正、公平、公开等原则，增强高考录取的透明度和群众监督力度，加强高考的信息化程度。

（4）高考形式方面

在高考形式方面，一方面，我国高考需要加强书面考试与现场面试的结合，重视学生的现场发挥与创造。一直以来，我国高考采取书面考试的方式，答案往往是标准的、唯一的，忽视对学生的现场面试，忽略对学生的实践能力和创新精神的考察，所以在高考改革过程中需要重视现场面试。另一方面，需要加强高校自主招生与全国统一考试的有效结合。高考进行全国统一考试，每个省采取统一分数线，全国分配指标，虽然保证一定的公平性，但是由于各个地方的考试差异性，学生的分数和能力参差不齐，不能很好地保证高等学校的要求，所以高考改革过程中需要扩大高校自主权，让学校可以根据自身需要进行招生考试，当然，这需要出台一定的教育法律文件。

（四）加强高考模式改革的探索

（1）借鉴发达国家的经验

不断进行教育理论创新，学习先进的教育理念，借鉴包括美国、法国、英国、德国等发达国家的高考模式与理念，“可以学习发达国家被证明是行之有效的经验。”[4] 同时，不断结合中国国情对高考进行创造性的改革。

（2）进行有步骤的、有计划的进行改革试验

高考改革可以通过先试验、后扩大再推广的策略，进行有步骤的、有计划的改革试验，先开展小范围的试验。在高考改革试验中，第一，可以以县为单位成立县级高考组织机构来组织高考，成立县级高考管理机构来管理高考的运作，根据学生的需要申请高考，然后再通过县级高考组织机构所组织的高考，综合评价进行录取，实行教考分离。第二，允许部分高校先参与高考改革，扩大其招生自主权，允许其可以根据自身的发展需要调整招生考试计划和考试政策。第三，增加学生的考试机会。可以进行多次高考，算考试的平均值，避免一考定终身的不足。

四、结语

高考是一个关系到千家万户的民生工程，是关系着社会进步与否的重要考试，关系着人才的培养。高考改革是一个系统的工程，需要长时间的摸索实践。

参考文献

［1］教育部．基础教育课程改革纲要［N］．2001－06－08.

［2］陈玉琨．教育评价学［M］．北京：人民教育出版社，1999.

[3] 李宁. 从美国大学招生考试制度反思中国高考改革 [J]. 郑州航空工业管理学院学报：社会科学版，2008 (3)：160.

[4] 薛涌. 高考改革可否借鉴美国 SAT [EB/OL]. http://www.sina.com.cn.

当前我国高考的四问

一、前言

1977 年 10 月 12 日，国务院批转教育部《关于 1977 年高等学校招生工作的意见》，恢复高等学校生统一考试制度。恢复高考 30 多年以来，我国高考经历了数次调整和改革，主要有以下几个方面：

第一，从时间方面调整，最先高考时间为每年的 7 月 7、8、9 日三天，后来调整为每年的 6 月 7、8、9 日。

第二，从高考的次数来说，以前是每年一次，后来发展为春季高考和夏季高考。

第三，命题权利最初是全国统一命题，后来发展到有全国统一试题，也存在地区联合命题，如三南（湖南、云南和海南）试题，再发展到上海单独命题，到现在已有多数省份高考自己命题。

第四，高考阅卷的改革，从纸质考卷阅卷到今天的电脑网络上阅卷。

第五，高考内容有语文、数学、外语、政治、历史、地理、物理、化学、生物等学科发展到语文、数学、外语、文科综合或理科综合，即“3 + X”模式。但这个“X”发生了变化。

第六，高考录取也从看纸质档案到网络上抛档录取，还有部分高校开始自主招生，如上海市的几个高校。

虽然我国高考经历了上述等一系列的变化与改革，但是我国高考还存在着一系列的矛盾与问题，特别是社会人士最诟病教育的：中国学生考试分数都很好，但是“为什么中国几十年的理科教育培养不出一个诺贝尔奖获得者？为什么只能大批地培养‘匠’，而很少能培养出‘家’？”[1] 中国没有培养出诺贝尔奖得主来，人家美国却没有像中国有这么正规的高考，还不是培养了那么多的诺贝尔奖得主？作为一个高中教学指挥棒的高考，指挥着教育战线上的教师和教育管理者，学生家长以及全社会的人士都去重视学生的考试分数，轻视学生的能力培养，忽视学生的情感态度价值观的培养等，那么未来产生的问题怎么办呢？

二、高考的弊端有哪些

关于高考，大家心目中留下了太多的记忆，一些人讨厌甚至恨高考，有些人怀疑高考，有些人为参加高考而多次复读，有些人甚至在高考时生病而发疯，一些人如高三的教师、学生和学生家长为了高考忙得晕头转向，还有一些人放弃高考如“重庆上万名应届生放弃高考”[2]，如此等等。2005 年《高考殇》一书的推出，受到了许多读者的关注，大家对高考的批评和批判纷至沓来。那么高考又有哪些弊端呢？

第一，高考成为应试教育，束缚学生的创造力。高考试题的问题往往是客观性的，答案是唯一的，学生只能按照出题者的意图去做题，没有考察学生的创造性思维的问题，学生的创造性受到了严重的束缚。

第二，忽视了学生的个人兴趣和个性发展。有学者批评高考为什么是“3 + X”，而不是“2 + X”，为什么一定特别是语文、数学、外语为基础呢？高考采取分文理科的形式，文科是语文、数学、外语加上文科综合，理科就是语文、数学、外语加上理科综合。但是有些学生的某科成绩就是不理想，但是在另外一个学科就很好，网络上刊载了一些名人当年考试的情况，如历史学家吴晗数学考了 6 分而被清华大学历史系破格录取。“术业有专攻”，学生的个人兴趣是不一样的，但是目前高考采取整齐划一的考试科目，忽视了学生的个性和兴趣。

第三，片面追求升学率，演变成为“应试教育”，忽视学生的实践能力。在高考的指挥作用下，学校以学生的高考成绩和升学率来评价学校的优秀与否，评价教师的教学水平和教学能力。于是，学校和教师把所有的时间和精力都放在提高学生的考试成绩上，教师拼命地去寻找更多的试题去训练学生的应试水平，学生陷入“题海”之中而不能自拔。学生的时间被月考、周考、旬考、半月考所占据，“学校单纯变成了知识传播的阵地，中小学成为‘应试教育’的训练场，学生的创造力不能得到训练和培养。”[3] 所以，学生的动手能力和实践操作能力根本没有得到提高。

第四，知识本位，高分低能。在高考指挥棒的导引下，形成考什么、学什么，重分数、轻能力，重智商、轻情商的现实状况，导致考试分数成为衡量学校、教师、学生的唯一标准，客观上造成忽视学生基本素质，尤其是忽视了公民基本素养的养成。

第五，教师和学生的师生关系紧张。在高考的背景下，教师采取“倒计时”的策略，督促学生认真搞好考试前的复习，考试成为教师与学生之间的桥梁，教师是试题的搜集者和解题方法的灌输者，学生是被灌输者。

第六，教师的工作量大，教师的工作积极性和主动性发挥不出来。早上5点多就起来，6点多开始指导学生上早自习，一天上好几节课，晚上还要备课，批改作业和搜集试题。教师长期在这样繁重的教学任务和精神压力下，“心累、眼累、手累的高三教师们”[4]的工作积极性、主动性和创造性都发挥不出来。

第七，造成很大的资源浪费。教师和学生为了应付高考，不断地去买教学参考书，教师不断地出试题去考试，一年下来这些试卷估计达到十多斤，这些重复的试卷造成了巨大的资源浪费。

第八，严重地损害师生的身体。在目前高考的背景下，教师疲于出试卷、改试卷、讲评试卷，给学生排名次，从早到晚忙个不停，身体受到严重的损害，而且精神上的弦也绷得很紧，心理处在过于焦虑状态，导致教师身心疲惫。同时，学生为了应付考试挖空心思去学习，没有了锻炼身体的时间，近视率逐步升高，学生的身体难以达到标准。

当然，还有一些弊端，本文并未一一列出。

三、高考要不要取消呢

对于这个问题，一些极端的人士认为：“何不取消‘五大不公’的高考”[5]。但是绝大多数学者认为高考不能取消，“高考并非万恶之源”[6]，高考“已经成为当代中国最成熟和最权威的人才选拔机制，迄今尚没有任何一种制度可以取而代之。”[7]虽然当前高考存在许多问题，但是不能取消，为什么？当前能找到比高考还好的制度来为高等学校招揽人才了吗？答案是否定的。

第一，高考相对来说保证了教育机会的均等性和公平性，高考作为一种测量工具，就如体能测试或体育比赛可以测出一个人的体能和体质强弱一样，高考让所有参与者接受相当的挑战，将个人的才学和能力放在首位，所以

“历来被视为可以客观公正地选取优秀人才的公平尺度，或称‘量才尺’”。[8]

第二，高考作为一种考试，相对来说比较简便，容易操作和测试。你说你行，你就参加考试，看看你的分数就知道了，测试者能比较客观地检测出结果来。高等学校招收学生时按照学生的分数排名就可以了。

第三，高考是一种选拔性考试，不可能让每个学生都去上大学，而且高等学校的优劣存在差异，所以有着淘汰和社会分层的功能。

第四，不可否认，高考确实为我国培养了大批量各个层次不同的人才，30 多年来，为我国社会主义现代化建设作出了不可磨灭的贡献。

四、高考能照搬美国吗

近年来，我国教育理论界对于国外高考的介绍和研究还是比较多的，其中对美国高考制度的介绍和研究特别的多，只要到中国网站上一搜，就能搜出上百条来，一些研究者认为，我们高考是不是可以按照美国模式去改革呢？我想答案是否定的。

第一，不可否认，当今美国是世界上最发达的国家，美国的高等教育是世界上最优秀的之一，但是我们中国的国情决定了中国不能像美国那样进行高考，我国台湾地区学习美国那种做法的实践已经说明了“我国高考改革不宜照搬美国模式：台湾的前车之鉴”。[9]

第二，我国的高考改革必须适合我国国情，我国的经济发展状况、政治制度、民族特点、文化底蕴、心理定势等历史与现实状态决定了我们的高考只能从我国国情出发来进行改革。

第三，我国的高考改革必须实行本土化改革。

第四，可以适当借鉴一定的国外高考考试制度和高校招生制度，包括美国在内的一些发达国家的先进教育理念，达到“洋为中用”，切实促进我国高考制度的改进，更好、更快地培养人才。

五、如何推进我国的高考呢

既然我国目前的高考存在许多弊端，那么就需要进行改革，改革又没有一个固定的模式可以套，“只能摸着石头过河”，不断去尝试不断去前进，但是不能因为艰难就不去做，“愈艰难，就愈要做，改革向来没有一帆风顺的”，[10]改革不能暴风骤雨地，任凭一时热情，而需要有步骤、有秩序的稳步推进。笔者认为，高考改革需要从以下几个方面去考虑：

（一）重建高考的理论基础

第一，多元智力理论。美国教育家、心理学家霍华德·加德纳在1983年出版的《智力的结构》一书中提出“智力是在某种社会或文化环境或文化环境的价值标准下，个体用以解决自己遇到的真正的难题或生产及创造出有效产品所需要的能力”。每个人都至少具备语言智力、数理逻辑智力、音乐智力、空间智力、身体智力、人际交往智力和自我认知智力，这一理论被称为多元智力理论（Multiple Intelligences）。在多元智力理论的引导下，高考改革需要重视对学生的多元评价，综合评定。

第二，成功智力理论。由斯腾伯格提出的成功智力理论有四个方面：一是成功智力是在个体生活的社会文化背景之下，根据个人的标准，在生活中获得成功的能力；二是个体获得成功的能力依赖于利用自身的长处，纠正和弥补自己的不足；三是个体通过实现智力的平衡去适应、塑造和选择环境；四是个体获得成功，要通过分析性、创新性和实践性三个方面的智力及良好的人格平衡来实现。在该理论的指导下，高考可以“增加面试”[11]，全面重视测试学生的素质与能力。

第三，全面发展理论。马克思主义“关于人的全面发展”理论是对人类发展的理性诉求，既是科学发展观的重要内涵，又是我国社会主义教育目的的理论基础。我国教育的目的是促进人的全面发展，它包括了德、智、体等各个方面的发展，既涵盖了知识与技能，也包括过程与方法，还容纳了情感态度价值观。作为教育评价制度的高考不能只重视学生知识方面的考试，还需要重视学生的实践能力和创新能力的考查。

第四，和谐发展理论。和谐发展理论是探索与研究事物内在联系之规律，并以此为基础认识世界而形成的理论总称。教育中的和谐包括了教师与学生之间的和谐、学生个体发展的身心和谐、学生的共性与个性的和谐等方面。高考需要尊重学生的选择权利，既照顾到学生的社会公民基本素质的共性发展，又要重视学生的个性发展，关注学生的兴趣差异。

（二）重塑文化观念

第一，教师文化观念。教师需要重新形成学生观，把学生看作是一个有思想、有情感的完整的生命体，而不是把学生看作是灌输知识的容器，更不是考试的机器。教师需要改变学生的评价观念，形成多元的评价观念，不是只看重学生的考试分数，而是从多个角度去全面评价学生的优秀与否，尊重学生的个性和兴趣，与学生进行对话与交流。教师和学生形成尊师爱生、民主平等、教学相长的新型师生关系，师生不是一种压迫与被压迫的关系，而是“我—你”的关系。教师需要改变教学方式，不是单纯的知识传授，而是需要成为学生学习的指导者、合作者、组织者、学生发展的促进者，让学生学会认知、学会做事、学会生存、学会与他人共同生活，培养学生的创新精神、实践能力及终身学习的能力。

第二，学生的文化观念。学生需要改变那种只重视书本知识的学习，忽视其他方面的能力形成的做法。需要更多地去参与社会实践活动，“读万卷书，行万里路”，去主动探究、体验知识的生成，去培养多方面的兴趣和爱好，去愉快地学习、锻炼身体，形成乐观的生活态度，去养成良好的心理素质和形成健全的人格，避免马加爵杀人那种悲剧发生。

第三，家长文化观念。家长需要改变过去那种认为只要孩子考试分数高、学习成绩优异就行，忽视孩子其他方面习惯的培养和人格的发展的做法，这样会导致孩子孤身一人上学、生活难以自理，不会与他人交流沟通等问题，如湖南天才少年魏永康 13 岁考上重点大学读本科成为当时湖南省年龄最小的大学生，17 岁考上中科院硕博连读研究生。就在人们普遍看好他的前途时，中科院却在 2003 年将他劝退回。因此，学生家长需要革新自己的文化观念，去培养孩子广泛的兴趣，培养孩子正确的价值观、世界观、人生观，让孩子能面对未来的学习和生活，而不能用短视的眼光来培养孩子。

（三）进一步推进新课程改革

新课程改革从 2001 年开始，至今将近 10 年了，从课程目标、课程内容、课程结构、课程功能、课程管理、课程评价六个方面进行了改革，新课程实施也取得了一定的成效。高考改革与新课程的推进是一个相互促进的关系，高考改革有利于促进新课程实施，新课程的深入开展与实施也有利于高考改革，新课程改革与高考改革是一种“互动关系”[12]。

第一，从课程目标和课程功能上，改变过去只是重视知识的做法，更加重视学生学习的过程与方法、情感态度价值观等方面的培养，关注学生的实践能力和创新能力的培养，同时培养学生的人文精神和科学素养。

第二，课程内容上，注重课程与生活的联系，加强课程的理论与实际的联系。特别是要在高中文理分科的问题上进行改革，高中文理分科是历史的原因，但在今天看来，高中文理分科造成了一系列诸如加剧中学应试教育、民族整体素质下降、人文精神缺失等的严重问题，国家教育部从2009年1月7日起在权威网络上正式启动公开征求《国家中长期教育改革和发展规划纲要》意见，提到了“高中取消文理分科的必要性和可行性”的问题，高中文理分科问题必须处理好，要加强文理科学生知识的沟通，加强学生的通识教育。

第三，课程结构上，打破文理之间不可逾越的鸿沟，进行文理之间的融合，尊重学生的选择性，设置必修课程和选修课程。

第四，课程管理上，加强国家课程、地方课程和学校课程三级管理。扩大学校课程，学校可以设置选修课程，将同一学科的课程分为A、B、C等层次和类别，如汽车修理课程，A代表生活家庭使用的汽车修养所用的知识与技能、B代表以后从事修理职业所用的知识与技能，C代表汽车修理的原理和理论，为以后从事理论研究服务的。将课程划分为多个梯度，让学生根据自己的需要、职业兴趣和能力去选择，从而让学生有更多选择的自主性。

第五，课程评价体系方面，改变那种以过分甄别为目的的评价，构建新的评价体系，多方面去评价学生的优秀与否。

（四）改革高等学校招生制度

第一，高等学校的自身定位。“高考类型可针对不同层次的高校予以区别对待。”[13]目前，我国的高校大体上可分为以下三个层次：教学型高校、教学研究型高校、研究型高校。高等学校到底是什么类型的学校，定位好之后就可以保证招生目标的明确性、考试内容的针对性，设计相应考试方式的形式，从而更好地去组织考试，为高考和招生服务。

第二，改革高等学校招生考试制度。高校招生过程中，让学生可以根据自己的专业倾向、职业兴趣与需要去选择报考的高校，可以借鉴美国的做法，一年之中相对增加考试的次数，让学生有更多的考试机会，开辟更多通往成功的道路，而不是千军万马去挤“独木桥”，一考定终身。

第三，扩大高等学校的自主招生权，让高校有更大的选择余地。专家呼吁“赋予高校更大的自主招生权。”[14]高等学校在扩大自主招生权以后，招生主管部门承担宏观调控和监督的责任，教育部或省级招生部门控制招生计划，高校在选拔时需要建立一套规范的监督机制，如采取面试题随机抽取，考官在开考前最后一刻决定，录取名单公示等的形式，杜绝徇私舞弊等情况发生。同时需要加强高校录取的信息化和透明化程度，做到公正、公平、公开。

（五）与高考制度相关的社会制度

高考改革是一个系统的工程，也需要一个长期的过程，牵扯到社会的各个方面，要改革高考制度，必须改革与高考制度相关的社会制度，“只有人事制度、劳动制度、分配制度改革了，人们的观念才会改变，才会意识到并非只有高考这‘独木桥’。”[15]所以，在高考改革的过程中需要一系列的配套改革，处理好各个方面的利益关系。

六、结语

为了中华民族的复兴，为了每个孩子的发展，高考改革是当前教育领域迫切需要解决的重要课题，但是高考改革的路途还长，需要我们教育工作者和广大的社会人士的关心与支持。

参考文献

［1］倪铭．中国理科教育为何培养不出诺贝尔奖获得者［N］．中国青年报，2001－11－21.

［2］重庆上万名应届生放弃高考［N］．东南快报，2009－03－29.

［3］何不取消“五大不公”的高考［J］．生活教育，2008（4）：14.

［4］心累、眼累、手累的高三教师们［EB/OL］．http：//www. ltyz. org/oblog/u/liuwenxue/archives/2008/3242. html.

［5］刘海峰．高考并非万恶之源［J］．北京文学（精彩阅读），2006

(1)：125.

［6］刘武俊．考试立法缺席［N］．中国青年报，2007－07－14.

［7］张丰奎．也谈高考制度改革［J］．当代教育科学，2005（17）：44.

［8］郑若玲．高考的社会功能［J］．现代大学教育，2007（3）：31.

［9］王凌峰．高考改革的若干设想［J］．教学与管理，2007（7）：75.

［10］鲁迅．且介亭杂文，中国语文的新生［A］//鲁迅全集（第六卷）．北京：人民文学出版社，1981.

［11］熊晓亮．新世纪美国 SAT 改革对我国高考改革的启示［J］．教育探索，2009（2）：71.

［12］罗立祝．新课程改革与高考改革的互动关系［J］．福建师范大学学报：哲学社会科学版，2007（4）：46.

［13］李宁．从美国大学招生考试制度反思中国高考改革［J］．郑州航空工业管理学院学报：社会科学版，2008（3）：159.

［14］中科大校长朱清时．赋予高校更大的自主招生权［N］．深圳都市报，2008－03－06.

［15］周济．高考不会取消但肯定要改革［J］．教育前沿．2007（2）：8.

论高考改革中的校长实名推荐制

一、前言

2009 年高考改革是高考改革历史上重要的一年。2009 年 7 月 13 日，在邀请了全国近 80 所中学校长参加自主招生座谈会的基础上，北大招办主任刘明利提出，北大自主招生有两个新思路：一是院系夏令营活动，由北大部分院系举办，提前考察一批对特定学科具有浓厚兴趣的学生；二是在面向社会公示的前提下，各校长可实名向北大推荐优秀学生。经中学校长实名推荐的学生，可成为高校自主招生的直接候选人。至此高考校长实名推荐制被提出来，北京、天津、重庆、黑龙江、吉林、江苏、浙江、河南、湖南、湖北、广东、陕西、新疆 13 个省区市的 39 所中学的校长获得推荐资格，被推荐的学生北大将降低 30 分录取。北京大学于 2009 年 11 月 8 日颁布了《北京大学关于试行“中学校长实名推荐制”的实施方案》。一石激起千层浪，在全社会范围内引起了强烈的反响，一方面是媒体包括网络、报刊、电视等都对校长实名推荐制度进行了报道和关注。另一方面是教育专家等对该制度的关注和重视。

荐举，作为选贤任能的一种形式，历史可谓悠久。四千多年前，舜继尧位，靠的是推举。春秋时的祁羊，“外举不避仇，内举不避亲”，说的也是荐举。北京大学认为校长实名推荐制度的初衷是改变“一考定终身”，目标是培养创新人才。对于北京大学的高招改革，目前存在不同的观点和看法，有支持的观点，也有持反对和质疑态度的，有中立观点的，更多教育界人士认为这个制度的实行需要慎重。根据网络调查发现，76% 的学生赞成，16% 的学生反对。有 66% 的家长认为这种做法“不公平”，58% 的家长担心暗箱操作。笔者认为，我们需要妥善处理和运用校长实名推荐制，以校长实名推荐制度为改革的途径之一，不断推进高考和高校招生改革。

二、目前对校长实名推荐制的看法和姿态

（一）赞赏姿态：认为校长实名推荐制度是高考的另一种选择

国家教育部认为校长实名推荐制是高考改革的有益尝试，鼓励北大探索。对于校长实名推荐制度，有些社会人士认为打破高考独木桥的格局和“一考定终身”的做法，不失为高考改革的另一种选择，是一种重要的高考改革形式，是高校自主招生的一种探索和尝试，需要加以鼓励和支持。如《人民日报》（2009 年 11 月 18 日）发表评论《请给北大招生改革多一点宽容》；《新京报》（2009 年 11 月 18 日）指出《北大：校长推荐制不会损害落选中学利益》；《四川日报》（2009 年 11 月 18 日）上发表《北大校长推荐制——不妨给北大一次尝试的机会》，纷纷支持和鼓励中学校长实名推荐制。

（二）忧虑姿态：对校长实名推荐制度的担心

（1）担心校长实名推荐制度下推荐出来的学生不一定是最优秀的高中毕业生，学校为了升学率，一般不会把最优秀的考生推荐成自主考生，而是用来冲刺高考状元，导致最优秀的考生得不到推荐，对高校不利。

（2）受高考加分如浙江航模高考加分事件、冒名上学如罗彩霞事件、重庆民族成分造假丑闻的影响，大家对自主招生、校长推荐制产生了更大的忧虑。

（3）中学校长压力的增加。把推荐学生上大学的权利交付各中学校长，无形之中增加了校长的教育和行政责任，增加了校长的压力。

（4）校长实名推荐制的变相。理论上说，校长实名推荐制是一种好的高考改革形式，但是操作起来，就可能产生“变形”，会增加新的教育不公平。

（三）质疑姿态：认为目前不适合推行校长推荐实名制度

（1）当前许多校长是由政府官员而不是职业教育家担任的，要进行校长实名制度，首先需要进行校长任命制度改革，否则校长实名推荐制不好进行操作。

（2）由于当前社会分化比较严重，推荐的标准由校长把握，太过于主观，

容易导致权钱交易等教育腐败滋生。

（3）中学校长实名推荐制中潜在着不公平。中国高校不公平现象本来就已很严重，北大此举一推行，将加剧教育不公平现象。著名教育家、武汉大学前校长刘道玉指出：北大进行改革，初衷无可厚非，但推行中学校长实名推荐制不可取，这是在出昏招，因为这种做法没有抓住高校改革与高考改革的本质问题。

（4）当前教育领域存在的一大问题就是资源过于集中，没有能够真正实现国民均衡教育。由于校长自主推荐标准很难明晰、量化，具体操作中难免会出现偏差，将“好经”念歪。特别是被推荐者降低30分录取的规定，不但没有挣脱唯分数论的怪圈，而且极易演变成极少数有“背景”学生的降分特权。即使整个过程信息公开，公众也很难实施有效监督，从而导致对教育公平的更大伤害。

（5）高校生源争夺是校长实名推荐制推行的真正用意。校长实名推荐制度是高校一场争夺优秀学生资源的战争。继北大校长实名推荐制后，清华大学、上海交通大学、中国科学技术大学、西安交通大学、南京大学五所著名高校招生部门在2010年实行“五校联考”。通用测试部分由这5所大学共同出题，高校特色测试和面试由各校自主决定，通过者则在高考录取中享受该校30分的降分优势。

（6）校长对学生的不了解。校长对学生的了解往往是看学生考试成绩，学生的品行等其他方面需要听班主任的介绍。那么怎么能保证班主任的公平公正？某些学校班主任对学生的保送资格拥有决定权，导致许多家长给班主任送礼。校长实名制，但班主任也会实名吗。

（7）虽然中学校长公正无私，但没有具体的推荐标准。依据高考分数还是依据师生口碑或校长喜好？另外，推荐程序和推荐名额究竟怎么去规定？推荐权怎样较公平地分配给各校长，而一个中学校长又有权推荐几人？这些问题都相当复杂。

（8）教育学者、21世纪教育研究院副院长熊丙奇认为目前的校长实名推荐制，其实不具备一个现实的操作环境，除了校长本身难有学术之外，按照中学的教育模式来讲，有一些偏才、怪才在中考的过程中，无法进入现在北大所推荐的重点中学。在这样的情况下，给予中学校长的推荐权可能难以达到预期的效果。

（四）中立姿态：校长实名推荐制是美妙而难以念好的经

（1）校长推荐制是高考改革的一种形式，但是需要构建综合评价体系，全面评价学生和为社会选拔人才。著名的教育专家劳凯声指出：推荐只能是辅助制度。

（2）校长实名推荐制是一个好的制度，但是操作好需要进一步改革。如语文出版社社长王旭明认为校长推荐制很美妙，因为校长或社会知名人士推荐学生这样的办法在国外屡见不鲜，是选拔人才的重要办法之一。然而，这又是一道美妙却难以念好的经。

三、校长实名推荐制度的展开策略与建议

（一）推进校长实名推荐制等高考法律体系的完备

（1）设立《中华人民共和国高考法》，建立高考的专门法律，专门保障从高考形式到内容再到高考录取等程序，加强高考的法律规范，“让高考与法律亲密接触”，加强对校长实名推荐制的法律保障。

（2）进一步完善与高考相关的教育法律，促进高考改革背景的校长实名推荐制的法律化和制度化。虽然我国制定了《中华人民共和国教育法》《中华人民共和国高等教育法》《中华人民共和国民办教育促进法》《中华人民共和国义务教育法》等教育法律对中小学教育和高等教育提供法律保障，但是需要进一步完善，为高考提供法律保障。

（3）以校长实名推荐制为先行，建立全面的、科学的、合理的高考法律体系。我国还没有建立真正完善的教育法律体系，因此需要制定基本法律，完善已有的教育法律法规，构建保障高考的公平、公正、公开，从法律上去保障高考改革和新课程改革的成效。

（二）增加校长实名制度的可操作性

（1）进一步完善校长推荐的实施程序。推荐制的实施需要有相关手续和程序的配合，以北京大学“中学校长实名推荐制”实施方案为例，实施方案规定了招生对象、拟招生人数、推荐人数和推荐程序等，并且经过了中学资

质申请—中学资质评审—中学信息公示—学生申请—审核学生材料—学生信息公示—面试等具体的流程。但是在这些流程中还存在一些需要进一步去完善的流程和操作。

（2）进一步规范中学和中学校长的选拔、考核。在申请中学和中学校长的资格方面，需要进一步制定可操作性的标准，以便更好地进行中学和中学校长的选拔和资格认定。

（3）进一步明确规定中学校长的推荐责任和义务。胡适先生在《公开荐举议》一文中明确提出了“须将被举人的学历经验详慎开载，并须声明愿负完全责任：如不称职，愿受误举的惩戒处分；如犯赃罪，情甘同坐。”在推进校长实名推荐制过程中，中学校长的推荐权利和推荐责任需要明确规定，保证所推荐的学生是达到推荐的标准和要求的，符合高校人才培养的标准。

（4）进一步落实和规定可操作性的推荐标准。虽然以北京大学为例，强调了推荐的人才是批素质全面、特长突出的优秀学生，但是这样的推荐标准需要进一步去落实和细化，形成更加具体的指标体系，以便具备可操作性。

（5）建立全国统一的标准化考试，如美国那种托福考试，GRE 考试等，让被推荐的学生具备一定标准的知识素养和通过一定标准的统一考试，以便作为推荐的凭借，增加校长实名推荐制的可操作性。

（三）校长实名制度的实施需要坚持公平性原则、透明性原则、诚信原则

（1）公平性原则。党的十七大报告指出：教育公平是社会公平的重要基础。不可否认，高考是当前一种相对公平的高招录取方式。当前社会公平和教育公平的愿景下，校长实名制度是对高考改革的新探索、新思路，校长实名制度不能不需要考虑到教育公平，因此校长实名制度推进需要体现教育公平的意识和践行教育与考试公平，凸显公平、公正、公开原则。

（2）透明性原则。校长实名推荐制需要坚守公开原则，将具有推荐资格的中学和中学校长公开，在推荐过程中，需要将推荐学生的详细资料，包括高中思想道德表现、学习成绩以及学生的研究性学习在内的综合实践活动能力等方面的详细记录告知大众，并赋予社会公众以监督、举报、批评和建议权。

（3）诚信原则。诚信原则是校长实名推荐制的一个重要原则。诚信原则

体现在：第一，中学校长的诚信。中学校长需要坚持实事求是原则，坚持以优秀人才或有特殊才能。或有较强的综合素质的人才为推荐标准。第二，学生的诚信。学生需要如实填写正确的、真实的申请资料，避免弄虚作假。第三，高校的诚信。高校需要加强诚信，如实审核被推荐的学生，保障录取信息的真实，进一步完善高招自主招生制度，取消潜规则。

（四）校长实名推荐制监督体系的构建

（1）专门的监督和管理机构。校长实名推荐制需要加强监督，“监督才是完善校长实名推荐制的唯一良方”。在校长实名推荐制实施过程中，需要成立专门的教育公信机构，建立专门的部门评估和监督高校招生录取工作，当然包括了校长推荐学生的监督和管理。

（2）高中学校内部的监督。校长实名推荐制所要推荐的学生必须是品学兼优、综合素质优秀或学科特长的人才，包括奇才、怪才等在内的特殊人才。在高中学校内部，需要成立推荐基层监督委员会，建立对校长推荐的学生进行详细调查和监督的体制，防止弄虚作假、虚报等情况的发生。

（3）高等学校的监督。高校招生办需要加强对推荐学生的考核和再评价，同时加强对高校招生办的审核过程的进一步监督和评估，避免漏洞或错误的产生。

（4）社会舆论和公共媒体的监督。在《北京大学“中学校长实名推荐制”实施方案》中明确规定了：中学须在本校范围内对校长“实名推荐”的学生信息以及推荐理由进行为期一周的公示，接受各方监督。校长实名推荐制进行过程中，需要加强社会舆论和媒体的关注，做到公正、公平、公开，以便将真正优秀的人才推荐到大学去。

（五）加强校长实名制的研究

（1）学习与借鉴古代的举荐制度。荐举，作为选贤任能的一种形式，历史可谓悠久。四千多年前，舜继尧位，靠的是推举；春秋时的祁羊，“外举不避仇，内举不避亲”，说的也是荐举。若是细分，荐举似可分为三种：一曰内举，即本单位的领导向组织建议对某人委任；二曰外举，即领导班子之外的人，也就是一般干部或群众推举某人担任一定的工作；三曰自荐，如毛遂自荐。举荐制在我国具有丰富的历史经验和理论研究，我国几千年以来，人才选拔制度方面存在“内举不避亲，外举不避仇”的举荐制度，而且发展到一定水平。

(2) 以文革中废除高考，进行大学推荐制度为历史借鉴，避免进入推荐的误区。加强校长实名制度不断反思，在反思中前进，校长实名制度是高校招生的一种形式，而不是唯一的途径。

(3) 学习和借鉴以美国为首的外国的推荐制度中的一些先进经验。《美国名校录取新生的详细过程》中的内容为：第一部分：标准化考试。读一般的研究生院要考 GRE，读 MBA 要考 GMAT，读法学院要考 LSAT，除此之外，还有考查你语言熟练程度的 TOEFL。第二部分：两三封与你有密切关系的推荐人的推荐信。第三部分：本科时的学习成绩，有一个量化的标准，简称为 GPA。第四部分：个人陈述，谈你的研究兴趣和申请大学的目的等。第五部分：研究背景，包括论文、工作经验、研究经验等。可见，美国高校录取过程中，不仅关注推荐而且也离不了标准化考试和学生的平时表现以及学生的创新能力和发展潜力。

（六）校长实名推荐制须先实验，后推广，再普及的有步骤、有节奏地稳步推进

校长实名推荐制是一种新的高校招生改革制度，需要慎重对待，是在“摸着石头过河”，具有一定的主观因素和客观因素等不可控的影响因素。因此，在校长实名推荐制推进过程中，全国所有高校不能都一窝蜂地去“赶时髦”，而是需要进行先实验，后推广，再普及的过程，进行有步骤、有节奏地稳步推进。

（七）加强校长实名制度的信息化

在当今的信息化时代，信息的传递速度是惊人的。因此，教育领域内部需要关注教育信息化，通过教育信息化实现教育现代化。同样，在校长实名推荐制推进的过程中，需要促进信息化，构建以网络为媒介的校长实名推荐制信息化网络。第一，促进校长实名制度的宣传的力度。第二，为学生提供校长推荐实施过程中所需要的申请材料提供更加快速的信息渠道。第三，为高校了解和审核中学校长以及所推荐学生的情况提供更加快速、准确的信息。第四，为社会公众评价和监督校长实名推荐制提供信息化条件。第五，为改

进校长实名推荐制提供信息化的舆论平台。

（八）构建校长实名推荐制的大环境和开展氛围

（1）教育体制进一步改革。进一步推进教育体制的改革，第一，改革高校招生制度，给学校以完全自主招生权，让高校具有招生自由。第二，改变大学本科人才培养模式，关注创新人才和学生的职业兴趣培养。

（2）进一步推进新课程评价改革。我们知道，高考改革与新课程改革之间是一种互动关系，高考改革可以促进新课程改革，新课程改革也会影响和促动高考改革。因此，在高考改革过程中，需要进一步推进新课程改革：第一，新课程评价理论的改革。新课程改革需要先进的科学理论指导，需要进一步探索包括后现代主义理论、多元智力理论、建构主义理论等的新课程评价理论，为新课程改革和高考改革提供理论支撑。第二，新课程评价方法的改革。新课程需要不断去探寻各种评价方法如质性评价方法等，为新课程评价和高考提供可资参考的评价方法。第三，新课程评价内容的改革。新课程评价内容需要改革，包括“高中文理分科取消的必要性和可行性”等问题的解决，切实为新课程评价和高考改革奠定基础，实现知识与技能、过程与方法、情感态度价值观等新课程改革所倡导的三维目标，为校长实名推荐制提供可以参考的评价指标体系。①建构高校自主招生文化。校长实名推荐制不仅是一种教育制度，而且是一种高校招生理念的变革和文化的形成。因此，在高考改革过程中，需要建构高校自主招生的文化，形成一种兼容并包、民主自由、个性发展的招生模式，招收综合素质高等各种类型的优秀人才。②全社会给予校长实名推荐制以关心的氛围、包容的空间和关注的姿态，让校长实名推荐制具备良好的群众基础和社会环境。在当前高考改革背景下，尽管高考改革是一件比较困难的事情，实施校长实名推荐制也比较困难，但就像鲁迅先生所说，“愈艰难，就愈要做。改革是向来没有一帆风顺的。”我们可以尝试不同的实施方案推进高考的改革，这需要一个宽松的氛围。③处理好相关利害关系。校长实名推荐制的推进是一项复杂的教育系统工程，该做法关系到千万人的利害关系，因此需要处理好以下一些关系，包括：高校与高校之间的高招竞争和合作关系、高校招生与中学校长推荐的关系、高校招生与学生的关系、高校招生与学生家长的关系、中学校长与学生家长的关系，等等。

四、结语

不可否认，校长实名推荐制是新课程评价改革和高考改革过程中一项重大的教育实践和教育探索，值得去进行和开展。但是，在校长实名推荐制推进过程中，可能会出现《爱弥儿》中所指出的“出自造物主之手的东西，都是好的，而一到人的手里，就全变坏了”的现象，因此，我们需要进一步去关注、去思考、去研究、去实践、去监督、去引导、去把握校长实名推荐制。

参考文献

[1] 郭松民.“校长推荐制”应当慎之又慎［N］. 齐鲁晚报，2009-07-14.

[2] 钟一苇. 校长推荐制背后的公众忧虑［J］. 政府法制，2009（25）：39.

[3] 张东阳. 推进“校长实名推荐制”的关键在公开［J］. 湖北教育（时政新闻），2009（48）.

[4] 王旭明. 校长推荐制：一道美妙而难念的经［N］. 北京晨报，2009-11-18.

[5] 武大前校长刘道玉痛批北大“校长实名推荐制”［N］. 长江商报，2009-11-18.

[6] 北大自主招生试点 中学校长可推荐学生［N］. 新京报，2009-07-13.

[7] 熊丙奇. 谈“北大校长推荐制”与教育改革［EB/OL］. http://www.people.com.cn，2009-11-25.

[8] 刘武俊. 让考试与法律亲密接触［N］. 中国石油报网络版，2003-06-06.

[9] 前溪. 完善“校长实名推荐制”离不开公众监督［N］. 北京青年报，2009-11-23.

高考问责制的探究

一、前言

作为我国社会广大人士都比较关注的2014年的高考已经悄然过去，但是高考给我们留下了许多值得思考和研究的问题。高考，是中国的普通高等学校招生全国统一考试的简称，也是中华人民共和国的重要的全国性考试之一。高考关系到社会领域的各个方面，牵扯到千家万户的利益，所以高考备受关注。可其中也不乏有对高考提出的质疑和反问，特别是在高考过程中出现的一系列有关责任追究的问题，往往没有很有效地去追究责任人，没有很好的去预防高考事故的发生，没有相应的高考舆论监督。可见，高考问责制的推进是符合高考改革与发展的需要、符合社会广大人士的利益的。

二、高考与问责制的阐释

（一）高考

（1）高考的含义。高考（National Matriculation Test），一般指新中国的高等教育入学考试，全称为普通高等学校招生全国统一考试。到目前为止，有普通高校招生考试、自学考试和成人高考三种形式，本论文的“高考”特指第一种考试，是指合格的高中毕业生和具有同等学力的考生参加的选拔性考试。高等学校根据考生成绩，按已确定的招生计划，德、智、体全面衡量，择优录取，因此高考是考生选择大学和进入大学的资格标准，是国家考试之一。它由国家统一组织调度，国家或省专门组织命题，统一时间（部分省市考试科目较多，结束时间较晚些）考试。

（2）优点。第一，高考可以最大限度地实现人才科学、公平地选拔。考试的形式是闭卷考试，考试内容由国家教育部统一划定（高考考试大纲），考试采用笔试方式。高考具有较高的信度、效度、必要的区分度和适当的难度，因此，高考相对来说是一种比较公平的考试。第二，高考能锻炼学生的能力、磨练青少年的意志。高考不仅是水平测试、一种淘汰型的考试、知识与技能的考核、创新能力的测试，让学生不断提高理论知识水平和技能技巧，同时高考也是一场“没有硝烟的战争”，需要考验学生的多方面的心理素质，磨砺学生的意志。第三，提高基础教育的水平。高考是课程实施的一种课程评价方式，也是一种相对性评价，通过高考来引导和考察基础教育教学概况，可进一步提高基础教育教学水平。第四，为农村学子改变自身经济地位提供条件。教育改变命运，知识改变人生，通过高考的竞争可让更多的农村学子去读大学改变自身的经济地位。第五，形成崇尚知识的良好氛围。高考让更多人认识到了知识的重要性，从而去尊重知识，不断去学习知识，在全国范围内形成崇尚知识的良好社会氛围。

（二）问责制

（1）问责制的含义。第一，问责制，从中文字面上来解释，问指审问、追问；责指责任；制指制度、体系。联合起来看，问责制就是追究责任的一种制度。第二，英文名称是 Accountability System。这个在西方社会早已实施的人事制度，意思是从民选中当选的国家首长亲自选出合适的官员来负责各项事务。当政策出现失误时，那么犯错的官员将要离职以示向首长问责。如果因犯错而引致政策失误过于严重的话，首长便须下台。向其他官员和市民问责。第三，法律术语的问责制。法律术语的问责制称之为法律责任的追究。根据宪法和法律，政府及其公务员必须承担应由它（他们）承担的责任，包括道义责任、政治责任和法律责任。同时，政府还必须接受来自内部和外部的监督，以保证责任的实现。这是为增强官员的责任感而设置的一道“紧箍咒”，从而使这些人民公仆真正做到“权为民所用、情为民所系、利为民所谋”。教育工作者常常被当作为公务员，因此需要承担教育责任。

（2）问责制的内容。问责制中的“责”，主要指责任。责任包括道德责任、政治责任、法律责任、行政责任。

（3）问责制的构成要素。第一，问责的主体，即谁来提出问责。第二，问责的客体，即问责的对象。第三，问责的范围，即哪些问题是属于需要追究责任的。第四，问责的程序，即怎么样去实施问责。第五，问责的告知、报告，即需要报告问责的进展程度。第六，问责的处理，就是责任人需要承担与其行为相应的责任。

三、高考问责制的缺失所导致的问题扫描

（一）高考监考问题

在高考监考过程中有以下几个方面的问题：①监考老师直接给学生传递答案。2004 年，江西省发生一起高考监考老师舞弊事件。②监考老师默认学生作弊。2010 年广东紫金曝高考集体作弊案，考生带手机进场查答案，监考教师默认学生作弊。

（二）高考移民问题

（1）通过国内地区之间转换所进行的高考移民。“高考移民”是中国高等教育中的特殊现象。由于中国幅员辽阔、考生众多，且各地区之间教育水平存在较大的差距，所以实行各省、市、自治区分别进行评卷和划定高考录取分数线的政策。部分考生利用各地存在的高考分数线的差异及录取率的高低，通过转学或迁移户口等办法到高考分数线相对较低、录取率较高的地区应考，这被称为“高考移民”。大体而言，高考移民的移入地区分为三类，一是京、沪等经济水平高而高考录取分数线低的直辖市，二是海南、安徽等经济水平低且高考录取分数线也低的东部省份，三是海拔高、经济和教育水平低而高考录取分数线更低的西部地区，包括西北和西南省区。

（2）通过跨国所进行的高考移民。通过篡改和变换获得外国国籍，以“留学生”的身份到我国发达城市大学来读书。如 2006 年，北京、上海、广东、江西、浙江等省市都发现，有国内高考落榜生以“外国留学生”的身份，持伪造的护照和相关证件“曲线高考”进入内地数所名牌大学。同时，在《北京大学医学部 2007 年留学生入学考试录取名单》中，通过考试录取留学生 48 名，其中 25 名为几内亚比绍籍。而在《2008 年北京大学医学部外国留学生录取名单》的 54 名留学生中，有 22 名为几内亚比绍籍。“一个仅有 160 万人口的西非国家，其留学生人数却占据了中国顶尖大学医学专业留学生的近半比例，这让人难以相信。”网友“雷人”质疑说，“除了‘跨国高考移

民’，似乎找不到其他的理由来解释这两份名单。”

（三）高考招生录取问题

（1）伪造档案，冒名顶替上大学。高考招生录取过程中，一部分人为了上大学，不惜采取冒名顶替的非法行为。这一做法以2009年震惊全国的罗彩霞事件为代表。关于2004年王佳俊假冒罗彩霞之名进入贵州师范大学后，纸质档案是否也随假罗彩霞一并进入贵州师大，成为众人关注的焦点，也成为有关教育部门是否参与此黑幕的重要证据之一。王佳俊父亲利用职权之便将罗彩霞的高考档案改为王佳俊的档案，冒名顶替罗彩霞上大学这一事件的责任处理直到今天还没有很好的解决。

（2）加分政策频现幕后交易。根据报道：2009年6月，一则消息在重庆市迅速流传：重庆巴蜀中学2009届考生中共有74名来自少数民族聚居区的学生，而按照现行高考加分政策，这些学生每个人都可以获得20分的高考加分。甚至有人传言巴蜀中学享受高考加分政策的人数有200多人，而这些可以获得加分的考生，主要集中在巴蜀中学尖子云集的3个清北班（即重点班）。当重庆市直属的一中、南开中学（南三中）、八中、川外附中的老师们分别向考生们公布这个消息时，许多孩子趴在课桌上当场痛哭。因为尖子生的差距，常常就在几分之间，有时候1分就足以改变一个学生的命运。备受媒体关注的何川洋等31名高考学生因为伪造少数民族，其加分被取消录取资格的事件，充分反映了高考录取过程中问责制缺乏的问题。

四、高考问责制的构建策略

（一）树立高考问责制的理念

高考作为一种国家级的考试，俗称“国考”，需要维护其严肃性、公正性和公平性，因此需要加强对高考责任的追究。在对此问题的思考过程中，首当其冲的是需要树立高考问责制的理念。第一，学校方面需要加强和树立高考问责制的理念和责任意识，以校长为主要责任人，包括教师以及其他教职员工在内的教育责任人，需要牢固树立一种责任意识。第二，学生和学生家长需要具有问责意识，一旦发现高考过程中学校教育者出现不负责任的情况或者出现重大教育事故，就需要树立问责意识，去追究责任人的责任。第三，关注高考的广大社会人士需要加强对高考问题与事故的关心，去问责高考事故相关的教育工作者。

（二）以法律形式确立高考问责制

（1）以法律形式确立高考问责制。在高考方面，我国已经有了《中华人民共和国教育法》《中华人民共和国宪法》等相关法律法规，但是我国还需要不断加强法律的制定，如制定《中华人民共和国考试法》等法律法规，继续完善考试方面的法律法规，将问责制纳入到法律体系，做到“有法可依”，形成在高考过程中的教育问责制度。从高考的组织考试，到高考监考，再到高考阅卷，一直到高考招生录取等高考全过程中都需要加强问责制。

（2）严格执行高考问责制，做到“有法必依”。在以法律形式规定和制定高考问责制的背景下也需要在高考过程中去严格执行，该追究的情况就必须坚持追究责任，做到“有法必依”。

（3）在实施高考问责制过程中，需要严格按照问责制的操作程序，去解决高考事故，做到“执法必严”。

（4）高考事故的处理，需要做到“违法必究”。在坚持高考问责制的前提下，一旦出现高考事故，就需要去追究出现高考事故的当事人的责任，从而做到“违法必究”。

（三）加强高考问责制的教育与培训

高考问责制作为一种理念与制度，具有自身的特点和一个完备的理论体系以及操作程序。因此，掌握高考问责制需要一定的认知和一定的学习。加强高考问责制的教育与培训是推进高考问责制的一种重要手段，第一，让教师和广大社会人士培养高考问责制的意识与理念。第二，需要加强高考问责制的广泛宣传，让包括校长、教师在内的广大教职工了解高考问责制的重要性。第三，让教职工接受高考问责制的教育与培训，让其认真学习和深刻领悟高考问责制的精神内涵，并懂得具体的操作程序。

（四）坚持高考问责制的原则

（1）对责任全面追究的原则。在高考问责制过程中，行政责任和法律责任只要满足制度和法律规范预先设定的条件就可以依据相关规定进行追究，但是政治责任和道德责任是依据民主内涵和社会公众的认可与接受程度等多种因素形成的是非标准来判定。这样一来，导致后面两种责任常常处于模糊状态，因此，我们需要进行全面的责任追究。

（2）效率原则。即在追究高考事故的责任处理过程中，需要尊重科学，按照客观规律办事，要求责任主体在行使职能、追究责任对象的责任时，要尽可能争取短的时间，对公众作出合理的回应。

（3）责任原则。责任原则主要是指高考过程中的责任主体依据何种标准来承担责任的法律规范的总称，如过错责任原则、无过错责任原则、公平责任原则等。

（4）平等原则。平等原则是指在高考问责过程中，问责主体与问责对象的法律地位一律平等，所有问责主体和问责对象的双方，在问责过程中的行为均应遵循这样的准则。

（5）公开原则。在高考问责过程中，严格坚持信息公开、透明原则，让更多的社会人士与舆论来监督与知情。

（五）促进高考问责制的实施

（1）将高考问责制作为高中教育工作者的一种行为准则。高考问责制需要从理念层面走入到实践行为中来，高中教育工作者需要在高考过程中将问责制落实到具体的行为中来，用以约束自身的教育活动和教育行为。

（2）将高考问责制作为一种高考文化，高考问责制不仅是一种高考制度，更是一种高考文化，一种对高考负责任的文化存在，通过高考文化的展现，让广大教职工树立高考问责制的思想意识。

（3）严格高考问责制的程序。对于高考问责制的程序来说，我们需要做到：第一，清晰厘定高考问责的主体，即谁来对高考事故提出问责。第二，明确高考问责的对象，充分划分高考责任。在高考过程中，需要将高考责任具体落实到每一个阶段和过程，具体表现为有组织考试责任者的责任、有高考监考的责任、有招生录取阶段的责任等，需要具体明晰。第三，问责的范围具体化，即哪些问题是属于需要追究责任的，对于权责需要明确，问责的范围不仅限于重大事故的处理，而其他领域的过失或无为责任也需要纳入到问责范围，将问责的范围具体化。第四，制定高考问责的具体操作程序，即怎么样去实施高考问责。第五，坚持高考问责的报告制度，当面临高考问责时，需要报告问责的进展程度，不仅让问责当事人知道问责进展状况，而且向社会广大人士和社会舆论进行报告。第六，加强对高考问责的处理，对于责任后果，需要高考事故的责任人来承担与其行为相应的责任。

（六）以信息化为平台，促进高考问责制的构建

教育信息化是当代教育领域发展的一个重要趋势，也是教育现代化的一个重要内容和前提，教育信息化是构建高考问责制的重要平台。一方面，教育信息化为高考问责制构建提供信息化的手段，另一方面，教育信息化也是高考问责制构建的一个内容。因此，需要促进高考问责制的信息化。

（七）建立高考监督机构，保证高考问责制的实行

监督是一种察看并督促，高考问责制当然需要察看与督促。高考问责制的责任包括政治责任、行政责任、法律责任、道德责任等方面。高考问责不仅承担行政责任、政治责任，更加需要承担道德责任、法律责任，因此要建立一个法制化、程序化的问责制度，需要加强监督。因此，在高考问责制的实施过程中，需要建立和健全高考监督机构，保证问责制的实行。

（八）借鉴美国等发达国家的高考问责制

在高考问责制的构建过程中，我们可以借鉴发达国家构建问责制的经验。如美国构建的教育问责体系中包括了职责（即参与教育活动的各方的具体职责）、标准（即定出学校教育应达到的结果）、评估（即考察学校和学生，评价其表现，得出数据）、报告（即州、学区和学校通过制作报告卡将有关学生成绩的信息呈现给大众）和奖惩（即根据评估结构对州、学区、学校进行奖励或者惩罚）等几个构成要素，而且美国特别重视问责报告制度。通过借鉴美国等发达国家的问责制经验，来创设我国特色的高考问责制。

（九）加强高考问责制的研究

构建高考问责制的过程是一个长期的系统工程，不是一蹴而就的。因此，需要我们教育工作者不断去研究，不断去实践，在实践中改进，在研究中创新，从而形成一个比较完善的高考问责体系。

五、结语

高考问责制是一种关于追究责任的制度，它的构建对于促进高考改革具有重大的价值与意义。因此，我们需要关注高考问责制的建构，不断去思考和探索。

参考文献

[1] 冯瑶．美国教育问责制及其启示［J］．基础教育参考，2007（8）：31－32.

[2] 张斌．美国教育问责报告制度及其启示［J］．当代教育科学，2006（16）：20－21.

[3] 徐熙．论我国行政问责制的建构与完善［D］．山东曲阜：曲阜师范大学，2009.

[4] 熊国英．高考录取中的舞弊伎俩透析［J］．江西教育：管理版，2010（4）：20－21.

[5] 刘万永．罗彩霞被冒名顶替上大学续：身份信息仍未恢复［EB/OL］．http：//news. sohu. com/20091116/n268227555_ 2. shtml.

综合实践活动评价的问题与改进策略

——基于评价过程中出现问题的思考

毋庸置疑，综合实践活动是我国基础教育课程改革中的一个亮点，是对单一的学科课程传统的有效的改革和创新。综合实践活动，包括了研究性学习、劳动与技术教育、社区服务与社会实践、信息技术教育四个学习与实践领域。2001 年颁布的《基础教育课程改革纲要（试行）》中指出，从小学到高中都设置综合实践活动。如今开设综合实践活动已经十多年，在这些年中，在中小学课程与教学领域中进行了不断的理论和实践探索，取得了一定的成绩。从综合实践的理论研究来看，在著作方面主要有华东师范大学张华教授著的《综合实践活动课程研究》、湖南师范大学张传燧教授著的《综合实践活动课程论》、东北师范大学熊梅教授编著的《综合实践活动的开发与设计》、中央教科所田慧生主编的《综合实践活动实施中的问题与策略》、华中师范大学郭元祥教授主编的《综合实践活动课程国内外案例分享》等系列的研究；从论文方面来看，到目前为止，从中国知网上课程发现 2001—2010 年发表的关于"综合实践活动"的相关论文共 1673 篇，而以"综合实践活动评价"为篇名进行搜索，发现近 50 条相关研究。可见，对于综合实践活动课程，我国教育理论界和实践界都是比较重视的。

"建立促进学生全面发展的评价体系"（基础教育课程改革纲要）是我国基础教育课程评价体系改革的愿景。但是，对于综合实践活动的评价领域来说，在综合实践活动课程开展中，还有许多关于评价的问题需要继续探讨。因此，笔者就综合实践活动学习领域中的评价问题进行探讨和研究，以便为我国综合实践活动实践的深入发展和理论的研究提供些许建议与策略。

一、综合实践活动评价中遭遇的问题

（一）教师不能恰当有效评价学生

在综合实践活动实施过程中，出现了一些老师不知道如何评价学生的现

象，不知道怎么样才是达到了综合实践活动课程目标。如某小学的音乐老师在音乐课程《茉莉花》教学中以“国际理解教育”为课题进行综合实践活动主题学习，给学生展示了张也演唱的《茉莉花》版本、宋祖英在奥地利维也纳金色大厅演唱的版本等不同版本，希望通过视、听、欣赏、学唱，让学生感受作品风格，掌握音乐演唱技巧，从而感受民族音乐的发展变化，领悟国际理解教育，感受音乐课程中的国际理解教育。但是，该音乐教师在课程实施过程中，不知道怎么去评价学生，怎么样才算达到目标。现实的综合实践活动课程实施过程中，这样的案例不一而足。可见，教师不知道采用什么样的标准来评价学生的学习仍然是一个“存在”的问题。

（二）教师缺乏对自身综合实践活动课程设计和学习指导的反思性评价

对于综合实践活动的评价，教师需要对学生学习的指导和课程设计进行反思评价。例如，一位教师讲《生活与安全》，在联系生活、发现问题这个环节，教师放出四幅幻灯图片。第一幅：学生危险的骑车动作。第二幅：学生往楼下扔东西。第三幅：乘汽车时往外伸头。第四幅：横穿马路。这四幅图的问题都属一类，即学生日常生活中的不安全行为。事实上，关于生活与安全的话题很广泛，教师只列出了这些类型而没有考虑到其他方面，也没有让学生去从另一个角度去思考，这就是教师需要认真去反思自己的课程设计和学生的指导。

（三）教师没有坚持正确的评价原则

在综合实践活动评价学生的过程中，虽然《综合实践活动课程标准》中强调教师需要“以过程评价为尺度”，但是过程性评价不等于不要学生学习和探究的结果，不等于只重视“形式”评价，“重过程”不等于“走过场”。综合实践活动评价不能忽对学生学习内容的评价，进而对学生问题意识的形成和解决问题的能力进行发展性评价。

（四）教师没有全面理解评价目标

综合实践活动的目的就是为了促进学生实践能力和创新能力的发展。同时，综合实践活动是“基于学生的直接经验，密切联系学生自身生活和社会生活，体现对知识的综合运用的课程形态。”[1]因此，综合实践活动评价需要关注学生的生活经验和探究的体验，学习兴趣的发展等方面的评价。但是，在综合实践活动课程评价过程中，一些学校和教师往往忽略了对学生的直接经验的评价，忽视了对学生的生活经验和终身学习兴趣培养的评价。综合实践活动评价目标的导向，导致形成学校综合实践活动中“有实践，没有探究”“没有问题意识的形成”“有活动，没有研究”“学生的主体意识还是跟不上”“有学生之间的活动相互配合，也有学生与教师之间的活动配合，但是没有学生的真正合作和学习共同体的形成”等问题。

（五）教师缺乏一定的评价理论

“理论是行动的先导”，即没有正确、合理的评价理论就不会有正确的评价行为。在综合实践活动开展中，教师心中没有形成一定的评价理论，而没有评价理论作支撑，就会导致教师在综合实践活动评价过程中一方面没有一定的评价标准，另一方面不知道怎么样去开展学生评价活动，甚至是“一头雾水”。

（六）综合实践活动评价没有达到教师发展、学生发展、课程发展的目标

《基础教育课程改革纲要》中指出，课程评价需要实现教师发展、学生发展、课程发展的目标，综合实践活动课程也需要实现这个目标。但是，由于综合实践活动评价操作的不当，导致该课程评价没有更好地实现教师的专业发展，没有实现学生更好的自主发展和个性发展，也没有更好地达到课程的发展。

（七）缺乏在线的综合实践活动评价

当今时代是一个信息化时代，而且综合实践活动本身就强调了“信息技术教育”，但是在综合实践活动评价中忽视将评价与以网络为平台的信息技术结合起来，很少或者没有进行学术网络在线对综合实践活动中学生学习进行评价，特别是学生在线同伴评价的缺失。

（八）评价方式的局限性和单一性

综合实践活动评价的操作过程中，因为“在具体操作中，‘档案袋评定’

与‘协商研讨式评定’等方法被认为是非常有效的评价方法。”[2]因此，在综合实践活动评价过程中，许多教师都一窝蜂地去采用档案袋评价和协商式评价，忽略了其他方式如学生同伴评价、轶事记录评价、认知测验评价等多元化的评价方式方法。

（九）评价主体缺乏多元性

在综合实践活动评价主体的选择上，学校和教师往往出现评价主体的单一性，即只是把教师和学校领导看做是评价的主体。学校领导和教师是综合实践活动评价主体，这是学校教育教学中应该肯定的评价主体。但是除了学校领导和教师作为评价主体之外，学生家长、学生同伴、学科专家等都可以作为学生学习的评价主体。

二、综合实践活动评价改进策略

（一）前提：正确理解综合实践活动课程的特点

为了更好的评价综合实践活动，我们需要了解其特点。综合实践活动具有下列特点：①整体综合性。第一，综合实践活动是一个整体综合课程，包括了研究性学习、劳动与技术教育、社区服务与社会实践、信息技术教育四个学习与实践领域，这四个领域是整合的。第二，世界是一个整体的世界，“个人、社会、自然是彼此交融的有机整体”[2]可见，学生生活的周遭世界也是一个整体。第三，参与综合实践活动的教师和学生具有丰富的思想、情感、态度、价值观，是整体的人。②实践探究性。综合实践活动是基于学生的现实生活，以生活为出发点进行探究，进行实践。同时，综合实践活动以“活动”为主要展开形式，在活动中，在探究中，在体验中，在实践动手中完成关于课题资料的搜集、分析问题、解决问题的过程。③合作性。综合实践活动强调学生之间的合作意识的培养，关注学生在实践活动中进行相互交流，相互配合，共同探究，进行经验交流。因此，综合实践活动具有合作性。④开放性。综合实践活动一方面强调世界是开放的，学生是对自然和社会生活中的问题进行自主探究与发现问题的过程，因此综合实践活动学习过程具有开放性的特点。另一方面强调综合实践活动课程资源的开放性，学生可以从自然和社会生活中挖掘可能发掘的资源，因此综合实践活动资源具有开放性。⑤生成性。综合实践活动中知识的结果、问题的答案与探究的结论往往是学生自己得出来的，不是教师交给学生现有的结论和标准的答案，尽管可能有时学生的答案是可笑的或者与原有答案背道而驰，但是这是学生的探究结果，是学生亲历体验出来的结果，是具有一定价值的。因此，生成性是综合实践活动的重要特征。

（二）基础：构建综合实践活动评价体系

对于综合实践活动评价，目前来说还没有建立一个统一的评价体系。因此，笔者认为，我们还需要努力去构建一个评价体系。台湾地区已经颁布和形成了“综合实践活动教师专业评价”的评价体系，从教师专业角度对综合实践活动中的教师进行评价，从而规范教师的课程实施与教学。但是，大陆地区还没有去进行教师专业化标准和评价体系的构建，导致综合实践活动教师评价体系的缺失。而综合实践活动中的学生评价体系也比较缺乏，从目前研究者的研究论文来看，包括从事课程研究的专家和综合实践活动的一线教师在内，从事关于综合实践活动学生评价的研究并不多见。所以，在基础教育课程改革深入发展的阶段，需要进一步去思考和研究构建课程评价体系和综合实践活动评价体系。

（三）条件：全面把握综合实践活动的评价内容

布卢姆是美国著名的心理学家和教育家，他在《教育目标分类学》中将教学目标分为：认知目标、情意目标、动作技能目标。这三个目标的分类与我国提倡的“三维目标”：知识与技能、过程与方法、情感态度价值观等是一致的。在综合实践活动评价过程中，我们需要全面理解综合实践活动的评价目标，这是评价的条件。

（1）认知领域的评价：学生的知识认知方面的评价。第一，综合实践活动评价需要重视学生对问题的认知能力的评价。第二，综合实践活动评价需要重视对学生的探究能力的评价。第三，综合实践活动评价需要关注形成学生的分析能力、综合思维方面的评价。第四，综合实践活动评价需要关注学生认知判断力培养的评价。

（2）情意领域的评价：学生的兴趣、态度、情感评价。在综合实践活动评价的情意领域，主要有以下几个方面：第一，综合实践活动评价需要关注学习生命的回归，重视学生的生命体验，重视学生的人与自然的生态和谐，人与社会的动态和谐等方面的评价。第二，综合实践活动评价需要关注学生学习习惯的养成，终生学习的兴趣和意识，学习的快乐等方面的评价。第三，综合实践活动评价需要重视学生对自我、对社会、对自然等方面情感态度价值观的培养等方面的评价。第四，综合实践活动评价需要关注培养学生的学术自由、学术道德等方面的评价，还需要关注“注重学生对问题研究的过程以及研究过程的思维训练和方法运用”等方面的评价。

（3）动作技能领域的评价：实践能力、创新能力与技能。综合实践活动是具有实践性的，关注学生在“做中学”，在学习实践中获得个性发展，在探究中体验学生的快乐。因此，综合实践活动评价需要关注：第一，评价关注学生的实践意识和动手操作实践能力的培养。第二，评价重视学生的创新能力的形成。第三，评价注重学生活动中的表现，“增强学生的成就感和提高学生的表现能力”[3]等方面的评价。

（四）关键：树立科学的综合实践活动主题学习的评价原则

（1）坚持过程与结果相统一的原则。《综合实践活动课程标准》指出评价需要“重过程、重应用、重体验。”这里强调了对综合实践活动过程的评价，关注学生的学习经验，学习过程中的体验，重视学生的问题探究以及搜集资料、分析问题、解决问题等学习实践过程评价，但是我们教师在评价学生的时候也需要关注学生学习能力培养、学习态度的生成等学习结果的评价。

（2）坚持学生主体性原则。主体性就体现在综合实践活动中，让学生树立起一种主人翁态度去参与到学生中去，进行自主探究，自我体验，培养学生的问题意识以及研究的兴趣。在综合实践活动评价中需要遵循“合作原理、差异原理、参与原理”[4]让学生积极参与综合实践活动，充分发挥主体基础上的合作，尊重个性差异。

（3）坚持教师指导性原则。在综合实践评价过程中，我们需要培养学生的主体性、能动性、创造性，同时，不能忽视教师的指导，因为学生的生活经验和知识往往是杂乱无章的，因此，学生思维发展与形成，知识的建构等都离不开教师的指导。所以，在评价学生的时候，需要关注对教师的指导的评价。

（4）坚持发展性原则。基础教育课程改革的出发点和归宿就是“为了中华民族的复兴，为了每位学生的发展。”综合实践活动的开展也是为了每个学生的发展。因此，在对综合实践活动进行评价过程中需要坚持发展性的原则，“重点应在评价学生的发展层次和发展水平上。”[5]因此，综合实践活动评价需要着重于学生的探究能力的培养和终身学习兴趣，着重于学生的未来发展。

（5）正向评价、积极鼓励原则。综合实践活动并不是要求学生一定要像科学研究人员那样注重研究课题的社会价值和经济效益，因此，评价综合实践活动应该是“多元的、立体的，以正面评价、积极鼓励为主”。

（五）途径：恰当的综合实践活动主题学习的评价方式

（1）应用情境式评价。应用情境式评价，主要是指具有相当评价专业素质的教师，编制与学习结果应用情境相似的模拟测验情境，让学生表现所知、所能的学习结果。这种评价的特点：[6]强调实际生活的表现；着重较高层次的思考与解决问题技巧；重视学生学习的个别差异；适宜年龄幼小、发展较迟缓的学术；促进学生自我决定与负责；请求评分、标准与人员的多元化；强化沟通与合作学习能力；兼顾评价的结果与过程；着重统整化、多样化的评价；强调专业化、目标化的评价；强调教学与评价的统合。

（2）档案袋式评价，又称学习档案评价或学生成长记录袋评价。这个评价方式是美国 20 世纪 80 年代以后流行的学生评价方式。档案袋是指由学生在教师的指导下，收集起来的，可以反映学生的努力情况、进步情况、学习成就等一系列的学习作品的汇集，它展示了学生某一段时间内、某一领域内的技能的发展。这种评价的特点：促进评价与教学相结合；促进学生主动学习；全面深入地展示了学生的学习能力；体现了师生之间的合作；提供了学生发展的证明。

（3）口头语言式评价。我们知道：学问二字，从字面上去理解就是有“学”、也有“问”。问问题具有重要的价值，如美国学者 Airasian 认为，“问问题”具有下列价值和功能：“提高参与感；加深思考过程；增强同伴互动与学习；利于掌握教学进度；提供诊断资料作为教学补救的参考。”[7]可见，通过向学生问问题来评价学生的学习，具有下列优点：评价学生的概念的完整性；可以更好评价学生的认知与情感；改善学生的学习方法与态度；能及时了解学生的学习情况；有利于师生沟通。

（4）游戏活动式评价。“游戏不仅是幼儿的专利，其具有体验性、主体性和综合性等课程价值，与综合实践活动的价值取向有着内在的契合。”游戏活动式评价，就是通过游戏活动等活泼生动的教学，在教学过程中进行评价。综合实践活动倡导将知识与生活联系起来，将课程中的经验与学生生活经验关联起来，让学生去体验，做到“在做中教”“做中学”“在活动中发展”，实现“教学做合一”，那么在评价这些探究活动实践活动过程的时候，采用游戏的方式，正适合追求人性化、生命化教育理念的一种彰显。

（5）轶事记录式评价。大家都知道，“轶事”是指那些世人不知道的史事，在这里主要是指除了在综合实践活动之外，教师观察学生日常生活表现，详细写下重要而有意义的偶发个人事件和行为的记录。轶事记录可以作为评价学生的“佐证资料”。“若能以老师在班级情境的直接观察作为佐证资料，当能提高评量结果的效度。”

（6）学生同伴式评价（Peer Assessment，PA）。同伴评价，主要是指在综合实践活动中参与活动的学生对其同伴的一种评价。第一，同伴评价有利于综合实践活动中学生之间的相互交流，相互学习，形成学习共同体。“同伴评价是一种合作学习。”[8]第二，同伴评价促进学生的学习能力的提高，“同伴评价，作为一个学习工具，评价同伴能为学生形成关于什么能构成高品质的学习提供技巧”[9]

（7）协商研讨式评价。主要是指在民主平等的基础之上，展开协商研讨来进行学生评价的一种评价方式。该种评价的优点是：一种民主平等的环境和氛围；促进相互交流与沟通；促进人际关系的和谐；让教师“增加与学生交流的机会。”[10]

三、结语

综合实践活动开展过程中取得了一定的成绩，但是瑕不掩瑜，也遭遇了一些问题，其中综合实践活动评价是一个重要的问题。因此，我们需要去构建合理的科学的评价体系，以便更好地促进综合实践活动的发展，促进教师专业发展和学生的发展。

参考文献

［1］辛继湘. 综合实践活动实施的目标取向与实施策略［J］. 课程教材教法，2001（11）.

［2］张华. 论“综合实践活动”课程的本质［J］. 全球教育展望，2001（8）.

［3］熊梅. 浅谈综合实践活动课程实施的样态特征［J］. 中国教育学刊，2001（3）.

［4］钟启泉. 综合实践活动课程的设计与实施［J］. 教育发展研究，2007（2A）.

［5］钟启泉，崔允漷，张华. 为了中华民族的复兴、为了每位学生的进展：《基础教育课程改革纲要》解读［M］. 上海：华东师范大学出版社，2001.

［6］李坤崇. 综合实践活动学习领域之多元评价［J］. 教育研究月刊，2008（1）.

［7］AIRASIAN PW. Assessment in the classroom［M］. New York：McGraw – Hall，1996.

［8］NANINE A E VAN GENNIP，et al. peer assessment as a collaborative learning activity：the role of interpersonal variables conceptions［J］. Learning and Instruction，2010（2）.

［9］TOPPING KJ. Peer assessment between students in colleges and universities［J］. Review of Educational Research，1998（6）.

［10］张传燧. 论综合实践活动的实施［J］. 课程教材教法，2002（7）.

第五部分

基础教育课程改革的比较研究

台湾三生教育与云南三生教育之比较分析

2008 年，云南省颁布了《中共云南省委高校工委云南省教育厅关于实施生命教育生存教育生活教育的决定》（云高工〔2008〕44 号），标志着云南省正式启动了“三生教育”的教育理论研究和教育实践，即在学校教育中开展生命教育、生存教育、生活教育。经过两年来的理论和实践，对于三生教育的讨论和思考日益增加，包括在网络上的热议。从中国知网上可以搜索到 100 余篇以“三生教育”为主题的研究论文，从理论上越来越多的学者已经开始关注。从实践上来看，大家也比较重视三生教育。无独有偶，台湾也提出了三生教育。在台湾当前的重视卓越教育，优质教育的理念下，2008 年吴清山教授刚担任台北市教育局长的时候，就提出了三生教育，即生活教育、生命教育、生态教育。他认为，“学生除了会考试，还要会生活，培养学生不同的技能与良好的品德行为，更要积极关怀生命，爱惜自己，不能欺负他人，面对现在世界范围内都重视环境教育，当然人人要重视生态问题。”[1] 于是台湾也开始重视三生教育。通过对云南与台湾三生教育的比较，我们发现了很多相同之处，当然，也有一些不同之处。在两者的比较基础之上，我们需要进行反思。

一、台湾三生教育与云南三生教育不同之处

（一）指导思想不一样

云南三生教育的指导思想是：第一，实施“三生教育”要坚持以邓小平理论和“三个代表”重要思想为指导，深入贯彻落实科学发展观。第二，坚持建设社会主义核心价值体系，弘扬以爱国主义为核心的民族精神和以改革创新为核心的时代精神。第三，坚持遵循学生身心发展规律和教育规律，培养学生的高尚心智、创新精神和实践能力。台湾三生教育的指导思想是：第一，台湾三生教育关注国际理解教育思想，重视培养地球村的公民，树立学

生的环境教育意识。第二，台湾重视卓越教育思想，打造优质教育，培养优秀人才。第三，关注生命的发展，重视生命的价值，实现教育对生命的发展。

（二）三生教育的目的不一样

台湾三生教育提出的目的是：第一，培养学生不同的技能与良好的品德行为。第二，倡导生命关怀。第三，针对环境和生态问题提出的。第四，培养完整的个体，形成学生的完全人格，实现全人教育。第五，打造台湾优质教育。第六，丰富学生的学习内容，扩大学生的视野。云南三生教育提出的目的是：第一，通过生命教育，使学生认识人类自然生命、精神生命和社会生命的存在和发展规律认识个体的自我生命和他人的生命，认识生命的生老病死过程，认识自然其他物种的生命存在和发展规律，最终树立正确的生命观，领悟生命的价值意义；要以个体的生命为着眼点，在与自我、他人、自然建立和谐关系的过程中，促进生命的和谐发展。第二，通过生存教育，使学生认识生存及提高生存能力的意义，树立人与自然、社会和谐发展的正确生存观；帮助学生建立适合个体的生存追求，学会判断和选择正确的生存方式，学会应对生存危机和摆脱生存困境，善待生存挫折，形成一定的劳动能力，能够合法、高效和较好地解决安身立命的问题。第三，通过生活教育，使学生认识生活的意义，热爱生活，奋斗生活，幸福生活；让学生理解生活是由物质生活和精神生活、个人生活和社会生活、职业生活和公共生活等组成的复合体；帮助学生提高生活能力，培养学生的良好品德和行为习惯，培养学生的爱心和感恩之心，培养学生的社会责任感，形成立足现实、着眼未来的生活追求；教育学生学会正确的生活比较和生活选择，理解生活的真谛，能够处理好学习与休闲、工作与生活的关系。

（三）三生教育的定义不同

云南对三生教育的定义为：要通过教育的力量，使受教育者树立正确的生命观、生存观、生活观的主体认知和行为过程。也就是要通过整合学校教育、家庭教育、社会教育的力量，激发学生的主体认知和行为实践，最终达到帮助学生确立正确的生命观、生存观和生活观的目标过程。台湾对三生教育的定义为：一种关于人与自己、人与他人、人与环境的三位一体的教育，亦可以说是一种全方位的教育，培养学生知、情、意融入一体的全人教育。

（四）三生教育范围不一样

云南三生教育范围包括生活教育、生命教育、生存教育。台湾三生教育范围包括生活教育、生命教育、生态教育。云南三生教育范围包括“生存教育”，不包括“生态教育”，而台湾三生教育范围则是“生态教育”，没有“生存教育”。

（五）三生教育中三者之间的关系不一样

云南三生教育认为，“生命教育、生存教育、生活教育三者之间互为条件、密不可分、相辅相成”。[2] 但是生命教育是前提、是根本，生存教育是基础、是关键，生活教育是方向、是目标。台湾三生教育认为，生活教育是教育的根本——良好的生活习惯和品德，生命教育是教育的深化——善待自己和关心他人，生态教育是教育的承诺——共同维护我们所处的环境和地球。可见，云南三生教育与台湾三生教育对于生命教育、生活教育之间的关系刚好相反，前者把生命教育看做是前提和根本。而后者把生活教育看做是教育的前提和根本。

（六）侧重点不一样

（1）生活教育的区别。第一，生活教育目标不一样。云南生活教育的目标是使学生认识生活的意义，热爱生活，奋斗生活，幸福生活，树立正确的生活观。台湾生活教育的目标是培养个人修为和为人处世的教育，在于培养学生良好的整洁、卫生、秩序等习惯，以培养学生良好的德性和情操。第二，生活教育内容不一样。台湾生活教育侧重于包括健康生活、学习生活、社交生活、休闲生活等方面，而且突出了“休闲教育”。云南生活教育强调形成学生的生活常识，学习生活技能，提高生活能力，生活中的人际关系等方面，内容比台湾生活教育更详细。

（2）生命教育的区别。第一，意义的区别。台湾三生教育认为生活教育的课题是广阔和深远的，生命教育的意义为培养学生探究个人和他人存在意义和价值，进一步让学生深刻认识到生活是无价的，生命是可贵的，每个人都需要尊重生命。云南三生教育认为，生命教育要让学生认识人类自然生命、精神生命和社会生命的存在和发展规律，认识个体的自我生命和他人的生命，认识生命的生老病死过程，认识自然界其他物种的生命存在和发展规律，最终树立正确的生命观，领悟生命的价值和意义。要以个体的生命为着眼点，在与自我、他人、自然建立和谐关系的过程中，促进生命的和谐发展。第二，内容不一样。云南强调让学生认识生命、尊重生命、珍爱生命和发展生命。台湾则是包括了人生观的深化、价值观的内化、知情意行的人格统整与灵性的发展。

（3）生存教育与生态教育的区别。在这个方面，台湾与云南之间的区别较大，云南的生存教育的目标是使学生认识生存及提高生存能力的意义，把握生存规律，提升生存适应能力和创造能力，强化生存意志，树立人与自然、社会和谐发展的正确生存观。通过生存教育，要帮助学生学习生存的有效知识和技能以适合个体的生存追求，学会判断和选择正确的生存方式，学会应对生存危机和摆脱生存困境，善待生存挫折，形成一定的劳动能力，能够合法、高效和较好地解决安身立命的问题。台湾的生态教育的目标着重强调让学生形成对环境的一种良善态度，一方面要积极维护生态环境，另一方面要避免破坏环境。生态教育的三个主旨是了解环境的教育，从环境中学习的教育和为环境的教育。

二、台湾三生教育与云南三生教育相似之处

（一）都提出了生命教育和生活教育

通过比较发现，尽管三生教育不一样，但是云南三生教育与台湾三生教育都包括了生命教育和生活教育：第一，都让学生尊重自己的生命和尊重他人的生命。第二，都让学生热爱生命。第三，都让学生探究生命的意义。第四，都让学生形成正确的生命价值观。第五，都让学生形成恰当的生活行为习惯。

（二）生存教育与生态教育存在一定的交叉点

尽管台湾三生教育提出的是生态教育，云南三生教育提出的是生存教育，但是两者之间也有交叉的地方。如云南提出的让学生学会“人与自然”的和谐，学会处理“生存危机”等方面与台湾三生教育中的“对环境保持一种良

善态度”和“避免破坏生态环境”如出一撤，在这个方面具有相似之处。

（三）两者都强调三生教育之间的内在逻辑

云南三生教育中的生命教育、生活教育、生存教育，是“体验、认知、实践的统一”[3]，三者之间具有一定的内在逻辑：生命教育—生存教育—生活教育。台湾三生教育是“三位一体”的，也有自身的逻辑：生活教育—生命教育—生态教育。

（四）都体现了尊重学生的主体性

不管是云南的生命教育、生活教育、生存教育，还是台湾的生活教育、生命教育、生态教育都强调重视学生在教育中的主体性发挥，将学生看作是教育中的学习主人，尊重学生的生命，把学生看成是一个完整的个体。

（五）提出的时间相差不远

台湾三生教育是在 2008 年提出，云南三生教育也是在 2008 年提出，前后提出的时间相差不远。

（六）都是对当前教育变革的一种积极反应

当前教育处于迅速变革时期，为了更好的打造教育，形成一种优质教育（quality education）或者实现教育的卓越（excellence），需要把教育从培养学生基本生存能力的基础上深入到将学生培养成为具有生命意识、生活意识以及追求生活质量的态度上来。对于当代社会与世界的变革，关注教育的人士纷纷提出了自己对教育的看法和主张，不管是台湾提出的三生教育主张还是云南提出的三生教育主张都是对教育革新的一种积极反应。

三、几点思考

（一）教育是以人为本的教育

第一，关注把学生作为人来看待。历史上很多时候人成为了被驯服的工具，“被操纵、被塑造、被规训”。[4]因此，在这种理念下，我们的教育把学生当作学习的工具，当作被教育者“填鸭”的对象，是一种被压迫者的教育，教育眼中没有人，教师眼中没有人。但是今天，随着人权的被重视，学生的权力也受到尊重，教育需要把学生视为人来对待。台湾和云南三生教育中处处都表现了人的生活，人的生命、人的教育。第二，关注以人为本的教育，体现在教育的人的主体性。我们的教育理论走过了从重视技术控制理性的教育，到重视实践理性的教育，再到现在的解放理性的主体性教育，即人本教育。教育需要关注“人”，关注人的生活、关注人的生命、关注人的生存样态，关注人的全面发展，不仅是“生存”的教育，而且是“生活”的教育。重视学生的主体性，关注学生的积极性、参与教育活动、体验生活，拓展学生的教育“在场”。第三，教育是尊重生命、热爱生命、发展生命的内涵和外延的完整的教育。教育首先需要尊重个体的生命，才能培养有生命气息的个体，也只有从生命的完整性和多样性的视角去思考教育，培养出来的人才是一个有情感、有思想、有个性、完整人格的生命体，而不是那种冷冰冰的个体。可见，“教育就是生命的重负。因为对这种重负的担当，‘人’才称其为‘人’。”[5]

（二）教育需要关注未来的教育

教育需要关注未来，以未来的眼光来培养人才，培养未来的人才。云南与台湾的三生教育中的生态教育与生存教育都培养学生对环境、对人与自我、人与社会发展、人与自然和谐的态度，重视学生保护好人类现在生存和未来需要继续生存的家园。因此，教育需要具有这样的前瞻性，即教育不仅关注学生，重视现在的生存环境，更需要以未来的视角来思考环境与生态教育，实现人类的可持续发展，尽管“未来无法真正的确定，因为可能性之维在不断地分裂。你我都生活在其中。你看了这些话，撇嘴一笑，或是说给别人听，都因之创造了另一个世界。”[6]

（三）学校教育、家庭教育、社会教育是三位一体的教育

学校不是一座孤岛，学校是在社会中的一种组织形态，学校教育是与社会教育息息相关的，特别是在今天的日新月异的信息化社会背景下，学校在向世界开放，学校需要与社会联系更紧密。因此，学校需要面对新任务：“需要把学校办成更能吸引学生的场所，并向他们提供真正理解信息社会的钥

匙。”[7]同时，我们知道，家庭教育是学生成长的基础，是学生接受“第一课”的场所，家庭对学生的影响是毋庸置疑的。总之，对今天的教育来说，我们需要面对更多的“教育合力”，需要将学校教育、家庭教育、社会教育结合起来，即把生活教育、生命教育、生存或生态教育结合起来。

（四）教育是追求幸福的教育

生命是教育的起点，幸福是教育的终极追求，“教育的价值追求最终要落实到一个核心的价值：幸福。幸福不是一个教育的问题，是教育的所有问题，甚至是人的存在的所有问题。”[8]在教育过程中，我们需要关注学生的幸福追求，以生命为起点，以生活为核心，以教育为领域，以幸福为归宿，既关注生存中的幸福，也关注生活中的幸福，实现生命的价值。教育的本旨所在，就是让学生去体验生活中的幸福，获得追求幸福的知识与能力，懂得幸福的真正意蕴。因此，三生教育需要重视落实到让学生对生命意义的追问，对幸福生活的向往，对人生美好的愿景。

（五）教育需要回归生活的教育

我们当代教育越来越认识到“教育即生活”的教育意蕴。教育本身就是生活的教育，教育是在生活中开展的，是为了生活的教育。正如杜威所指出的：“现代教育上许多失败，是由于它忽视了把学校作为社会生活的一种形式这个基本原则。”[9]因此，不管是台湾三生教育还是云南三生教育都关注起教育回归生活的本真，让学生在生活中体验教育，在教育活动中感受生活。

四、结语

生活教育、生命教育、生态教育等分别提出的时间已经有很长时间了，但是“三生教育”的提出时间不久。作为一种人文关怀的教育理论或者说教育理念，值得我们去思考，去实践。

参考文献

[1] 吴清山．三生教育［J］．教育研究月刊，2010（7）：137.

［2］云南省委高校工委，云南省教育厅．关于实施生命教育生存教育生活教育的决定［N］．2008－05－12.

［3］罗家荣．“三生教育”的实践形式与特色［J］．教育探索，2010（7）：99.

［4］福柯．规训与惩罚［M］．北京：生活·读书·新知三联书店，1999.

［5］李政涛．教育与生命的重负［J］．人民教育，2010（12）：10.

［6］未来无法确定因为我们生活其中［EB/OL］．http：//movie. douban. com/review/2035609/

［7］雅克·德洛尔．教育——财富蕴藏其中［M］．北京：教育科学出版社，1996.

［8］刘铁芳．教育怎样关涉幸福［J］．湖南师范大学教育科学学报，2008（1）：10.

［9］赵祥麟，王承绪．杜威教育名篇［M］．北京：教育科学出版社，2006.

PISA 和 PIRLS 的比较研究

当前，世界各国教育界对 PISA 和 PIRLS 这两种教育评价和测试都比较关注，我国作为成员国在参与了这两种国际性教育项目测试后，也日益重视起来，特别是 2009 年在中国上海举行的 PISA 测试，“一石激起千层浪”。我国一些网络、报纸、电视不断关注和讨论该问题，更引起了许多专家和学者的关心。一方面，我国从行动上积极参与这两项国际性教育活动；另一方面，我国教育领域对 PISA 和 PIRLS 研究的激情也日益膨胀。目前，从中国知网上可以发现近 140 篇关于 PISA 方面的研究文章，而关于 PIRLS 的文章只有区区数篇，而且大部分是介绍性的论文。为了更好促进我国在 PISA 和 PIRLS 研究方面的发展，也为了更好促进我国基础教育质量的提升，让更多的人士去认识和了解两者之间的关联，笔者试图对 PISA 和 PIRLS 进行比较研究，与大家共勉之。

一、PISA 和 PIRLS 的不同之处

(一) PISA 和 PIRLS 的产生背景不同

(1) PISA 的产生背景和发展历程。PISA 是 Programme for International Student Assessment 英文字母的缩写。应国际经济合作和发展组织（OECD）成员国家的要求，希望在学生的知识和技能以及教育系统的成绩方面有常规的和有信赖的统计数据，在 20 世纪 90 年代中期，国际经济合作和发展组织开始从事 PISA 工作。PISA 在 1997 年由官方发起，在 2000 年进行了第一次 PISA调查和测试，第二次在 2003 年进行，第三次在 2006 年进行，第四次在 2009 年进行，第五次在 2012 年进行，依次循环对阅读、数学、科学三个方面进行调查和测试。

(2) PIRLS 的产生背景和发展历程。PIRLS 是 Progress in International Reading Literacy Studies 英文字母的缩写，是由国际教育成绩评价协会（IEA）

所倡导和发起的，1999 年开始准备，IEA 编制 PIRLS 测试试题，2001 年正式开始测试，共有 35 个国家参与测试。2006 年进行了第二次测试，集中围绕学生的阅读素养进展情况进行。

（二）PISA 和 PIRLS 的参与对象和时间不一样

（1）PISA 的参与对象和时间。第一，PISA 参与的范围。PISA 适用于世界范围内所有国家和地区。目前为止，超过 70 个国家和经济实体已经参加。PISA 是当前世界上唯一的一个测量 15 岁学生的知识和技能的测试和评价工具。在大部分国家里，这些学生一般是在学校教育中义务教育阶段的末尾，大体相当于刚进入高中阶段的学生。所有联合国教科文组织的成员国和非成员国都有机会参与 PISA。第二，PISA 调查和测试时间。PISA 是隔三年进行一次。PISA 是从 2000 年开始进行第一次测试，2003 年第二次，2006 年第三次，2009 年第四次，2012 年第五次，以此类推。第三，对象选择。怎么选择参与 PISA 的国家和地区呢？只要那些感兴趣参与 PISA 的国家或者经济实体与经济合作和发展组织（OECD）秘书处签订合同，然后，PISA 管理委员会按照一定的标准同意其会员身份。参与者必须有必要的一个管理评价的技术专家进行管理和足够的参与过程所花费的经费。要参与 PISA，需要在开始测试的两年前就申请加入，例如，想参与 2012 年的测试的国家或者地区必须在 2010 年 3 月之前就加入进来。在 2000 年一共有 43 个国家和经济实体参加，2003 年共有 41 个国家和经济实体参加，2006 年增加到 57 个国家和经济实体参加，2009 年首次在中国上海举行，共有 65 个国家和经济实体参加。

（2）PIRLS 的参与对象和时间。第一，进行 PIRLS 测试的对象，主要是接近基础教育末尾的学生，即年龄在 9 ~ 10 岁的学生，同时 PIRLS 问卷还要进行教师问卷、小学校长问卷，以便更全面收集学生的阅读进展情况。第二，PIRLS 调查和测试时间。PIRLS 是隔五年进行一次。PIRLS 第一次是在 2001 年进行，第二次是在 2006 年进行，第三次是在 2011 年进行，第四次将在 2016 年进行，以此类推。第三，PIRLS 参与对象的选择。参与 PIRLS 的国家必须是成员国才能参与，非成员国不能参与测试。在 2001 年参与的国家和地区有 35 个，到 2006 年第二次 PIRLS 测试达到 47 个国家和地区。

（三）PISA 和 PIRLS 的目标不一样

（1）PISA 的目标侧重点。第一，关注公共教育政策问题。政府部门、学校校长、教师和父母都想得到如这样问题的答案："我们的学校已经为孩子成人生活的未来挑战做好充分准备了吗?""一些学校和教学比其他的学校和教学更有效果吗?""学校能继续提高那些移民和来自不利背景下的学生未来吗?"第二，关注学生的能力素养问题。不是去检查和考核具体学校课程的掌握，而是查看学生在关键学科领域中运用知识和技术的能力和在他们考试、解释和解决问题的时候，分析、推理以及有效交流的能力。第三，重视学生的终身学习。我们知道，学生不可能在学校中学习他需要的所有东西。为了让学生成为有效的终身学习者，学生不仅需要知识和技能，而且还需要认识到"为什么学习"和"怎样去学习"。PISA 既关注和测量学生在阅读、数学、科学三个方面的素养，也询问学生学习动机、学习信念和学习策略。

（2）PIRLS 的目标侧重点。第一，PIRLS 的目标主要是关注学生的阅读素养进展情况。第二，关注学生的阅读环境，包括学生的家庭环境、学校环境和社区环境。第三，关注学生的阅读素养的发展趋势，注重学生的阅读素养的发展的连续性。第四，重视学生的阅读的经验、兴趣、态度的测试。第五，不仅通过学生的阅读测试来了解学生的阅读素养情况进展如何，还对家长、校长、教师进行问卷测试，更全面了解学生的阅读进展。

（四）经费方面的不一样

（1）PISA 的经费问题。PISA 的经费由参与成员国的政府机构埋单，特别是国家教育部需要加强对 PISA 的经费的投入。

（2）PIRLS 的经费问题。PIRLS 的经费是由美国教育部、世界银行及参与的成员国所提供。

（五）PISA 和 PIRLS 管理方面的不同

（1）PISA 的管理问题。一般来讲，PISA 日常管理工作由联合国秘书处负责。这个管理团队监控 PISA 调查的实施和运行，管理 PISA 政府公告行政事务，做 PISA 成员国间的中间人，形成 PISA 成员国意见的一致性。每个国际经济合作和发展组织（OECD）成员国参与 PISA 都有一个在政府公告的代表，这个代表是国家教育部任命和委派的。每个合作国家参与 PISA 都有一个公告观察者，也是由国家教育部任命的。PISA 管理公告指导主席是由各个成员国的公告代表中推选出来。PISA 合作每个 PISA 调查，国际合作者（通常由测试和评价机构构成）负责测试和调查的实施。

（2）PIRLS 的管理问题。PIRLS 是由建立在荷兰阿姆斯特丹的国际教育成就评价协会（IEA）永久秘书处所协调和管理，并成立 PIRLS 国际研究中心，各个成员国成立教育协调小组，各参与国家指定一名教育协调员，来负责 PIRLS 在该国家的所有工作。

（六）PISA 和 PIRLS 运作上的差异

（1）PISA 试题的制作和实施。第一，PISA 的测试试题是由 PISA 主题专家团体主持，这些专家团体是来自世界上阅读、数学、科学每个领域中的专家所构成，他们设计 PISA 测试理论框架。第二，问卷专家团体为 PISA 问卷的设计和建构提供领导和指导，这些 PISA 问卷专家是由 PISA 政府公告人员中选出来的。第三，每个国家参与 PISA 测试的学校是由国家合作者随机选出来。这些学校的学生平均年龄在 15 岁，一般是在义务教育终结阶段。第四，PISA 参与国家怎么样经营学校。通过 PISA 的数据收集，表明一些参与成员国的学校将面临其他国家和经济实体的挑战。因此，这样需要与测试成绩最好的国家和经济实体的学校进行比较以便更好发展、改进，寻找更适合的学校教育。第五，当学生的年龄与所测试的年龄不一致时，需要算出学生的年龄平均值，那么需要一个推算公式：如 2003 年 PISA 的推算公式为：PISA03K = PISA03 - ［（100 - PartRP03）×2］。

（2）PIRLS 试题的制作和实施。第一，PIRLS 试题的制作主要由英格兰和威尔士国家教育研究基金会编制试卷和题目，确定评分标准。第二，IEA 数据处理中心负责处理和校对收集上来的数据。第三，加拿大统计局抽样所有技术问题，包括与各国协调员的沟通。第四，如学生的年龄大小不一致，进行年龄调试时，需要进行计算，推算和调整，如 2001 年 PIRLS 的推算公式为：PIRLSK = PIRLS - ［（Age - 10.312）×42］。[1]

二、PISA 和 PIRLS 的相同之处

（一）都具有相同的出发点

PISA 和 PIRLS 的出发点将其不仅是一种测试和评价，更是一种教育研究。

通过 PISA 和 PIRLS 的测试和调查，对各个国家的教育系统的成绩有一个更好的了解[2]。加强对基础教育质量和教学效果的研究，为各国的政府教育决策提供一些统计意义上的数据，为各国国家教育决策部门进行科学决策，也为校长进行学校决策和管理，还为教师进行教学提供一个参考和建议。

（二）都具有国际性

PISA 和 PIRLS 都是一项国际性活动，既是一种国际教育活动，也是一种政府间的合作活动，还是一种国际性教育比较研究活动，两者的参与者不仅是两个洲或者地区，而是所有国际经济合作和发展组织（OECD）成员国家和非成员国家都有机会参与到这些活动中来，而且各个国家或者政府还需要派出代表来管理和联系，这足以见得是一种国际行为。

（三）都关注学生的阅读素养

PISA 不但关注数学和科学，也关注阅读素养的测试和调查，重视学生的阅读素养的评价，关注学生运用知识和技能满足真实生活的挑战，而不仅仅是掌握一门学校课程。在 PISA 中，阅读素养被认为是在各种各样的情境下，在提出问题、分析问题、解决问题和解释问题时，学生运用知识和技能去分析、推理和自由交流[3]。PIRLS 是国际阅读素养进展的研究，主要目的是关注学生阅读素养的发展，认为阅读素养是指理解和运用书写语言的能力，能够从各种各样的文章中建构出意义，能够从阅读中学习，参与学校和生活中的阅读社群活动，并从中得到快乐。可见，PISA 和 PIRLS 两者都重视学生阅读素养的测试，重视学生的未来生活中阅读素养的养成。

（四）都是重视基础教育的评价

PISA 关注的对象是 15 岁，大约初中毕业刚进入高中的学生，PIRLS 关注的对象是 9 ~ 10 岁，大约相当于小学四年级的学生。这两个测试计划都是基于基础教育阶段的学生，而且也关注学生的包括阅读素养在内的基本素养的培养，关注没有孩子落后、没有学校落后、没有国家被落下[4]，可见，两者都重视各个国家和地区的基础教育的质量评价和测量。

（五）都关注学生的终身学习

PISA 和 PIRLS 都基于学生的未来发展，更好培养学生的素养，在走出学校以后，也能更好的学习，参与到生活中去，能为未来真实的生活奠定好一定的素养和能力，形成正确的学生态度。如 PISA 明确提出，关注学生未来的“Real Life”。尽管，PISA 和 PIRLS 着手于 15 岁，9～10 岁等年龄段的基础教育，但是两者都聚焦于学生的终身学习，培养学生为应付和创造未来生活做准备的能力和素养。

三、几点启示

（一）以积极的姿态参与 PISA 和 PIRLS 的测试与调查

第一，通过 PISA 和 PIRLS 的测试和调查，加强国际教育之间的比较，能看到其他国家或者地区的基础教育的现状。如在 PISA 2000 年和 PISA 2003 年测试中，我们不难发现，芬兰在 PISA 测试中的成绩非常好，我们可以看到芬兰基础教育的成绩。第二，通过 PISA 和 PIRLS 的测试和调查，加强国际教育之间的比较，能看到我们教育中的成绩，同时也看到教育中的不足与问题。如在 PISA 2009 年的测试中，中国上海学生的测试成绩是排名第一，是否说我们 PISA 成绩就是全世界第一呢，对于这个问题我们需要加以思考，因为“上海的教育不能代表中国的教育；上海的 PISA 成绩也不能简单地拿来和美国的 PISA 成绩相比较，因为一个发达城市的教育成就毕竟不能和一个国家整体的教育水平相提并论。所以我认为，我们不能因为上海 PISA 成绩优异而过于沾沾自喜，还是应该正视自身教育的不足”。[5]

（二）不断提高学生的阅读素养

通过 PISA 和 PIRLS 的研究，发现阅读素养是关系到数学素养和科学素养培养的重要因素。阅读素养的重要性，让我们充分认识到提高学生的阅读素养的必要性和迫切性。因此，需要不断去提高学生的阅读素养。第一，重视阅读教学，关注阅读在教学过程中的价值和意义。第二，加强教师阅读素养的培养，学生阅读素养的提高与教师的阅读素养也存在一定的联系，因此需要加强教师阅读素养，以便更好进行阅读教学。第三，增加学生的阅读时间，学生需要更多的时间去提高阅读技巧和能力。第四，激发学生阅读的兴趣、动机，形成正确的阅读态度。阅读动机与兴趣是影响阅读素养的重要原因之一，学生具有正确的阅读动机和更好的阅读态度是学生阅读素养提高的重要前提，要培养学生的阅读兴趣。第五，重视课外阅读。学生的地位在课堂的时间进行阅读是相当有限的，所以需要扩展学生的阅读空间和时间，加强学生在业余时间和课堂之外的阅读。第六，改善图书馆环境。一般来说，学校图书馆是学生进行学习、进行阅读的重要场所。因此，为了更好培养学生的阅读素养，需要改善图书馆的环境，创设更有利于提高学生素养的阅读场所。

（三）不断调适我国的教育政策

PISA 和 PIRLS 研究能提供一个更优秀的机会去采取更加开阔的视野，站得更高，去看清楚每个国家和地区所进行的教育和在哪些方面还可以进行改善[6]。通过 PISA 和 PIRLS 的研究，它能给我国教育方面提供一些建议和思考，不仅能为我国广大中小学教师的教育教学提供一些参考指标，同时也为我国教育行政部门进行科学的教育决策和教育设计提供了一些建议，还为广大中小学校长进行学校本位的教育决策提供了一些依据。

（四）推进教育评价

PISA 和 PIRLS 都是一种教育评价和教育测量，通过对学生素养，特别是阅读素养的评价和测试，我们能了解阅读素养主要考察哪些方面。如 PIRLS 考察学生的阅读理解、阅读行为、态度和阅读经验等方面，这样一来，就为我们的中考、高考等基础教育的课程评价、教学评价提供了一个考察和评价学生的视角，每年的中考、高考在进行设计考试试题时，我们可以借鉴其有效考察学生的学习与发展的价值，更好地、更有效地全面去评价学生，促进学生的发展。

（五）反思 PISA 和 PIRLS

第一，反思 PISA 和 PIRLS 试题的制定。在测试试卷的制定过程中，如何编制试题，如何更好反映一个国家学生的学习状况，更好去测试学生的素养等问题，都需要进行综合考虑和分析，不断去提高 PISA 和 PIRLS 的效果。第二，反思 PISA 和 PIRLS 的实施。在测试实施中，容易出现错误，如在 2006 年的 PISA 测试中，美国出现了印刷测试试题错误，导致影响美国学生的测试成绩[7]。同时，由于 PISA 和 PILRS 的试题一般是由英语编写的，到具体国家实施的过程中，还需要进行国家化，翻译成母语，这个过程中也会出现一些翻译问题，因此需要不断改善这些问题。第三，反思 PISA 和 PIRLS 的统计结果。对于 PISA 和 PIRLS 的统计结果，我们需要加强分析和研究，反思参与 PISA 的学生是否代表全国水平，反思统计结果的有效性问题，PISA 和 PIRLS 测试本身具有一定的可怀疑性和有效性[8]。因此，对于 PISA 和 PIRLS 的统计结果我们需要采取一个恰当的态度来对待。

（六）关注教育公平

通过 PISA 和 PIRLS 发现，学生父母的素养、父亲的工作、学生的身份、学生的家庭背景等因素影响着学生的测试成绩和素养能力。因此，我们需要为阅读方面更弱者提供支持[9]。这些测试的统计结果表明，学校教育中存在着许多不公平的问题。由于历史和社会的原因，我国教育发展也存在不均衡和教育不公平的现象，所以在我国基础教育改革过程中，需要非常关注教育公平，“把促进公平作为国家基本教育政策。”[10]从而不断推进教育外部公平和教育内部公平。

（七）关注性别教育

在 PISA 和 PIRLS 测试结果中，不难发现阅读素养和性别差异存在着一定的相关性。一般来说，在排除家庭背景、学校环境的影响条件下，女学生的阅读成绩要比男学生的阅读成绩好[11]，可见，这些调查的结果警示我们的男女学生之间的性别差异。因此，在我国基础教育课程改革过程中需要特别关注性别教育，不断提高男学生的阅读能力，促进所有学生成绩的提高和素养的发展。

四、结语

当前，国际上越来越多的国家和地区对 PISA 和 PIRLS 加以重视，我们需要采取一种合理的态度去对待。一方面，我们对两者在基础教育评价和发展中的价值给予一定的重视；另一方面，我们也需要采取研究的态度去对待，而不仅仅是一种国际教育评价行为，更需要将其作为国际教育研究来关注。

参考文献

[1] HEINER RINDERMANN. The g – Factors International Congnitive Ability

Comparisons: The Homogeneity of Results in PISA, TIMSS, PIRLS and IQ – Tests Across Nations [J]. European Journal of Personality, 2007 (1): 677.

[2] ROBYN BAKER, ALISTER JONES. How Can International Studies Such as the International Mathematics and Science Study and the Programme for International Student Assessment be Used to Inform Pratice, Policy and Future Research in Science Education in New Zealand [J]. International Journal of Science Education, 2005 (2): 145.

[3] WILLIAM G BROZ, GERRY SHIEL, KEITH TOPPING. Engagement in Reading: Lessons Learned from Three PISA Countries [J]. Journal of Adult and Adult Literacy, 2008 (1): 305.

[4] STEFAN THOMAS HOPMANN. No Child, No School, No State Left Behind: Schooling in the Age of Accountability [J]. Curriculum Studies, 2008 (4): 438.

[5] 谢湘. PISA 测试上海夺冠回答了什么 [N]. 中国青年报, 2011 – 03 – 04.

[6] KEITH TOPPING. PISA/PIRLS Date on Reading Achievement: Transfer into International Policy and practice [J]. The reading Teacher, 2006 (3): 590.

[7] OECD. Programme for International Student Assessment [EB/OL]. http://www.pisa.oecd.org/pages/0, 3417, en_ 32252351_ 32236225_ 1_ 1_ 1_ 1_ 1, 00. html.

[8] MARY HILTON. Measuring Standards in Primary English: Issuses of Validity and Accountability with Respect to PILRS and National Curriculum Test Scores [J]. British Education Research Journal, 2006 (6): 833.

[9] LIZ TWIST. Results from PIRLS 2006 [J]. Literacy Today, 2007 (12): 29.

[10] 教育部. 国家中长期教育改革和发展纲要 (2010—2020) [N]. 中国教育报, 2010 – 07 – 29.

[11] GARY N, MARKS. Accounting for the Gender Gaps in Student Performance in Reading and Mathematics: Evidence from 31 Countries [J]. Oxford Review of Education, 2008 (1): 89.

国际理解教育校本课程开发的成绩、问题与对策
——基本F小学的个案研究

一、问题的提出

国际理解教育（Education for International Understanding）是第二次世界大战以后，联合国教科文组织成立以来就开始倡导的一种国际教育理念，是人类持久和平愿望的反映，是国际社会“发展”理念的呼唤，也是全球本位道德教育的体现。国际理解教育是指世界各国在国际社会组织的倡导下，以“国际理解”为理念而开展的教育活动，它以国际社会普遍关注的“人权、和平和民主”为宗旨，以促进国际理解、相互尊重为目标，通过各种教育手段和措施，培养具有国际理解品质和素养的人，促使文化之间相互尊重、相互理解、共同发展。国际理解教育作为一种教育实践已经在我国开展，而其主要形式是作为校本课程开发。其目的是增进存在差异的不同文化背景、不同种族、不同宗教信仰和不同区域、国家、地区的人们之间相互了解与相互宽容；加强他们之间相互合作，以便共同认识和处理“地球村”存在的重大共同问题；促使“每个人都能通过对世界的进一步认识了解自己和了解他人。将事实上的相互依赖变成为友谊似的团结互助。”[1] 教育现在已经成为指导各国课程改革的一个基本理念，我国新颁布的《国中长期教育改革和发展纲要(2010—2020)》也强调了“加强中小学、职业学校对外交流与合作。加强国际理解教育，推动跨文化交流，增进学生对不同文化的认识和理解。”但是如何将国际理解教育纳入到学校教育中去，进一步加强青少年关于国际和平、国际环境、全球问题、多元文化问题、国际价值观、国际化问题、世界人口问题等方面的知识，形成自己能理解他人和被他人所能理解的态度，具有相互尊重、相互理解、共同发展等国际理解的价值观？面对如此问题，各个国家都在进行课程方面的探索，美国在1948年全美协会发表《美国学校中的国际理解》报告书，就提出否定战争和祈求和平的精神、基本自由与正义的尊

重人权的态度、对他国民族的理解、国际合作的实践态度等国际理解教育。日本早在1961年就提出“国际理解教育基础”，并在1974年5月发表《关于教育、学术、文化的国际交流》的报告，强调国际理解教育，进入到20世纪90年代以来，日本重视“面向世界的日本人”“国际上赢得信赖的人”等国际理解教育。我国也跟随世界国际理解教育的潮流，开始重视与关注国际理解教育。尽管我国也在20世纪末开始进行了国际理解教育的探索，但是只局限于少数学校与少数学生。

到了2001年，我国《基础教育课程改革纲要（试行）》中提出了“新课程的培养目标应体现时代要求”“要使学生具有初步的创新能力、实践能力、科学和人文素养以及环境意识，具有适应终身学习的基础知识、基本技能和方法”，[2]我国新课程改革是非常重视国际理解教育校本课程开发的。21世纪以来，一部分学校争先恐后地进行了国际理解教育校本课程开发，并形成了一定的研究成果，如2000年上海福山外国语学校小学的国际理解教育实践研究，2001年北京教育学院开展的《国际理解教育理论与实践研究》，2002年浙江瑞安新纪元学校的国际理解教育初探，2002年上海普陀区中小学开展的《国际理解教育课题研究方案及实践初步》等。F小学在2009年以“外语文化年”为契机，以学科校本课程开发和学年校本课程开发为两条线索，深入开展国际理解教育校本课程开发，学校设置的12个学科均在学科课程和活动课程领域进行了主题校本课程开发的有益尝试和探索。学年校本课程开发主要在1～6年级，分别以“通过‘农博园’看世界”“通过课间游戏看世界”“通过‘校节’看世界”“通过‘吉菜’看世界”“通过‘汽车’看世界”“通过‘八大部’看世界”六大年级主题开发校本课程，在课程内容的设计与开发上，各年级按照从“本土—国内—国际”的同心圆放大的模式，以生活、科学、综合实践活动、道德、信息等学科为核心，开发了符合年级学生特点的学年校本课程。在2010年9月17—19日的“东亚小学国际理解教育校本课程开发学术研讨会”上，F小学进行了国际理解教育校本课程开发的汇报。国际理解教育校本课程开发的成绩是显著的，这是大家有目共睹的，同时也存在一些需要进一步改进的不足之处。因此，本论文就这些问题做了一些思考，以期望能加强国际理解教育校本课程开发的进程。

二、国际理解教育校本课程开发的成绩

（一）学校领导已经具备了对国际理解教育校本课程开发的课程领导

（1）中小学学校领导拥有了国际理解教育校本课程开发的课程理念，并进行了国际理解教育校本课程开发的实践。从21世纪初期开始，特别是新课程改革以来，我国一些中小学校领导开始具有国际理解教育校本课程开发的理念，并进行了实践，如上海福山外国语学校、浙江瑞安新纪元学校等陆续进行了国际理解教育校本课程开发。近年来，F小学在学校校长坚定的课程领导下，在教师的积极参与下，也逐渐进入了校本课程开发和教学实践，并取得一定的成绩。

（2）中小学领导具有了国际理解教育校本课程开发的经验和课程领导意识。中小学校领导体验到了国际理解教育校本课程开发的过程，形成了许多关于国际理解校本课程开发的课程领导意识，不仅丰富了自身的课程领导理论，而且具备了课程领导的实践经验。

（二）基本形成了一个国际理解教育校本课程开发的教师队伍

（1）教师个体基本具有国际理解教育校本课程开发的知识与能力。通过对国际理解教育的思考与校本课程开发的实践，教师个体基本上具有了国际理解教育校本课程开发的知识与能力。以F小学为例，从该学校语文、数学、外语、音乐、科学、社会等学科课程的教学和从事综合实践活动主题学习过程中来看，教师个体基本上具有了自己关于国际理解教育的知识，理念和课程设计，以及课程实施与教学的能力。

（2）教师团队协作与交流，形成了开发国际理解教育校本课程共同体。在课程开发过程中，以学校校长为课程领导，以学科教师为主体，形成了国际理解教育校本课程开发的团队。第一，合作研究的教师团队。在国际理解教育校本课程开发过程中，形成了进行合作研究的教师团队。从F小学来看，形成了学科组国际理解校本课程开发教师队伍、年级组国际理解教育校本课程开发的教师队伍以及综合实践活动国际理解教育校本课程开发的教师队伍，

教师队伍不仅进行探讨和研究，而且进行合作、交流与分享。第二，形成了国际理解教育校本课程实践的教师团队。教师不仅能够进行课程设计，还能进行校本课程实施和教学，如F小学的“乐音之城维也纳”“动力小车”等国际理解教育校本课程的设计和教学。

（三）学生接触并逐步理解国际理解教育校本课程

（1）学生开始涉及国际理解教育的知识、理念以及态度。通过国际理解教育校本课程开发的实践，学生开始涉及国际理解教育的理念以及知识与技能，具有了对跨文化及文化差异的理解，形成对他人的尊重和理解的态度。

（2）学生逐步参与到国际理解教育校本课程。学生在理解的基础上开始接受国际理解教育的理念，积极在自己的学习和生活进行实践，并且积极主动地参与到国际理解教育的校本课程的实践中来。

（四）国际理解教育校本课程开发和实施的多元化

（1）在学科课程领域开发国际理解教育校本课程。如何将国际理解教育的理念渗透到校本课程中去？学科课程是一个比较重要的载体。国际理解教育校本课程在学科课程中渗透，将国际理解教育的知识与目标、内容与方法等具体的理念和目标容纳到校本课程中来。F小学是将国际理解教育与学科课程结合起来，在语文、数学、外语、社会、音乐、科学等学科课程中贯彻民族精神文化教育、异文化教育、人权教育、和平教育、环境教育等国际理解教育理念，通过学科课程的教学，让学生学习国际理解教育，进一步体验国际理解，并实施国际理解。

（2）在综合实践活动课程中开发国际理解教育校本课程。综合实践活动是国际理解教育校本课程开发的一个重要载体和途径。在综合实践活动中，将国际理解教育以主题学习的形式出现，并形成了一定的教学模式：选题指导阶段—问题探究阶段—总结发表阶段。[3]

（五）进行了一定的国际理解教育校本课程开发学术研究

（1）中小学领导和教师对国际理解教育进行了学术上的研究。通过国际理解教育校本课程开发的活动，中小学领导和教师形成从理论到实践，再从实践到理论，最后又回到实践等经验总结方面的感性认识与理论层面的认识。

中小学校长和教师将校本课程开发的实践总结成为一种课程开发的经验，一种思想意识，一种课程理论，并进行了学术研究，如上海市福山外国语小学校长石惠新发表在《课程·教材·教法》2006 年第 3 期上的《小学国际理解教育校本课程的开发》一文，从国际理解教育的内涵、意义探讨到国际理解教育校本课程开发的特点等方面。再如东北师范大学附属小学校长熊梅发表在《教育研究》2010 年第 1 期上的《国际理解教育校本课程开发与设计》一文，从国际理解教育校本课程开发的目标、内容到实施等方面进行了学术探究。可见，这既是国际理解教育校本课程开发的经验总结，又是一种理论探究。

（2）进行了国际理解教育校本课程开发的学术交流。第一，学校范围的学术交流。以 F 小学为例，该学校坚持每月一次的学术沙龙和一学期的经验交流制度，对于国际理解教育校本课程开发，在学校范围内进行交流、对话、学习、反思、分享等经验总结和学术交流。第二，全国范围以及国际范围内进行学术探讨与交流。在 2010 年 9 月 17—19 日的东亚小学国际理解教育校本课程开发学术研讨会上，有来自全国 19 个省市地区的代表，还有来自日本和韩国的学者、专家代表，通过报告、展示、观摩，进行了对校本课程开发的经验的交流、问题的思索以及对策的探讨。

三、国际理解教育校本课程开发的问题

（一）学校领导的课程领导有待加强

（1）我国中小学领导的课程管理理念还有待转换。在国际理解教育校本课程开发的过程中，学校领导的课程领导有着重要的价值。但是在我国现行的学校领导管理体制下，我国中小学学校领导的课程管理理念还有待改变。

（2）我国中小学领导的课程领导水平还有待提高。中小学领导的专业管理和专业课程领导水平还不够，同时对课程管理的专业水平还有待提高，特别是我国新课程改革进入如火如荼的阶段，需要中小学领导尤其是校长实现专业化发展，以便提高课程领导的水准。

（二）教师不能有效挖掘课堂中的国际理解教育的课程资源

（1）教师没有清楚、明晰、透彻地理解国际理解教育的精神内涵和实质，

导致部分教师是为了国际理解教育而国际理解教育，以至于课程流于形式。教师在设计国际理解教育校本课程过程中，往往表现为还不能真正做到国际理解教育的“应然”，没有深刻理会国际理解的精神实质，因此还没有达到国际理解教育应有的教学效果。例如，在F小学音乐学科课程中，对人民教育出版社出版的小学音乐教材第十一册第四课内容《茉莉花》进行国际理解教育渗透的课程实施，教师利用了张也演唱的版本、宋祖英在维也纳演唱的版本来比较教学，但是教师没有跟学生讲张也演唱时是民族音乐伴奏，而宋祖英在维也纳金色大厅演出时是西洋音乐伴奏，可以让学生去比较一下中国民族音乐与西方民族音乐之间的联系与区别，进一步让学生去思考中国民族文化和西方文化之间的差异，让学生去接纳“差异”，形成多元文化的理解和认同。

（2）教师还不懂得充分利用国际理解教育的课程资源。在国际理解教育校本课程开发过程中，课程资源是一个重要的方面，但是教师还不懂得怎么样去挖掘一些关于国际理解教育的课程资源。如F小学教师在《从“吉菜”看世界》的课程设计和实施中，没有看到吉菜体现中国人的民族文化、地理环境等方面，不能正确的去看待中国的民族文化，同时也没有将“吉菜”与世界其他国家的菜作对比，让学生看出两者之间的差异等一些关于国际理解的课程资源。

（三）国际理解教育校本课程开发还缺乏一个良好的社区环境

在国际理解教育校本课程开发过程中，良好的社区环境和氛围是一个重要的补充。但是在当今现有的国际理解教育校本课程开发过程中，学校的社区环境存在一些这样或那样的不足。第一，社会人士对国际理解教育的不甚了解。一般而言，中小学校都建在一定的社区之中，需要社区人士对中小学的配合和支持。由于社区人士对国际理解的置若罔闻或者根本就不知道这么一回事，所以不利于国际理解教育的开展。第二，学生家长对国际理解教育的不知晓也是国际理解教育校本课程开发过程中的一个重要的弊端。学生家长对教师工作的支持，对自己孩子的鼓励以及对孩子的影响是比较深远的，但是由于家长缺乏对国际理解教育的理解，导致了家长对教师工作的不配合和学生学习国际理解教育的不支持等问题。第三，社区中关于国际理解教育校本课程开发的课程资源得不到充分的发掘，例如，F小学所在的社区中生活着来自日本、美国、韩国等多个国家的外国人，因此，周边的街道有许多具有异国风味的茶餐厅、服装店等吃、穿、住、行等方面的国际理解教育校本课程的社区课程资源，但这些都有待去发掘。

（四）学生对国际理解教育校本课程开发的参与不到位

（1）学生对国际理解教育的理解不够透彻。学生是国际理解教育校本课程开发的主体之一，但是由于学生对国际理解教育的理解很模糊，不透彻，会导致学生不能很好地形成国际理解教育的态度和价值观，不能有效地体验到国际理解教育所带来的快乐。

（2）学生对国际理解教育的参与不到位。学生在国际理解教育校本课程开发过程中充当重要的角色，是不可或缺的元素，国际理解教育校本课程开发离不开学生积极主动的参与，但是因为教师不正确的引导，学生对国际理解教育的不理解，导致了学生被动的参与，甚至不知道怎么样去参与。从F小学的国际理解教育学科的课堂教学效果来看，学生显得很被动，只是一味听教师的讲课和跟着教师的节拍去做，而不是积极主动地投入到课堂中来，导致这个原因的出现不是因为学生的态度问题，而是学生根本不懂得参与的方法和途径。

（五）没有形成国际理解教育校本课程评价体系

（1）学校没有形成一个科学评价教师国际理解校本课程开发的课程评价体系。校本课程开发过程中缺乏国际理解教育的课程评价指标体系，导致学校领导不知道怎样去评价教师的校本课程开发和实施的效果和业绩。

（2）教师还欠缺对国际理解教育校本课程开发和实施过程中如何评价学生的评价指标体系。在国际理解教育校本课程开发过程中，教师比较普遍的感受到不知怎么样去评价学生，对国际理解教育校本课程评价还是比较困惑。

四、国际理解教育校本课程开发的对策与建议

（一）优化国际理解教育校本课程开发的条件

（1）地方政府和教育部门对国际理解教育校本课程开发的支持。学校课程以《课程标准》等国家课程和地方课程为指导，是对国家课程和地方课程的补充和扩展，符合学校的利益和学生的发展需要。因此，在开发国际理解

教育校本课程过程中，没有地方政府和教育部门对校本课程的支持是很难成功的，一方面需要地方政府和教育部门的课程政策等制度上的支持，另一方面还需要人员和经济上的支持。

（2）学校进一步明确教育哲学思想和办学宗旨。“没有明确的教育哲学思想和办学宗旨的学校是没有可能进行校本课程开发的。”[4] 在国际理解教育校本课程开发过程中，学校领导和教师需要具有一个明确的教育哲学思想和办学宗旨，因为“理论是行动的先导”，没有正确的关于国际理解教育的思想，就不会有正确的国际理解教育校本课程的出现。

（3）营造国际理解教育校本开发的学校社区环境。第一，国际理解教育校本课程开发过程中社区课程资源的利用。“社区课程资源的课程功能大多处于潜在状态，这种课程资源隐含在历史与现实的维度上和有形与无形的社会资源中，不具有直接的、显性的课程价值，需要主体在开发利用中进行合理有效的赋值、命定，即赋予并提升其课程潜能，才可进入显性课程资源领域。”[5] 因此，我们教师需想办法去加强对社区课程资源的发掘和充分利用，以便更好地去开发国际理解教育校本课程。第二，家长和社会人士对国际理解校本课程的认同和支持。学生家长是国际理解教育校本课程开发过程中重要的一员，对国际理解教育校本课程开发的支持，会推动其进程，而且根据研究者发现，大部分学生家长是愿意参与学校校本课程开发的，见下表。“就课程开发而言，家长把自己定位为参与者的角色，课程行为表现为提出建议、得到学校的合理解释、审议校本课程开发方案等。”[6]

因此，在国际理解教育校本课程开发过程中需要社会人士和学生家长的广泛支持与热情的参与。

家长对参与课程管理的看法

项　目	百分比（%）
课程管理是学校的事情，家长无权过问	6.2
课程管理是学校的事情，家长有权了解并提出建议	49.3
课程改革措施须与学生家长沟通后才能施行	24.0
学校课程管理委员会须有家长代表参加	15.8
没有看法	4.8

资料来源：王一军．冲突与对话：校本课程开发实践的张力［J］．全球教育展望，2002（5）．

（二）加强中小学学校领导的国际理解教育校本课程领导的理念

（1）中小学校领导需要进一步转换课程管理的观念和行为。中小学学校领导需要改变传统的课程管理理念，需要从“课程管理”到“课程领导”，这是中小学校长课程管理角色的重要转换。

（2）中小学领导需要具有课程领导的能力，学校领导的权威需要从行政权威转向专业权威。在国际理解教育校本课程开发过程中，中小学领导需要加强自身的课程领导方面的专业素养，从而树立自身的专业权威，不是仅靠行政命令去发号施令，而是需要校长等学校领导的专业权威，亲自上阵去领导全校教师从事校本课程的开发活动，如F小学校长自己具有教育学博士学位，具有丰富的关于课程开发的理论和实践基础，所以可非常专业地领导该校教师从事国际理解教育校本课程的理论和实践。

（3）在国际理解教育校本课程开发过程中，校长和教师、教师之间等需要做到合作与协调。“课程领导是一种合作行为。”[7]因此，校长的课程领导和教师的课程开发行为是集体的行为，是一种团队协作的过程。

（三）加强学校教师的国际理解教育校本课程意识

（1）教师加强对国际理解教育校本课程的理解和认知。第一，加强对国际理解教育的认知。教师自身需要对国际理解教育有充分的认知，这是国际理解教育校本课程开发的基础。第二，教师需要对“校本课程”和“校本课程开发”具有比较深刻的认识，这也是进行校本课程开发活动的前提和条件。

（2）教师需要了解国际理解教育校本课程开发的基本任务。国际理解教育校本课程开发是基于学校（based on the school），为了学校学生的发展（for the school），在学校范围内（within the school）进行的一种关于国际理解教育的课程开发活动。一方面，需要满足的学生国际理解的需要，培养具有“尊重”和“理解”等“世界公民意识”的学生。另一方面，可以体现学校的办学特色。可见，国际理解教育校本课程开发的基本任务是：第一，满足本校学生的实际发展需要。第二，形成学校特色。

（3）教师需要懂得国际理解教育校本课程开发的策略。第一，懂得校本课程开发的一般流程。具体而言，校本课程开发一般包括这些流程：组织建立；现状分析；目标拟定；方案编制；解释与实施；评价与修订。[4]第二，教师需要懂得国际理解教育校本课程开发的具体策略。

（4）加强国际理解教育校本课程开发的教育与培训。第一，加强教师教育过程中国际理解教育课程理念。在我国以往的教师教育课程中，根本没有体现国际理解教育的课程，因此，为了培训中小学教师国际理解教育校本课程的开发能力，在教师职前教育中，需要加强师范生的国际理解教育方面的课程。第二，加强在职中小学教师国际理解教育校本课程开发的培训。培训是一种有效途径之一，通过国际理解教育校本课程开发的培训，让教师深刻领会国际理解教育和校本课程开发的内涵与策略，从而更好去从事国际理解教育校本课程开发活动。

（四）促进国际理解教育校本课程的信息化

（1）加强国际理解教育校本课程与信息技术整合。课程与信息技术整合是当代课程改革的一个重要内容，国际理解教育校本课程与信息技术的整合是一种双向整合，“既包含了‘信息技术→课程’和‘课程→信息技术’的两种单向整合，又是一种深化和提高”。[8]

（2）加强以网络为媒介的国际理解教育校本课程的信息化。以网络为载体进行网页开发，对国际理解教育校本课程资源进行充分发掘和利用。第一，给予教师更好的课程资源和课程开发空间。第二，给学生更好更快地掌握国际理解教育校本课程的信息资源。

（3）加强国际理解教育的网络信息化，促进教师与教师、学生与学生、教师与学生以及学生家长之间对国际理解教育校本课程的交流与合作，形成校本课程开发的信息化。

（五）加强国际理解教育校本课程开发的交流与合作

（1）加强学校内外的教师关于国际理解教育校本课程开发的交流与协作。第一，学校内部教师之间的交流与合作。可以是一个专业的教师，也可以是一个年级组的教师，进行交流与合作，共同开发国际理解教育校本课程。第二，学校与学校之间的交流与合作。学校与其他学校之间就国际理解教育校本课程开发中的问题与对策进行探究、交流以及合作。

（2）加强国际间的教师关于国际理解教育校本课程开发的交流与合作。以F小学为例，该学校在校长的倡导和发起下，每年进行国际理解教育校本课程研究发表会，邀请全国各省市的小学教师代表和来自日本、韩国等国家的代表进行国际理解教育校本课程开发的研讨。2010 年 9 月 17—19 日在该学校进行了“东亚小学国际理解教育校本课程开发学术研讨会”，来自全国 19 个省市代表和日本、韩国的代表进行了国际理解教育校本课程开发问题的探讨，加强了教师之间的交流和合作。

（六）学生积极参与国际理解教育校本课程的开发

（1）教师需要正确引导学生对国际理解教育校本课程的兴趣。学生对国际理解教育校本课程的兴趣需要教师正确去引导。第一，教师需要从生活出发引导学生对国际理解教育的兴趣。第二，教师需要在学科课程教学过程中，充分发掘教材中关于国际理解教育的内容，让学生形成兴趣。

（2）鼓励学生参与国际理解教育校本课程的开发。让学生积极参与国际理解教育校本课程的决策，形成学生的课程意识，“创设一定的条件以促进学生参与课程决策的实现。”[9] 让学生对国际理解教育校本课程开发过程中的问题提出自身的意见和看法。

（七）构建国际理解教育校本课程的评价体系

根据泰勒的《课程与教学的基本原理》，我们知道，现代课程编制和开发需要经过以下四个环节。[10]

确定教育目标→选择学习经验

↑　　　　↓

实施教育评价→组织学习经验

根据这个原理，我们在国际理解教育校本课程开发过程中，需要构建课程评价体系。

（1）国际理解教育校本课程评价的目标。在确定国际理解教育校本课程评价的目标之前，我们首先需要弄清楚国际理解教育的目标。根据联合国教科文组织的《第 44 界国际教育大会宣言》，我们认识到国际理解教育的目标：[11] 在青少年中开展国际理解教育是为了使青少年在对本民族文化认同的基础上，了解别国历史、文化、社会习俗的产生、发展和现状；学习与其他国家人们交往的技能、行为规范和建立人类共同的基本价值观；学习正确分析和预见别国政治、经济发展状况及其对本国发展的影响；正确认识和处理经济竞争与合作、生态环境、多元文化共存、和平与发展等方面的国际问题；培养善良、无私、公正、民主、聪颖、热爱和平，关心人类的共同发展的情操；担负起“全球公民”的责任和义务。因此，我们在构建课程评价体系过程中需要考虑国际理解教育课程评价的目标的维度需要从下面几个方面进行：第一，知识与技能课程评价目标：培养学生了解多元文化、全球问题等方面的知识与技能。第二，情感、态度与价值观课程目标：形成学生审视自我、理解别人，尊重差异等方面的情感，学会共存（learn to live together）的态度和相互依存与合作的价值观。第三，过程与方法课程评价目标：不仅培养学生的收集、选择资料、调查探究、分析与判断的能力，还要具备与他人分享与交流的能力。

（2）国际理解教育校本课程评价的内容。首先我们需要加强对国际理解教育校本课程开发的内容进行梳理，其中我们需要重点关注六大中心概念和五大学习领域[12]。六大中心概念：相互依存性；文化多元性；社会公正性；纠纷性；变化性；稀少性。五大学习领域：民族文化理解；异文化理解；人权教育；和平教育；环境教育。我们在国际理解教育校本课程评价内容中，要重视以下几个方面的评价：第一，强调学生真正的文化对话与交流。第二，注重基本价值观的动态建构。第三，强调学生对国际理解进行历史、动态的理解。第四，倡导回归生活教育，进行体验式文化理解。第五，让学生坚持人类可持续发展的国际理念。

（3）国际理解教育校本课程评价的主体。在国际理解教育校本课程开发过程中，我们需要充分认识到课程评价不仅是学校领导的评价，也是教师自身的评价和学生的评价，以及学生家长的评价，还包括一些课程专家的评价等在内的多样化课程主体。

（4）国际理解教育校本课程评价的方法。在国际理解教育校本课程评价中，我们可以采取多元的评价方法。第一，体验式评价。让学生在现实生活与国际学生的交往过程中，进行感受与体验，来判断学生是否具有国际理解教育理念。第二，档案袋评价。学生对国际理解教育的知识与技能的增加，情感态度价值观的变化进行记录，从而去判断和评价。第三，游戏式评价。通过学生做国际理解教育的游戏，给学生创设情景，让学生在游戏中去进行国际理解教育，看学生是否能实现对多元文化的理解，尊重和理解他人，也被他人所理解。第四，角色扮演式评价。在课堂或者活动时让学生扮演不同的角色，通过角色扮演，去实践国际理解教育的知识和理念，从而观察学生的国际理解教育方面的知识、技能以及情感态度与价值观。

（八）借鉴发达国家的国际理解教育校本课程开发的经验

美国、日本等发达国家在国际理解教育课程校本开发方面具有相当丰富的理论和实践经验，因此，我们在进行国际理解教育校本课程开发过程中，可以学习和借鉴其经验，如学习日本国际理解教育校本课程开发的经验。我们可以借鉴日本课程开发的生活性，以生活为基点，从生活中选取问题来作为国际理解教育校本课程的研究课程对学生进行教学，这样让学生更好理解和接受，如日本大津和子的《一根香蕉》[13]这样一个国际理解教育主题的学习，加强对香蕉等进口食物是由国外进口而来的事实的理解，从香蕉散发开来，让学生思考日本国家的资源、外国的资源、劳动力，南北间的贫富差距等国际问题，从而形成国际的理解意识。日本等发达国家的国际理解教育校本课程开发的经验很值得我国中小学在国际理解教育校本课程开发时进行学习，从而形成我国特色的国际理解教育校本课程开发的模式。

五、结语

国际理解教育校本课程开发是当前我国基础教育课程改革中一个重要的话题，我国许多学者已经或者正在研究该课题，取得了一定的成绩，但也面临许多问题。因此，我们应该重视相关问题，笔者只是一些粗浅的思考，望能起到抛砖引玉之效。

参考文献

［1］雅克·德洛尔．教育——财富蕴藏其中［M］．北京：教育科学出版社，1996.

［2］教育部．基础教育课程改革纲要（试行）［N］中国教育报，2001-06-08.

［3］熊梅．国际理解教育主题学习的实践探索［Z］．东亚小学国际理解教育校本课程开发学术研讨会研究纪要，2010（9）.

［4］吴刚平．校本课程开发［M］．成都：四川教育出版社，2002.

［5］王津泼．社区课程资源的开发及其价值［J］．教育发展研究，2004（11A）．

［6］王一军．冲突与对话：校本课程开发实践的张力［J］．全球教育展望，2002（5）．

［7］钟启泉．从行政权威走向专业权威［J］．教育发展研究，2006（4A）．

［8］黄甫全．试论信息技术与课程整合的基本策略［J］．电化教育研究，2002（7）．

［9］李宝庆．学生参与课程决策［J］．全球教育展望，2009（10）．

［10］钟启泉．课程设计基础［M］．济南：山东教育出版社，1998.

［11］徐辉，王静．国际理解教育研究［J］．西南师范大学学报：人文社会科学版，2003（6）．

［12］熊梅，等．国际理解教育校本课程开发与设计［J］．教育研究，2010（1）．

［13］浅沼茂．国际理解教育的过程要素［Z］．东亚小学国际理解教育校本课程开发学术研讨会研究纪要，2010（9）．

当前我国 PISA 研究述评
——基于期刊网的分析

一、问题的提出

“PISA”，即 Program for International Student Assessment（国际学生评价计划），是由联合国教科文组织（OECD）所倡导的针对 15 岁学生的学习素养进行的测试，包括 32 个国家和地区参与，是每三年一个循环的国际教育测试计划。这个计划从 2000 年开始，在国际上引起了参与 OECD 的成员国和非成员国的广大关注，特别是 2009 年在中国上海进行了 PISA 测试，更是引起了大家的关注。研究者对这个计划进行了深入研究，笔者在中国知网上搜索以“PISA”为篇名的文章有 119 篇，以“国际学生评价”为篇名的有 21 篇。从《经合组织（OCDE）：启动国际学生评价项目并公布首次评价结果》2002 年第 11 期开始，到目前为止，关于“PISA”的研究论文在我国共有 140 篇。这些研究成果表明了我国在 PISA 研究方面取得了一定的成绩，但是纵观世界范围内对 PISA 的研究，不难发现，我们的研究还存在一定的问题，因此需要进一步研究和关注。

二、当前我国 PISA 主要研究现状

（一）PISA 概念的研究

我国在 PISA 概念的研究方面，取得了一定的成绩，对 PISA 进行了界定，如研究者开永平在《全球教育展望》2002 年第 10 期上发表的《PISA：全球性学生素质评价》一文中认为 PISA 是一项对在校学生的技能和知识状况的国际性评价计划。评价对象是即将完成义务教育的、年龄在 15 岁左右的在校学生，评价的内容是以评价对象必须掌握将来参加社会工作所必需的知识和技

能状况为目标。[1]还有霍益萍在《教育发展研究》2002 年第 11 期发表的《经合组织（OECD）：启动国际学生评价项目并公布首次评价结果》一文翻译和介绍了 PISA，众学者的研究让我们进一步明白了国际学生评价计划的概念。

（二）PISA 在数学素养方面的研究

在数学素养方面，关注如何通过数学试题培养学生的数学能力，以及如何进行数学试题研究和开发等，如苏洪雨在《教学与管理》2008 年第 5 期上发表的《PISA：数学素养测试题的设计和研发过程》一文和谢利民、卢宏在《外国中小学教育》上发表的《为明天的世界而学习——PISA 视野下数学素养测试特点分析》一文，都分析了数学素养的测试试题的研制和开发。

（三）关于 PISA 中阅读素养的研究

对于 PISA 中的阅读素养研究比较多，集中探讨了通过 PISA 视角思考中小学阅读，一方面，探讨阅读考试试题的开放性，如《从 PISA 看国内语文阅读考试改革》一文研究了以 PISA 的阅读素养架构为蓝本，以上海中考语文阅读开放题为突破口考察国内语文阅读考试存在的问题，探究语文阅读考试可能的改进策略。另一方面，是探讨如何界定和测评阅读素养，如《PISA：阅读素养的界定与测评》一文中探讨了 PISA 的测评重点不是测量 15 岁的学生能否进行专业意义上的阅读，而是更多的关注即将离开中学的学生在广泛的连续或不连续的阅读材料基础上建构、扩展并反思阅读材料的能力。[2]

（四）PISA 在问题解决方面的研究

这一部分的研究主要集中在探讨了 PISA 中所倡导的解决问题的技能主要是指学生综合运用阅读、数学、科学方面所获得的知识与技能，来解决生活中遇到的真实问题的能力。如学者杨学敬、徐斌艳在《教育科学》2007 年第 2 期上发表的《问题解决内涵的重构》一文，王晞、李素芳在《上海教育科研》2006 年第 9 期上发表的《PISA：解决问题技能的界定与测评》一文，都倡导培养学生的问题解决能力，并认为问题解决内容包括识别交叉学科问题、识别相关学科的信息和条件、提出可能的解决办法和方案、选择解决方案的策略、解决问题、检查或反思问题、交流解决结果。[3]

（五）PISA 为教育政策服务方面的研究

对于这部分的研究，集中探讨 PISA 在教育政策的制定中所起到的导向作用，如成本效益导向、社会公平导向、终身学习导向、竞争理导向等[4]，从而探讨 PISA 对国家教育政策服务的价值研究。

三、当前我国 PISA 研究的问题和不足之处

（一）缺乏对 PISA 的整体认识

尽管我国学者对国际学生评价计划进行了一定的介绍，对 PISA 的产生背景，评价内容，评价实施措施等进行了研究和评介，但是没有真正理解 PISA 的真实目标。PISA 目标是为了倡导质量教育和追求公平，关注男性和女性差异，重视农村教育和城市教育的差异研究，强调不让一个孩子掉队，不让一个学校掉队，不让一个国家掉队。同时，PISA 的目标是基于“五个假设”：第一，PISA 所测量的内容是对未来有一定重要性的知识；第二，经济的未来依靠于被 PISA 所监控的知识基础；第三，PISA 测量在学校所学习的内容；第四，PISA 测量学校教育的竞争力；第五，PISA 测量和比较国家学校条款的质量，不少于关注学校结构、教师质量、课程等[5]。

（二）PISA 的研究内容和范围狭窄

从研究内容和研究范围来看，我国 PISA 研究中主要存在以下几个方面的不足：第一，缺乏对国际的比较。我国 PISA 研究中基本上没有进行国际比较研究，没有我国 PISA 与其他国家之间的比较分析方面的论文，可见，现阶段的 PISA 研究中相当缺乏国际比较研究。第二，缺乏从 OECD 视角来思考，缺乏宏观层面的考察。我国 PISA 研究中没有从 OECD 视角来思考该问题，更多是就某个问题而探讨，如探讨阅读素养的培养问题，更多的研究都太微观，缺乏对宏观问题的考察。第三，缺乏对家庭背景与阅读、科学、数学素养成绩的关系研究。因为，社会的、经济的、文化的因素影响着学习教育。父母的社会地位（SES）、父母的教育、家庭结构都影响和制约着学生的成绩。

（三）PISA 研究方法有待改善

从近些年来我国 PISA 研究论文来看，我国研究学者主要从文献资料法、比较研究法方面去研究，缺乏对实证的调查与思考，没有从教育实验和教育实践中去思考 PISA，因此，在我国 PISA 研究中研究方法还有待改进。

（四）缺乏对 PISA 的反思研究

我国 PISA 研究基本上是“一面倒”，即只是一味地做 PISA 在教育决策中的作用、PISA 在教育评价中的价值、PISA 在阅读素养的培养中的价值、PISA 在科学素养培养中的意义等如此研究，但是一些关于对 PISA 的反思性研究不多见，甚至没有，这是我们在 PISA 研究中的一个缺陷和弊端。

四、我国 PISA 研究的展望

（一）我国 PISA 研究国际化

国际化教育和教育国际化趋势，客观要求我国要不断提高教育国际水平，实现教育国际化。PISA 本来就是由联合国教科文组织（OECD）所倡导的一项国际性的教育活动，是所有成员国和非成员所参与的学生评价，体现“国际化”。因此，我国 PISA 研究需要加强包括美国、德国、英国、日本、芬兰等发达国家的教育研究，也需要加强对发展中国家的教育研究，以 PISA 为研究平台，通过教育的国际考察和判断，更好地去实现我国教育的发展。

（二）我国 PISA 研究本土化

我们所进行的 PISA 研究无非是通过对国际学生学习效果的测试和评价，以改进我们的学校教育和家庭教育，提高学生在阅读、科学、数学方面的素养，着眼于“每位学生的发展”“民族的复兴”，提高国际教育竞争力，促进教育国际化。过去的测试中芬兰的学生成绩都非常优秀，大家非常关注芬兰教育，而我国上海学生在 2009 年的 PISA 中成绩测试表现优秀，外界很为震惊。对于我国学生测试成绩的表现，我们需要看到“在一个全球化的社会，评价有共性，我们至少要知道世界教育评估的趋势，而且通过参加评估更加了解与国际先进水平的差距，发现教育决策的不足，然后推行改革”。[6]因此，我们研究 PISA 需要关注国内学生的成绩测试对我们基础教育课程改革和高等教育改革的启示价值，从而为我们教育决策做出导向作用。

（三）我国 PISA 研究注重实证

前面说到了我国 PISA 研究过程中，缺乏实证研究，更多的是一种理论探讨。但是，国际上对于 PISA 研究更多是采取了调查研究和实证的方法，如在探讨性别差异和阅读素养之间的关系时[7]，一些学者就采用调查研究方法，不仅仅限于文献研究和分析，而且包括数据调查，从而更好地去研究 PISA 中学生性别和阅读素养之间的关系。为了更好地去研究 PISA 的发展趋势，充分发挥其在我国教育评价和教育决策中的价值和意义，我们需要加强研究，特别是注重实证研究。

（四）我国 PISA 研究关注教育公平

教育公平是世界范围内一个比较重视的研究课题。联合国教科文组织专家明确提出 PISA：趋向一个更加完整的评价和质量教育与有效学习的监督，强调全球教育和全民教育[8]。因此，在我国 PISA 研究中也需要关注教育公平的研究，关注全球教育，不让一个学生掉队，不让一个学校掉队，实现东部地区、中部地区、西部地区教育都能得到一定质量保障的发展。

（五）加强对 PISA 的反思性研究

我们知道，任何事物都是相辅相成的，PISA 作为一种评价系统，其本身也是有一定的不足，我们需要肯定在国际学生评价测试中的价值和意义。同时，我们需要看到其否定的一面，正如在 2009 年 PISA 测试中，我国上海学生夺冠，但是“上海的教育不能代表中国的教育，上海的 PISA 成绩也不能简单地拿来和美国的 PISA 成绩相比较，因为一个发达城市的教育成就毕竟不能和一个国家整体的教育水平相提并论。所以我认为，我们不能因为上海 PISA 成绩优异而过于沾沾自喜，还是应该正视自身教育的不足。”[9]所以，我们在 PISA 研究中需要加强反思性研究，不仅停留在事物的表面，更需要关注事物背后本质的特征，从而实现研究真正的价值所在。

总之，我们需要关注 PISA 研究的进展，更好地促进我国教育研究的发展，推进我国教育改革的步伐。

参考文献

［1］开永平．PISA：全球性学生素质评价［J］．全球教育展望，2002（10）：59.

［2］王晞，黄慧娟，许明．PISA：阅读素养的界定与测评［J］．上海教育科研，2003（9）：37.

［3］王晞，李素芳．PISA：解决问题技能的界定与测评［J］．上海教育科研，2006（9）：35.

［4］陆璟．PISA 研究的政策导向探析［J］．教育发展研究，2010（8）：20.

［5］STEFAN THOMAS HOPMANN. No Child，No School，No State Left Behind；Schooling in the Age of Accountability［J］. Curriculum Studies，2008（4）：438.

［6］罗阳佳．PISA 带给我们什么［J］．上海教育，2010（12B）：12.

［7］LUC TLE. Investigating Gender Differential Item Functioning Across Countries and Test Languages for PISA Science Items［J］. International Journal of Testing，2009（9）：122.

［8］OECD. Education for All（EFA）and Inclusion Education A Renewed Discussion［N］. 2009－11－03.

［9］宋旻．PISA 测试上海夺冠回答了什么［N］．中国青年报，2011－03－04.

芬兰高中地理课程改革的特色及其对我国高中地理课程改革的启示

一、芬兰地理课程改革的特色

（一）关注地理课程的人文性和科学性的辩证统一

芬兰地理课程改革非常重视地理课程学生对地理科学知识和技能的掌握，了解和把握地理作为一门自然科学所需要掌握的地理学思维方式。如芬兰高中地理新课程改革教学目标中明确提出让学生获得、理解和正确评价地理信息，理解空间性、空间和地点在地理教学中的意义以及地理学的思维方式。同时也指出让学生熟悉和了解各类文化并接受和理解文化的多样性。

（二）必修与选修相结合的地理课程结构

在芬兰 1994 年颁发的《普通高级中学国家核心课程》方案中指出了地理课程的必修课程数目与专业选修课程数目，如在高中地理课程中明确将蓝色的星球（GE1）和共同的世界（GE2）作为必修课程，将一个充满危机的世界（GE3）和地区研究（GE4）作为专业选修课程。

（三）重视地理课程理论和生活的结合

芬兰地理课程实施与教学过程中比较关注学生的批判思维，在地理课程的教学中引导学生对周围世界的关心，对自己不同地理水平区域的规划方法的熟悉，并对自身所处环境发展的理解，加强地理课程与生活的关联。

（四）重视和关注危害地理学的教学和研究

芬兰地理课程改革重视对危害地理学的教学和研究，将地理危害分为几类：第一，自然危害。主要是指与外层空间和内部空间危害、暴风雨、洪水、干旱以及生物危害相连的危害。第二，与人和自然相互依赖的环境危害。主要是指与使用自然资源相关联的危害，能源争端、自然资源供给、洁净水源的保证、空气腐蚀和沙化、气候变迁、污染和生物多样性的减退。第三，人类危害。主要是指人口增长、饥饿、城市化、与全球化相连的危害、社会和政治紧张、战争、难民流动和社会不平等的增长。第四，技术性的危害。在将地理危害进行分类的基础上，教育学生为预防地理危害做准备。

(五) 关注地理课程与信息技术的整合

从芬兰的地理课程教学目标中可以看出，其非常强调教师灵活运用信息技术来呈现地理信息。同时在地区研究（GE4）水平的核心内容中重视地理信息系统（GIS）软件的应用，关注地理课程与信息技术的整合。

(六) 关注学生多方面能力的评价

在芬兰地理课程评价中比较关注学生的知识与技能为基础的地理学思维的发展。评价目标的内容一方面包括学生对基本概念的掌握，正确判断地理学报告和争端的能力以及观察地区间关系的能力。另一方面重视学生解释和评价地理知识内容，在不同情况下应用地理知识的能力。当然，地理课评价还包括分析、处理和呈现地理信息的能力等多方面的评价。

二、芬兰地理课程改革的特色对我国地理课程改革的启示

(一) 加强地理课程的社会科学性与自然科学性的结合

就像许多人一直问到的问题“地理是属于文科还是理科?”对于这个问题来说，大学阶段地理学科划作是理科，高中阶段地理归类为文科，而地理又分自然地理、经济地理还有人文地理等分支。所以这样一来，地理学是研究地理环境以及人类活动与地理环境相互关系的科学，具有综合性和地域性的特点，也就是说既具备社会科学性，也具有自然科学性。因此，在地理课程设计中，需要加强地理课程的社会科学性与自然科学性的结合，引导学生关注全球问题以及我国改革开放和现代化建设中的重大地理问题，弘扬科学精神和人文精神，培养创新意识和实践能力，增强社会责任感，强化人口、资

源、环境、社会相互协调的可持续发展观念，这是时代赋予高中地理课程的使命。

（二）关注和重视我国地理危机的教育

我国《普通高中地理课程标准》中指出地理课程的知识与技能目标是：第一，获得地球和宇宙环境的基础知识。第二，理解人类赖以生存的自然地理环境的主要特征，以及自然地理环境各要素之间的相互关系。第三，了解人类活动对地理环境的影响，理解人文地理环境的形成和特点。第四，认识可持续发展的意义及主要途径；认识区域差异，知道区域可持续发展面临的主要问题和解决途径。第五，学会独立或合作进行地理观测、地理实验、地理调查等基本技能。第六，掌握阅读、分析、运用地图、地理图表和地理数据的技能。但是我国地理课程缺乏对地理危机教育的课程内容。因此，在我国地理课程改革过程中，需要加强地理危机的教育内容，以便更好地培养学生的地理危机意识和思维以便让学生获得处理地理危机的方法和能力。

（三）重视地理课程结构中必修课程与选修课程的结合

传统意义上，在我国开设的地理课程中更多的是关注地理必修课程，轻视或忽视地理选修课程。在我国地理课程改革过程中需要加强必修课程与选修课程的结合，扩大地理选修课程的比例，以便满足学生多样化的学习兴趣和学习需求。

（四）促进地理课程资源的开发

在地理课程改革过程中，需要不断加大对地理课程资源的开发，第一，充分利用学校地理课程资源，通过调查，掌握学校地理课程资源的情况，并分门别类建立地理课程资源档案，逐步建设地理课程资源库。第二，积极建设学校地理课程资源库，教师要结合学校的实际和学生的学习需求，充分利用学校已有的地理课程资源，以及师生可用于地理教学的经历和体验，提倡校际地理课程资源的共建和共享。第三，合理开发校外地理课程资源，包括青少年活动中心、地理教育基地、图书馆、科技馆、气象台、天文馆、博物馆、陈列馆、展览馆和主题公园、科研单位、大专院校、政府部门，区域自然环境、人文景观，广播、电视、报刊、网络等。加强与社会各界的沟通与联系，寻求多种支持，合理开发利用校外地理课程资源。

（五）推进地理课程评价改革

第一，实现地理课程的评价目标多元化，地理课程评价需要关注学生的地理知识与地理技能的学习，需要关注学生的地理学习过程与地理学习方法，注重培养学生的地理情感、态度、价值观，需要重视学生的多方面兴趣和能力的培养，实现多样的地理课程目标。第二，重视多样化的评价主体，关注地理课程评价中学生自身的评价，重视学生的同伴评价，提倡学生家长的参与以及社会人士对学生评价的监督。第三，注重多样的地理课程评价方式相结合。将地理课程的学习过程评价和地理课程的学习结果评价结合起来，将地理课程的形成性评价与地理课程的终结性评价相结合，将地理课程的定性评价与地理课程的定量评价相结合。

（六）推进地理课程的终身学习

正如《基础教育课程改革纲要（试行）》中所倡导需要关注学生的学习兴趣和学生的终身学习，毫无疑问，地理课程也需要关注学生的学习兴趣和终身学习的愿景，培养学生的终身学习的知识和基础，为学生进一步生活、工作和学习提供地理方面的知识与技能以及终身学习的能力。

（七）促进地理课程的高考改革

地理课程改革需要面对地理高考，因此，也需要地理高考的改革。通过高考改革来推进地理课程的改革。在目前来说地理高考采取的是综合考试试卷，但是对于地理高考的比分、地理高考的内容等都有待进一步去改进。因为地理高考是中学地理教学的指挥棒，因此只有地理高考改革的深入，才会有更好的地理课程的改革。当然，地理课程改革需要自身的独立性和特殊性，需要加强和推进改革。

（八）加强地理课程与生活的关联，重视教师和学生的体验

“教育即生活”。那么，地理教育就是在进行地理生活。在地理课程改革中，不仅需要关注教师对地理课程的生活体验，而且更加需要重视学生对周围生活的区域以及地理环境的个性化解读和生活化的体验。

（九）加速地理课程与信息技术的整合

在地理课程改革过程中需要加速地理课程与信息技术的整合，一方面让教师具备地理课程与信息技术整合的教学能力，具有地理信息化理念、地理信息技术道德、地理信息技术技能等信息技术素养，另一方面不断使学生具备地理信息获取的能力、地理信息分析的能力、地理信息加工的能力、地理信息创新的能力、地理信息利用的能力。

参考文献

[1] 教育部．基础教育课程改革纲要（试行）[N] 中国教育报，2001－06－08.

[2] 教育部．普通高中地理课程标准（实验）[N] 中国教育报，2003－03－31.

[3] 陈振响．芬兰普通高中课程改革新进展 [M]．北京：中国科学技术出版社，2006.

[4] 教育部．中小学信息技术课程指导纲要（试行）[N] 中国教育报，2000－11－13.

芬兰普通高中实施教育与职业指导课程及对我国的启示

芬兰作为世界上教育改革比较著名的国家之一，其教育改革影响波及全世界，备受世界教育人士的关注，特别是高级中学课程改革值得我国去借鉴与学习。在进入21世纪以来，芬兰为应对社会各个领域更加重视知识与技能的发展潮流，其进行了“构筑学校教育与职业指导咨询体系”[1]，在普通高中开设教育与职业指导课程。其目标在于引导学生进行教育计划、职业选择、人生规划，帮助学生完成好高中学习、生活以及毕业后进一步深造和就业等。芬兰在普通高中开设教育与职业指导课程的做法，对于今天我国高中课程改革具有重要的借鉴意义。

一、芬兰普通高中教育与职业指导课程思想简述

（一）课程目标

芬兰在普通高中开设教育与职业指导的目标：第一，教给学生各种学习方法、技能和要求，帮助学生适应高中的学习生活。第二，为了培养学生的独立意识与责任意识，能让学生设计个人学习计划，发现学习上的问题，并能通过他人帮助来解决这些问题。第三，给学生提供关于工作、经济生活和工商企业活动的信息。第四，让学生学会独立获取信息和掌握信息与通信技术所提供的各种机会。第五，培养学生规划和管理自己人生的意识与能力。第六，帮助学生设计个人课程计划，了解毕业后将面临的各种教育与培训机会，学会使用不同的途径搜索相关信息，并从中获益。第七，让学生树立终身学习的理念，鼓励学生对自己的学习能力充满信心并制定好继续教育计划，引导学生确立自己在社会与职业生涯的地位。

（二）课程内容

芬兰普通高中教育与职业指导课程的核心内容主要有：第一，学习的构

成和个人学习技能的发展。第二，自我认识。第三，认识自己的学习方式及自己的长处。第四，大学的申请步骤。第五，大学入学考试。第六，事业方向和继续教育。第七，向工作的过渡。第八，工作的知识。

（三）课程结构

芬兰普通高中教育与职业指导课程在《青年教育的课时分配》被规定为：必修课程数量为1，作为选修课程的全国性课程数为1。因此，《教育与职业指导》课程包括了必修与选修部分。①必修课程。必须为学生提供的，涉及选择本学校和其他学校提供的各类选修课、学习技能、自我认知以及有关职业选择的问题。②选修课程。与必修课程直接关联的进一步学习的课程，涉及更高层次的终身教育和终身学习，职业指导方面的问题。

（四）课程实施

（1）课时安排。芬兰普通高中《教育与职业指导》课程有必修课程与选修课程，两门课程都有38个学时，修一学年，平均每个星期两个小时以上。

（2）实施主体。第一，受过专业培训的个体学校咨询员负责学校内的教育。第二，团体指导员。负责指导各自指定的不同学生团体。第三，每个教师都有责任在学习技能、个人、课程计划方面指导所教的学生。

（3）指导形式。个别指导、小组指导以及班级指导。

二、芬兰普通高中《教育与职业指导》课程对我国普通高中课程改革的启示

（一）在我国普通高中开设《教育与职业指导》课程的必要性

第一，人才培养模式转换的需要。在今天，我国需要改变传统的计划经济影响下的人才培养模式，改变那种只是重视考试分数的现象，而是需要培养学生的创新精神和实践能力。《基础教育课程改革纲要（试行）》中指出，新课程目标需要培养学生“具有初步的创新精神、实践能力、科学和人文素养以及环境意识。”[2]通过对高中学生进行教育与职业指导，让其更新就业观念与改善传统的认知结构，制订教育计划、职业计划与人生规划，从而使高

中教育贴近社会、符合社会发展的实际，形成新的人才培养模式。第二，培养学生终身学习能力的需要。当代社会是一个学习型的社会，“学习是一种需要”，学生需要具备终身教育、终身学习的理念，具备终身学习的知识与能力。通过《教育与职业指导》课程的开设，能培养学生的自我教育，自我认知和自我人生规划的意识与能力。第三，尽管我国高校招生录取率在不断提高，2008 年高校录取率平均为57%，2009 年高校录取率平均为62%。但是每年还是有几百万名的高中毕业生将走向社会。这样产生高中毕业以后，学生能干吗，该干什么，等等问题。那么就需要通过教育与职业指导让学生在高中阶段有所准备，提前认识和确定自己的职业兴趣和职业性向。第四，职业多样化趋势的需要。“世界上约有 4000 多个学科领域，近万种职业。”[3] 职业的多样化客观要求高中学生去认识与了解，培养自己的职业选择，为今后进入社会做好准备。第五，架构中学教育与高等教育之间的桥梁。通过开设教育与职业指导课程，让学生进一步认识和了解大学入学考试的问题，让高中生对高等学校的一些情况有所了解，为打通高中教育与高等教育之间的沟通渠道奠定基础。

（二）我国普通高中教育与职业指导课程目标建构

在我国普通高中开设教育与职业指导课程目标：第一，为广大高中学生能适应高中生活，更好地完成高中学业奠定基础。第二，培养和树立高中学生的职业兴趣，让高中学生逐步形成自己的职业性向。第三，让学生了解高考，为大学入学考试做准备。第四，培养学生终身学习的能力。第五，培养学生网络时代如何更好地去收集学习、生活、就业等方面的信息。第六，培养学生的创业意识，创新精神和实践能力，“使学生能主动地学习和适应社会大环境，端正择业观念，树立为振兴国家和服务人民的职业理想”。[4]

（三）我国普通高中教育与职业指导课程内容设想

根据对芬兰普通高中教育与职业指导课程内容的思考，结合我国的国情，笔者认为我国普通高中教育与职业指导课程内容主要包括三大板块，第一，学习与教育板块。其中包括高中学生的入学适应、选修课程如何去选择、高中阶段的学习规划、大学志愿的填报、大学专业的选取。第二，职业与职业指导板块。包括高中学生对职业的认识、了解当前社会的人才需求和有关人事与劳动政策、认识自己的职业志趣、职业能力与个性特点、职业生涯规划。第三，人生规划板块。高中生的心理特点是处在心理迅速发展的阶段，思维不断成熟，对人生开始更加深入的思考。在高中时期，让其进行人生规划，更加有利于其未来学习、生活和心理发展。

（四）我国普通高中教育与职业指导课程开设原则探讨

在我国普通高中开设教育与职业指导课程需要遵循一定的原则。第一，科学性原则。我们在借鉴芬兰等发达国家教育与职业指导课程思想的时候，也需要使之“中国化”，坚持科学发展观，创造中国特色的教育与职业指导模式。第二，发展性原则。我国普通高中教育与职业指导课程的开设是以学生的发展为目的，以推进教育品位为前提，学生的职业兴趣、能力、知识是不断变化发展的，用发展性的眼光看待学生，指导学生的成才。第三，因地制宜原则。在国家教育部的统一部署下，根据各地区普通高中学校的特点进行实事求是，因时因地制宜原则进行开设。第四，实用性原则。在我国普通高中开设的教育与职业指导课程内容上应该实用，能培养学生的职业选择能力、创新能力以及实践能力。

（五）我国普通高中教育与职业指导课程实施探究

（1）加快高中学分制改革，促进教育与职业指导课程建设。对于高中实行学分制，已经是一个不是问题的问题了，但是真正意义上的学分制还有待加强。在高中课程改革过程中，需要加大高中学分制改革的力度。在学分制背景下，教育与职业指导课程实行必修课程与选修课程的结合。设置一部分课程如高中学生如何适应高中生活、自我认识、自我兴趣、高考相关知识等知识内容为学生必修课程。将一些社会中和就业相关的知识等列入选修课程，按梯度分为 A、B、C、D 等不同层次，让学生根据自己兴趣去选择和学习。

（2）加强教育与职业指导与高中综合实践活动两者之间的有效沟通结合。将教育与职业指导课程与高中综合实践活动沟通结合起来，在研究性学习、信息技术教育、社区服务与社会实践、劳动与技术教育等综合实践活动中培养学生搜集信息的能力、培养学生的职业兴趣、择业观念等，将两者有效结合起来，综合培养学生的创新精神和实践能力。

（3）进行高中教师队伍建设，培训教育与职业指导课程的教师。在我国高中教育改革过程中，教师队伍建设是一个非常值得关注的课程。没有好的教师，哪会有好的教育。因此，在我国高中开设教育与职业指导课程，需要大量的教育与职业指导教师。首先，以县为主进行骨干教师培养。其次，骨干教师对学校教师进行校本培训。通过对教师进行教育与职业指导培训，提高高中教师的教育与职业指导课程的开设能力。

（4）推进高考改革，促进教育与职业指导课程实施。“新课程改革与高考改革的互动关系”[5]告诉我们，推进高考改革有利于促进高中课程改革，同理，通过促进高考改革也可以推动教育与职业指导课程的实施。

三、结语

芬兰普通高中实施教育与职业指导课程，在其高中教育改革实践中取得了相当好的成绩，是值得我国去学习与借鉴的。当然，我国高中课程改革过程需要构建适合我国国情，具有中国特色的教育与职业指导课程，以便更好地促进我国人才的培养。

参考文献

［1］应晓琼．芬兰：构筑学校教育与职业指导咨询体系［J］．上海教育，2006（6）：39.

［2］教育部．基础教育课程改革纲要（试行）［N］．中国教育报，2001-06-08.

［3］赵文晶．职业指导教育的意义、原则与方法［J］．人民教育，2005（13-14）：10.

［4］柳君芳．职业指导的基本概念与内涵［J］．北京成人教育，2000（1）：15.

［5］罗立祝．新课程改革与高考改革的互动关系［J］．福建师范大学学报：哲学社会科学版，2007（4）：46.

我国台湾与大陆普通高中综合实践活动比较研究

我国台湾地区在颁发《普通高级中学课程暂行纲要》的基础上，颁发了《普通高级中学必修课程“综合活动”课程纲要》，从目标、核心能力的培养、教材纲要、实施方法、评价等几个方面进行了规定，强调加强高中阶段学生的综合实践活动。我国大陆从2001年颁布《基础教育课程改革纲要（试行）》到现在已经10年过去了，但是对于高中综合实践活动，我国大陆地区只是颁发了《综合实践活动纲要》（3～6年级）《综合实践活动纲要》（7～9年级），还没有颁发全国范围内的《普通高中综合实践活动纲要》。因此，在我国高中综合实践活动开展的过程中，主要依据的是《基础教育课程改革纲要（试行）》《普通高中课程方案（实验）》等文件，自行进行实施，当然在全国范围内许多省市也颁布了自己的《普通高中综合实践活动实施意见（试行）》。笔者就以湖北省为例，将台湾综合实践活动与内地综合实践活动进行比较。湖北省根据国家教育部《普通高中课程方案（实验）》（教基〔2003〕6号）和《湖北省普通高中课程设置方案（试行）》（鄂教基〔2009〕10号）文件精神，为促进普通高中学校综合实践活动课程的有效开设，提高课程实施质量，在2009年8月30日颁发了《大陆省普通高中综合实践活动实施意见（试行）》。通过台湾与大陆两个地区高中综合实践活动之间的比较，我们发现了很多相同和不同之处，正如我国著名教育家、北京师范大学王策三教授所指出的[1]：稍作对照，人们发觉：“我们的课改”，即“新课程理念”介入和导引下的做法，与台湾前些年的教育改革，“惊人的相似”“出奇的相似”“越比越像”。但是笔者认为，台湾的做法还是有些值得大陆借鉴的，当然，我们需要共同反思，从而更好地促进我国新课程改革。

一、台湾与大陆普通高中综合实践活动课程的不同点

（一）课程目标的比较

（1）在学生兴趣培养方面的区别。台湾强调扩展学生的生活经验，培养

学生持续发展的兴趣与专长，激发学生的潜能，特别强调培养学生的“专长”与“持续发展的兴趣”。大陆从培养学生的体验和生活中的兴趣来探讨，也重视学生的兴趣，但是没有提到发展学生的“专长”。

（2）在行为与态度上的区别。台湾不仅重视个人行为的发展，还培养学生的群体行为，重视学生的服务意识的培养，希望通过综合实践活动来培养学生服务他人、关怀社会的行为，以提高参与公共事务的热忱与知能。大陆则重视学生对自然、对社会、对自我的认识，加深对社会的了解、理解和认同，形成积极的人生态度、高度的社会责任感和使命感。

（3）渗透生命教育的区别。台湾重视对学生进行生命教育的渗透，提出“培育尊重生命，以及关怀自己、他人与自然环境的态度。”大陆则是从大体上，从宏观角度来思考和定位学生与社会、与自然的关系，“培养学生积极健康的人生态度”，缺乏对学生进行生命意识的渗透。

（4）对信息技术意识与能力的渗透的区别。大陆综合实践活动强调学生的信息技术能力的培养，重视对学生收集资料能力的培养，提出“培养收集、分析和利用信息的能力”[2]。而台湾没有提出这个方面的目标。

（二）核心能力方面的比较

（1）省思能力培养的区别。台湾比较关注学生的省思能力的培养，提出“建构自我体验、省思与实践的能力”，而大陆没有提出“省思”方面的能力。

（2）在解决问题能力培养方面的区别。大陆《高中综合实践活动指导意见》比较重视解决问题能力的培养，指出“培养发现问题和解决问题的能力”，而台湾不仅比较重视学生问题解决能力的培养，而且还重视“学生的自我学习、逻辑思考、价值澄清”方面的能力的培养。

（3）在培养学生的生活能力方面存在差异。台湾更加具体强调学生的亲和力、服务他人的能力培养，大陆则强调培养学生的服务社区意识与能力的培养。

（4）培养学生的创造能力的区别。台湾不仅重视学生的探究能力培养，更加重视学生的创造精神的培养，大陆只是重视学生的探究能力方面的培养。

（5）在生命教育方面的区别。台湾重视和关注综合实践活动中学生的生命涵养和尊重生命以及关怀自己能力的培养，而大陆更主要强调“形成积极的人生态度”，缺乏具体的对学生生命教育的渗透。

（三）课时安排和学分的比较

综合实践活动课程对台湾和大陆来说都是一种必修课程，但是学分的要求不同。台湾强调高中综合实践活动不计算学分，并指出以三年整体规划逐年实施为原则，一学年或一学期的总节数配合实际教学需要，弹性安排各项综合活动，不受每周两节或每周班会、社团活动各一节的限制。大陆强调高中综合实践活动课程要求计算学分，并指出：第一，在学分上，规定高中三年需要达到社区服务 2 学分 + 研究性学习 15 学分 + 社会实践 6 学分 =23 学分（总学分）。第二，在学时上，高中三年之内需要达到的学时量：社区服务的 80 学时 + 研究性学习的 270 学时 + 社会实践的 35 学时 =385 学时（总学时）。

（四）综合实践活动展开的领域比较

（1）活动领域的宽窄区别。台湾重视学生的五大领域：班级活动、社团活动、学生自治会活动、社区服务学习活动、学校特色活动。大陆强调学生的研究性学习、社会实践、社区服务三个综合实践活动领域。可见，台湾综合实践活动强调的领域比大陆强调学生的综合实践领域更加广泛。

（2）活动领域的侧重点的差异。第一，在学习自主方面的区别。大陆重视学生的研究性学习，重视学习的自主探究，并指出“高中一年级、二年级和三年级上学期研究性学习活动，每学期或每学年开展一个主题或一个项目研究。”而台湾重视综合实践活动中学生的学习民主，班级自治。第二，在生活教育方面的区别。台湾强调的生活教育是显得非常的细致和清晰，非常关注落实学生的生活教育，并重视对“休闲教育”和“环保教育”的开展。大陆非常笼统地强调学生的社会参观（考察）活动、社会调查活动、社会公益活动、社会参与活动、学校传统活动。

（五）活动展开方式的差别

台湾高中综合实践活动展开过程中更加重视班级和学校的作用，其开展方式主要是个人—班级—学校—校际—国内外的交流模式，或者采取个人—社团—学校—校际—国内外的交流模式，而大陆高中综合实践活动开展方式比较少关注到学校和班级的价值，更多采取的是学生直接参与到社会和社区之中，其主要采取学生—社区形式，或者学生—社会形式。

（六）教师方面的比较

教师方面的比较主要体现在强调教师专长的区别。台湾非常重视教师的专长，提出在综合实践活动实施过程中需要照顾教师的专长，而大陆各省只是强调教师的指导，没有提到教师的专长问题。

（七）组织与实施的比较

在综合实践活动开展过程中，两者存在不同的逻辑思路，台湾是强调学校层面、班级层面和教师的重要地位，重视学生家长的意见，提出“应参酌家长师生意见”，还比较重视学生团体的价值与作用。台湾综合实践活动展开程序主张从“计划拟定—活动规划选择—活动方式—活动评价—活动方式”等组织与实施步骤开展的逻辑思路。大陆则是强调教育行政领导和学校领导的重要地位，还包括教科研部门的参与，同时大陆还重视对教师的培训以及强调了综合实践活动中诚信制度的构建。大陆综合实践活动展开程序从“加强组织领导—加强教师队伍建设—加强课程资源建设—加强诚信制度建设—加强课程常规管理—加强课程评价管理—加强研究”等步骤的逻辑思路来展开的。

（八）评价方面的比较

（1）评价的形式不一样。台湾是分散评价、分层次评价。台湾高中综合实践活动评价采用“分工合作分层负责”进行评价，非常重视分层次评价，规定班级活动由指导教师负责评价，社团活动由社团指导教师负责评价，学生自治会活动、学生服务学习活动、学校特色活动由各处室或相关人员负责评价。大陆各省综合实践活动强调统一性的评价。在全省范围内建立学分网络辅助认定制度，省教育厅以高中学生学籍管理库为基础，建立全省统一的综合实践活动网络管理平台，学生综合实践活动材料由学生按规定格式上网提交，系统按综合实践活动基本规范对学生提交的材料进行判定，符合规范者，授权学校认定学分，不符合规范者，不予认定学分。

（2）对评价对象的强调不一样。台湾高中综合实践活动不仅重视对学生的评价，而且还重视教师评价，制定了《综合活动科教师专业发展评鉴规准》[3]，从“课程设计与”“班级经营与辅导”“研究发展与进修”“敬业精神与态度”4 个层面、10 个评价指标、32 个参考检核重点等角度来考核与评价综合实践活动实施过程中的教师。但是大陆各省综合实践活动尽管也对教师评价做出了一定规定，但是没有以教师专业发展的视角来思考和评价教师。

二、台湾与大陆普通高中综合实践活动课程的相同点

（一）都重视学生的体验

台湾与大陆都重视综合实践活动中学生对生活的体验和知识生成的体验。台湾非常重视学生的体验，并强调透过实施团体、社群及服务活动，强化体验、省思与实践。大陆也是非常重视学生的体验，强调通过参与研究性学习、社区服务和社会实践，让学生获得亲身体验。

（二）都强调对学生的社会责任感的培养

学生社会责任感方面的培养，对台湾与大陆来说都非常重视。台湾从关怀社会行为的培养和学生参与社会公共事务方面来培养学生的社会责任感。大陆也强调培养学生高度的社会责任感和使命感。

（三）都强调学生的合作、分享意识和能力的培养

台湾和大陆都强调学生的合作精神，台湾综合实践活动目标提出“促进个性与群性的调和发展”“增强自治、领导与沟通能力，以涵养互助合作、修己善群的团体精神”。大陆提出了“通过团队活动和置身于真实的社会环境，培养学生社会沟通能力，合作交流能力”。

（四）都强调教师的参与

台湾和大陆都重视教师的积极参与。台湾强调除了从事综合实践活动课程方面的教师以外，其他任课教师也需要参与到综合实践活动课程实施中来，并主张学校应该鼓励各任课教师于其任教专业科目中结合服务学习，掌握合作、互惠、多元、学习及社会正义的服务学习特质，培养新世纪具反思行动能力的学生。大陆也主要强调对本课程教师的教学与指导，而且重视非综合实践活动教师的参与实施，并规定综合实践活动专职教师属专任学科教师范

畴，在工资待遇、职称评聘、评先表模等方面，与其他学科教师享有同等待遇，非综合实践活动专任教师晋升高一级职称时，应有担任学生综合实践活动指导教师的经历。

三、几点启示

（一）关注高中学生的生活教育和休闲教育

台湾在综合实践活动中强调了生活教育与休闲教育，对我们具有一定的启示。“教育即生活”，“生活性”是综合实践活动的特征之一，“课程是生活世界的有机构成，而不是鼓励与世界的抽象存在”。[4]“回归生活”是综合实践活动的重要目标之一，而且生活教育是今天比较重视和倡导的。在综合实践活动中需要加强对学生的生活教育，培养学生的生活教育理念。休闲教育也是生活教育的一个组成部分，因此，综合实践活动中需要加强休闲教育。

（二）关注学生的自治和学生团体在综合实践活动中的价值

台湾强调学生自治和学生团体的作用对我们大陆也有一定的借鉴意义。在高中综合实践活动中关注学生自治能力的培养和发挥学生团体的作用。第一，学生自治具有重要的价值，我国著名教育家陶行知在《学生自治问题之研究》中指出：“学生自治自理是把学生结起团体来，大家学习管理自己的手续。从学校这方面说，就是为学生预备种种机会，使学生能够大家组织起来，养成他们自己管理自己的能力”。[5]第二，综合实践活动的本质就是学生自由探究，自我管理能力的形成。我国著名学者张华教授指出，“‘让儿童自由探究生活’是综合实践活动课程之本质的基本概括”。[6]因此，学生自我管理能力的培养是综合实践活动需要关注的。

（三）综合实践活动需要加强可操作性

综合实践活动是一种新的课程与教学模式，就其实质来说，“一言以蔽之，就是超越了传统的课程教学制度——学科、课堂、评分——的束缚，使学生置身于活生生的现实（或虚拟的）学习环境之中，综合地习得现实社会及未来世界所需要的种种知识、能力、态度的一种课程编制（生成）模式”。[7]尽管综合实践活动是一种生成的课程与教学模式，但是需要加强其操作性，因为不能操作的“形而上”的东西，在课程实施过程中，教师是不能很好操作的，“因其涉及范围广，在实际操作中有一定难度”。[8]因此，要求综合实践活动走向“形而下”，即具有更强的操作性。通过上述的比较，我们不难看出台湾综合实践活动的操作性强，不论是目标方面，核心能力的规定，还是评价的层次性，实施方面的规定，这些强而具体的操作性，给予我们大陆高中综合实践活动带来很多启示。因此，为了更好促进高中生活实践活动的开展，我们需要加强可操作性。

（四）凸显综合实践活动开展过程中的学校特色

我们都知道，综合实践活动具有：整体性、实践性、生活性、生成性。综合实践活动需要与学生的生活结合起来，需要与社区结合起来，需要与学校特点结合起来。在义务教育阶段的《综合实践活动纲要》中提出了“综合实践活动要集中体现学校的特色，学校应对综合实践活动进行统筹规划”[9]，强调综合实践活动展现学校和社区的特色，包括社区资源的特色，学校的特色都是综合实践活动实施过程中的固有之义，但是我们很多时候都是采取整齐划一的实施策略，根本没有显示出一个学校的特色，因此，在高中综合实践活动实施过程中需要加强学校特色和个性化的实施。

（五）重视学生的兴趣与特长的培养

（1）培养学生的好奇心。在高中综合实践活动中，需要继续培养学生的好奇心。“好奇心是个体产生问题意识和创新意识的前提和基础”[10]，是伴随高中学生的学习、探究活动而出现的。同时，高中生的好奇心是其创新精神的一个重要方面，因此，在综合实践活动中我们需要培养学生的好奇心。

（2）关注学生的兴趣。兴趣是最好的老师，兴趣也是选择的基础，台湾高中综合实践活动非常重视学生的兴趣培养，尊重学生的兴趣与选择，对大陆高中综合实践活动开展来说具有重要的启示意义。

（3）加强学生的专长培养。从字典上解释，专长指独到的学识、技艺，专业本领和特殊才能。当代社会的分工越来越细致，社会越来越需要专长的人才。通过综合实践活动来培养学生的专长是台湾对我们大陆的重要启示。

（六）关注高中阶段与义务教育阶段的综合实践活动之间的差异

《基础教育课程改革纲要（试行）》明确规定："从小学到高中设置综合实践活动作为必修课程，其内容包括信息技术教育、研究性学习、社区服务与社会实践以及劳动与技术教育"。[11]可见，义务教育阶段与高中阶段的综合实践活动的范围相同，但是，高中生的年龄特征和学生的兴趣特点以及知识能力方面的发展特征，客观要求我们在高中阶段的综合实践活动应该区别于义务教育阶段的综合实践活动，"教师要根据不同年级学生的发展特点，对其研究侧重点以及应达成的目标进行合理的引导、指导，使不同年级的学生进行深度相异的研究"。[12]

（七）加强对综合实践活动实施过程中教师评价

从当前我国大陆对综合实践活动评价研究来看，不管是论文，还是书籍著作，对综合实践活动评价的研究主要是重视学生评价的研究，而对综合实践活动教师评价却很少研究与探讨，甚至忽视对教师的评价。尽管有少许学者进行了探讨，但是没有像台湾那种以教师专业发展的视角来思考综合实践活动教师评价的研究。因此，在综合实践活动中需要加强对教师评价的指标体系的建构，以便更好促进我国高中综合实践活动的开展。

（八）加强对高中综合实践活动的反思

我们需要关注高中综合实践活动的发展，以便巩固10年来的课程改革的成果和继续深入开展高中课程改革。台湾高中综合实践活动的优缺点都存在，其中不乏有利于大陆高中新课程改革的策略，有利于高中学生发展的理念，有些是值得我们借鉴的。但是我们新课程改革需要不断去研究和反思，吸取台湾教改中的"忙、茫、盲"的教训。同时，需要总结我们课程改革中的一些经验和不足，反思我们大陆自己的课改，所以，"我们有必要也应该跟台湾教育工作者一道，共同反基础教育课程改革的多纬之思，总结经验，吸取教训，加深和丰富对教育改革的规律性的认识。"

参考文献

[1] 王策三．台湾教改与"我们的课改"[J]．教育学报，2010（3）：4.

［2］湖北省教育厅．普通高中综合实践活动实施指导意见（试行）［N］．2009－09－20.

［3］李坤崇．综合活动科教师专业发展评鉴规准［EB/OL］．http：//web. cpshs. tyc. edu. tw/mediafile/7790046/fdownload/27/6/2009－10－5－9－9－46－6－nf1. pdf.

［4］钟启泉．为了伟大民族的复兴，为了每位学生的发展［M］．上海：华东师范大学出版社，2001.

［5］方明．陶行知教育名篇［M］．北京：教育科学出版社，2005.

［6］张华．让儿童自由探究生活［J］．全球教育展望，2007（4）：8.

［7］钟启泉．现代课程论［M］．上海：上海教育出版社，2003.

［8］陈必聆．综合实践活动实施中的问题与对策［J］．上海教育科研，2007（3）：92.

［9］教育部．7—9 年级综合实践活动指导纲要［EB/OL］．http：//jxjy. com. cn：88/Article_ Show. asp？ArticleID＝2472.

［10］熊梅，等．综合实践活动开发与设计［M］．北京：高等教育出版社，2006.

［11］教育部．基础教育课程改革纲要（试行）［N］．中国教育报，2001－06－08.

［12］谢泽源，李建．综合实践活动课程校本化开发的几点思考［J］．江西教育科研，2007（9）：111.

第六部分

基础教育课程改革的推进

中小学音乐课程实施的困境与出路

为了每个学生的发展，为了中华民族的伟大复兴，肇始于2001年的基础教育课程改革已经在神州大地如火如荼的展开着，音乐新课程的目标强调增进学生对音乐的兴趣，使学生关注并乐于参与音乐活动，提高音乐感受与评价鉴赏的能力，初步养成良好的音乐欣赏习惯，发展表现音乐的能力，丰富和提高艺术想象和创造力，培养丰富的生活情趣和乐观的态度，增进群体意识，锻炼合作与协调能力。音乐课程对学生的情感、态度、价值观的培养具有不可或缺的意义与作用，但是在音乐新课程实施的过程中存在着一些问题与困境，诸如音乐教师不乐意教，音乐教师不知道教，学生不愿意学，学校其他学科教师不重视，学生家长漠视等现实而具体的问题。面对如此问题，学校、音乐教师、社会、家庭等各个方面都需要积极寻求有效措施来进一步推动音乐新课程实施。

一、中小学音乐新课程实施中的困境

（一）音乐教师缺乏教学的积极性和热情

在音乐新课程实施过程中，音乐教师的热情不断遭遇来自社会和学校的压力的冲击，许多教师没有信心去进行音乐教学。因此，音乐教师把音乐课程的教学当作“任务”来完成，在每个星期一两节课的情况下“当一天和尚敲一天钟”，认为音乐课程在学校教学中是多余的，音乐教师缺乏自信心和学科自尊，似乎音乐教师比其他主课教师矮一截，音乐教师缺乏教学的积极性和热情。

（二）音乐教师的教学缺乏实效性

音乐新课程强调学生的音乐“体验”，“使学生在音乐审美过程中获得愉悦的感受与体验”，启发学生在积极体验的状态下，充分展开想象，保护和鼓励学生在音乐体验中的独立见解。音乐新课程强调“模仿”，通过模仿，积累感性经验，为音乐表现和创造能力的进一步发展奠定基础。同时，音乐新课程还倡导“探究”“合作”和“综合”。但是，面对音乐新课程，许多音乐教师不懂得怎么样去开展“体验”“模仿”“探究”“合作”和“综合”等教学方式，许多教师仍然停留在传统的音乐教学方式上，一节课就教学生唱一首歌，教师是一遍两遍三遍的重复教，学生是一遍两遍三遍的重复唱，这样下来，教师教的没有什么味道，学生的学习也没有滋味，而且一节课下来，学生还没有掌握所学习的歌曲。

（三）学生不愿意学习音乐课程

对音乐新课程来说，学生是不大感冒的。他们把更多的注意力放在其他主课的学习上，即使是音乐课，他们仍然我行我素。笔者深有体会，曾经在某个中学里听课，任凭音乐教师如何讲在音乐课堂上不要做与本课堂无关的事情，但是学生还是多态势的，有些学生在睡觉，有些学生在做数学作业，有些学生在看作文书，有些学生在记英语单词，教师站在那里不起作用，即使班主任来了，也不起作用，所以一节音乐课当中，半数以上学生是没有去上音乐课的，更不要奢谈积极参与了。

（四）学生不知道怎么学习音乐课程

面对音乐新课程，许多学生不知道怎样去学习。尽管音乐新课程强调学生学习方法的转变，倡导学生的积极参与和体验，但是许多学生是不知道怎么样去学习音乐课程的，所以他们更多地表现出迎合教师或者迫于无奈（因为音乐也算学习成绩的一个部分）。毋庸置疑，有部分学生是喜欢音乐课程的，但是这并不代表他们知道怎么去学习音乐课程，所以出现音乐课堂上学生茫然跟手足无措的情景是可以想象和理解的。

（五）学校和其他学科教师不重视

在音乐新课程实施过程中，学校和其他学科教师是不重视音乐课程的。学校不把它当作一回事，从课程表的安排就能看出来，如某学校初中一年级10个班，一天7节课，第七节一般都是班会或学生自习，只有一个班的音乐课是排在第三节，另有一个班的音乐课是排在第五节，其他班级的音乐课都排在了每天的第四节或第六节，而且以排在星期四或星期五居多，由此可见，音乐课的位置是很不受重视。其他学科教师如语文、数学、外语等学科教师可以随意的与音乐课调换，甚至还经常把音乐课冲掉或改作学生自习课。

（六）学生家长漠视

在音乐新课程的实施中，学生家长对于音乐新课程不但不支持，而且还采取一种漠视的态度。当前，还有许多学生家长认为，音乐学习再好，语文、数学、外语等学科不行也没有用，所以在这些家长眼里是没有音乐课程的学习的，他们眼里只有所谓的主课学习，认为没有必要浪费时间在音乐课程的学习上。因此，音乐新课程在家长那里得不到支持。

二、中小学音乐新课程实施的策略探讨

（一）重视音乐课程资源开发

（1）民族传统音乐课程资源

在音乐新课程实施过程中，音乐教师需要充分地发掘民族的传统课程资源，实现“古为今用”。音乐教师需要充分地理解我国音乐历史和音乐传统，了解不同背景下的音乐文化，采取扬弃的态度，充分利用我国优秀的民族音乐文化传统资源，用传统的、民族的音乐为今天的音乐课堂教学和音乐创作服务。

（2）社区音乐课程资源

不同社区具有不同的音乐文化资源，音乐教师需要进行不断的开发和利用。特别是在校本音乐课程开发时，学校应结合当地人文地理环境和民族文化传统，开发具有地区和学校特色的音乐课程资源。

（3）网络音乐课程资源

在今天，随着现代信息技术的发展，网络的触角已经伸向世界的各个角落，甚至有人戏称当今世界已经是个“地球村”了，无独有偶，教育领域也逐步在实现教育信息化。学校的校园信息化程度在不断提高，网络在教学中起着越来越重要的作用。网络成为了音乐课程资源开发的重要环节，网络以较快的速度传递着各种音乐资源信息，音乐教师与学生可以充分利用网络平

台进行音乐课程资源的开发与利用。

（二）关注音乐课程评价

“评价的目的不是为了证明，而是为了改进”。音乐课程评价的目的是为了促进学生的发展，音乐课程的发展和音乐教师的发展，所以音乐课程评价需要不断进行改革。具体而言，第一，音乐课程评价目标多维化。音乐课程评价目标不仅要涵盖音乐的不同教学领域，更应关注学生对音乐的兴趣、爱好、情感反应、参与态度和程度，以及教师引导学生进入音乐的过程与方法的有效性等诸多方面。第二，音乐课程评价主体多元化。音乐课程评价主体需要实现自评、互评及他评相结合。第三，音乐课程评价方法多样化。音乐课程评价方法实现多元化，需要将形成性评价与终结性评价相结合，定性述评与定量测评相结合，动态评价与静态评价结合。在音乐教学活动中，对学生的音乐兴趣爱好、情感反应、参与态度、交流合作、知识与技能的掌握情况等，可以用较为准确、形象的文字进行定性评价，也可根据需要和可行性，采用观察、谈话、提问、讨论、抽唱（奏）等方式进行评价。

（三）加强音乐课程与生活的联系

美国著名教育家杜威早就提出了“教育即生活”的观点，强调教育是离不开生活的。音乐课堂作为学生和音乐教师在学校生活的重要场所，它也是生活场所的重要组成部分，所以音乐课堂离不开生活。在音乐课堂教学过程中，音乐教师需要加强音乐课堂与生活的密切联系。第一，关注学生的音乐生活经验。音乐课堂教学中，音乐教师需要关注学生已有的审美情感经验，尽力开阔学生的音乐视野，在音乐生活中进行教学，做到“活教书、教活书、教书活”，让学生“读活书、活读书、读书活”，改变过去那种“两耳不闻窗外事，一心只读圣贤书”的弊端，做到“风声雨声读书声声声入耳，家事国事天下事事事关心”，让学生关注和热爱音乐生活。第二，音乐教学贴近生活。生活世界是一个动态的、活生生的人文世界，而不是一个抽象的、以僵死凝固的知性逻辑为基础的纯科学的客观世界。所以音乐课堂教学是在音乐生活世界的实践活动中所进行，音乐教师的教学需要符合学生的生活经验，贴近学生的生活世界。

（四）推进音乐教学方式的转变

在新课程实施过程中，教师需要不断推进音乐教学方式的转变。第一，注重学生的参与体验。在音乐教学过程中，音乐教师创设良好的音乐艺术与课堂氛围，尽可能地激发学生积极主动地、全身心全方位地参与音乐课堂活动，从而使他们获得音乐审美体验。音乐艺术在很大程度上说就是那种“只能意会，不可言传”的东西，仅凭教师口头传授，而没有学生的亲身参与和体验，哪怕是音乐知识、音乐技能技巧，学生也是很难真正理解和掌握的，更不用说对音乐作品的欣赏与再创作了。只有当学生参与到音乐活动之中，与音乐融为一体，自己主动地去探寻、领悟、体验时，对音乐知识技能的真正理解和掌握，特别是对音乐的欣赏与创造，才会成为可能。因此，在音乐教学的活动中，音乐教师要确保学生在活动中的主体地位，学生是活动的主角而不只是观众，音乐教师是策划人和欣赏者而不是裁判员或评委。第二，尊重学生的音乐创造力。音乐教师在音乐课堂教学中，需要去欣赏学生，指导学生去进行探究和创造，对于学生的音乐创作需要尊重。第三，形成“学习共同体”。学习共同体主要是指一个由学习者及其助学者（包括教师、专家、辅导者等）共同构成的团体，他们彼此之间经常在学习过程中进行沟通、交流，分享各种学习资源，共同完成一定的学习任务，因而在成员之间形成了相互影响、相互促进的人际联系。学习共同体不同于生活共同体，它的形成“超越了课堂同新的生活方式与社会原理相通的共同体”，同时它在尊重个体差异性的前提下形成“同一性”。在音乐课堂教学活动中学习共同体的形成，体现出音乐教师与学生都是平等中的一员，“教师是平等中的首席”，音乐教师与学生进行合作学习和交流，音乐教师指导学生进行探究性学习，学生之间相互交流与学习，音乐教师也可以通过与学生的对话交流以及合作学习实现教学反思，促进自身的专业化发展。

（五）形成民主平等的师生关系

音乐课堂教学是音乐教师的“教”与学生的“学”的活动。音乐教师与学生是音乐教学中的主体，音乐教师是“教”的主体，而学生是“学”的主体，两者形成“主体间性”，音乐教师与学生的关系不是“我”与“他”的关系而是“我”与“你”的对话关系。“人与人之间的交往是双方（我与你）

的对话和敞亮，这种我与你的关系是人类历史文化的核心，可以说，任何中断这种我与你的对话关系，均使人类萎缩”。“教学相长”是民主平等的师生关系的一种结果，也是音乐课堂教学的一种重要目标，要通过教学促进学生的发展，音乐教师的发展，音乐课程自身的发展。在形成民主平等的师生关系中，需要音乐教师爱护学生，平等对待每个学生，对学生一视同仁，才会有学生尊重教师。所以音乐教师需要把音乐课堂中教师与学生的关系从“‘伤害与受伤的关系’转到‘关爱与被关爱的关系’”。在音乐课堂教学中，音乐教师与学生要形成一种对话与交流，理解与促进的发展型师生关系。

（六）积极转变家长的观念

积极转变家长的观念让其认识到学生的全面发展，是包括德育、智育、体育、美育、劳动教育等几个方面的发展，而不是某个方面的发展，人们常说；“智育不好出次品，体育不好出废品，德育不好出危险品，美育不好也不是优秀品”。还应让家长认识到：音乐新课程可以丰富学生的情感体验，培养对其生活积极乐观的态度，也可以培养音乐兴趣，树立终身学习的愿望，能够提高学生的音乐审美能力，陶冶高尚情操，还可以培养学生的爱国主义和集体主义精神。更需要让家长明白，在多元智力理论的指引下，学生的智力是多元化的，音乐智力是其智力结构的重要组成部分，而且不只是智力因素影响学生的身心发展，非智力因素同样在学生的学习过程中充当重要的角色。音乐课程在学生其他学科的学习方面是相辅相成的，对其他学科的学习有很大的促进作用，因此在音乐新课程实施过程中，家长需要重视音乐新课程的价值，而不是采取一种忽视和漠视的态度。

（七）推进音乐教师专业化

推进音乐新课程实施，需要更加专业化的音乐教师，当然音乐新课程实施也会促进音乐教师专业化，这个过程是一个相互促进的过程。在推进音乐新课程实施的过程中，首当其冲的是音乐教师的专业化问题。具体而言：

（1）增强音乐教师的知识涵养。音乐教师需要很强的专业性，没有标准的音乐专业技巧和音乐专业知识是很难胜任的，音乐教师需要掌握扎实的音乐专业理论和技能，如音乐基础理论知识、音乐技术理论知识、器乐演奏技巧等，“中学音乐教师的音乐专业理论和技能，必须具有全面性和综合性，这是中学音乐教育教学工作的特点所决定的”。基础教育阶段是为学生未来的发展打好基础的，基础教育阶段的音乐教育不是培养专业的音乐家和音乐人才，更加强调学生学习兴趣的培养，情感的体验，美的感受和创造精神的培养，这样就需要音乐教师去获得广泛的文化知识，让学生在音乐课堂中以音乐为纽带，去感受生活中的美，去体认自然与我、社会与我的情感，去形成积极的生活态度和健康的心理。

（2）加强音乐教师的教育教学能力。首先，音乐课堂需要音乐教师的管理，如何以学生为本，以学生的发展为本，尊重学生的个性，人文地科学地管理课堂，需要音乐教师加强课堂管理能力。其次，音乐教师不仅在给学生教授音乐知识与音乐技能，同时音乐教师自己也在不断进行音乐情感的陶冶和再次体验，这样音乐教师就需要对音乐作品进行创作，需要加强音乐创作能力。再次，加强音乐教学研究能力。一个优秀的音乐教师必须既有教学的能力，也要有进行教学研究的能力，中学教师在教学第一线，可以获得大量的第一手资料和信息，只要不断地学习、总结，就能得到丰富的经验，并使其上升为理论。最后，需要加强交际能力。音乐教学是音乐教师与学生的一种交流过程，正如教育家雅斯贝尔斯所说：“所谓教育，不过是人对人的主体间灵与肉的交流活动”。音乐教师需要与学生沟通交往，增加交际能力。

（3）推进音乐教师的继续教育和培训。音乐教师在进入教学岗位之前，接受了职前教育，但是在今天迅速发展的社会，进入教学岗位之后，一些知识与技能需要更新，所以音乐教师的可持续发展显得尤为重要，音乐教师的继续教育和培训势在必行，应通过继续教育与培训，了解国外教育发展趋势、音乐教育动态和前沿信息，掌握现代音乐教育理论、策略、手段和方法。

（4）音乐教师的自我反思。孔子说过，“吾日三省吾身”。反思是音乐教师成长的重要途径，音乐教师通过教学反思，不断提高自己的教学水平，促进自己的专业化发展。

三、结语

音乐课程是义务教育阶段必修课程，其对学生的发展不仅具有文化传承价值、审美体验价值，而且还有创造性发展价值和交往价值。在音乐新课程实施过程中，音乐教师需要不断进行教学实践，探索新的音乐教学理论，从而更有效地推进音乐新课程发展，促进学生的全面发展和提升自身的发展。

参考文献

[1] 教育部．全日制义务教育音乐课程标准（实验稿）[M]．北京：北京师范大学出版社，2001.

[2] 斯塔费尔比姆．方案评价的 CIPP 模式 [A] //教育学文集．北京：人民教育出版社，1989.

[3] 左藤学．学习的快乐——走向对话 [M]．钟启泉，译．北京：教育科学出版社，2004.

[4] 雅斯贝尔斯．什么是教育 [M]．邹进，译．北京：生活·读书·新知三联书店，1991.

[5] 张淑珍．音乐新课程与学科素质培养 [M]．北京：中国纺织出版社，2002.

仰望星空 关心脚下

——对新课改何去何从的思考

仰望星空[1]

我仰望星空，它是那样辽阔而深邃；那无穷的真理，让我苦苦地求索追随。我仰望星空，它是那样庄严而圣洁；那凛然的正义，让我充满热爱、感到敬畏。我仰望星空，它是那样自由而宁静；那博大的胸怀，让我的心灵栖息依偎。我仰望星空，它是那样壮丽而光辉；那永恒的炽热，让我心中燃起希望的烈焰、响起春雷。

一、问题的提出

基于“为了中华民族的伟大复兴，为了每位学生的发展。”的理念，我国在2001年开始了浩浩荡荡的第八次课程改革，俗称新课改。新课程目标明确提出“使学生具有爱国主义、集体主义精神，热爱社会主义，继承和发扬中华民族的优秀传统和革命传统；具有社会主义民主法制意识，遵守国家法律和社会公德；逐步形成正确的世界观、人生观、价值观；具有社会责任感，努力为人民服务；具有初步的创新精神、实践能力、科学和人文素养以及环境意识；具有适应终身学习的基础知识、基本技能和方法；具有健壮的体魄和良好的心理素质，养成健康的审美情趣和生活方式，成为有理想、有道德、有文化、有纪律的一代新人”。[2]此时，一幅美好的课程改革宏伟蓝图展现在亿万人的面前，以基础教育课程改革为名，全国各个教育行政部门，各个师范大学纷纷成立基础教育课程改革中心，成立新课程培训中心，出版社积极组织出版新课程标准及一些课程改革的相关辅导丛书，培训教材和新课程理念下的中小学教学用书，课程改革专家到处讲座和出书，到处培训人员，一些中小学校长和骨干教师积极配合参与国家级培训和省厅级培训，大学课程与教学论专业的硕士点、博士点也纷纷招收该专业的研究生，在一些课程改革专家的设计之下，采取自上而下的“先试验，再推广，后普及”的推进方式，全国率先建立38个实验区，到2007年左右基本完成了推广新课程。可见，新课程改革过程中的“轰轰烈烈”，一片“繁荣”的景象，但是王策三老师的一篇关于《认真对待轻视知识的教育思潮》一文，掀起了一场新课程改革的探讨，钟启泉老师回应《发霉的奶酪——〈认真对待“轻视知识”的教育思潮〉读后感》，2010年第1期发表的《课程·教材·教法》上的《新课程改革“穿新鞋”与走老路》，也再次导引了剧烈的新课程改革的论争，有人总结为“四次争论”，[3]这些争论说明了大家都在关注新课程改革，在思考新课程改革到底向何处去，到底如何走下去。2011年教育部再次组织了新课程标准的修订，并颁布出来。新课程改革十多年了，关于新课程改革的研究不可谓不多，新课程改革不可谓不热，新课程改革的投入（包括人力、物力、财力等）不可谓不大，新课程改革涉及面不可谓不广，但是新课程改革成效怎么样，新课程改革给广大的中小学带来了怎么样的变革，新课程改革给全国千百万中小学教师带来的改变有多大，新课程改革给人才培养带来多少促进作用，教育的后效性告诉我们，教育的效果应是“百年树人”，但是面对新课程改革当前的现状，我们需要忧思，需要认真对待课程改革，正如王策三教授在《台湾教改与“我们的课改”》指出的那样，不能像台湾课程改革，使得大家“忙、盲、茫”，最后在无声无息中走向失败，“重要的是，我们有必要也应该跟台湾教育工作者一道，共同反思，总结经验，吸取教训，加深和丰富对教育改革的规律性的认识”。[4]在未来的改革之路上，新课程改革还能走多远？该如何走？我们需要认识到改革是一种前进的动力，改革也是需要付出代价的，但是我们需要正确处理好一些新课改中的关系，尽量避免过大的代价，争取新课程改革的成功。很多时候，我们既需要埋头骨干，也需要留出时间看看前面的路，我们需要时刻思考“我们该怎么办”，既需要一股毫无畏惧的改革勇气，也需要一个冷静的头脑，走三步一回头，去反思自我的行动。在今天新课改深入发展过程中，我们又该何去何从。笔者认为，在新课程改革过程中，一方面，我们需要“仰望星空”，追求教育规律，寻找真理，为促进人的全面发展和个性发展而进行探索和思考。另一方面，我们需要“脚踏实地”，需要看到课程改革的现实，需要不断的反思我们的课程改革所面临的困境与困惑，需要坚持课程政策的稳定性，进行大胆试验和实践探索，需要不断总结，寻找新课程改革深入发展的动机机制，处理好新课程改革过程中的矛盾，从而推进新课程改革。

二、前提：新课程改革需要继续前行

（一）课程改革是基础教育发展的动力

新课程改革是从课程目标、课程结构、课程内容、课程实施、课程管理、课程评价六个维度来进行，着力于改变基础教育中所存在的痼疾，实现人才培养、教师专业成长、学校特色发展、推进素质教育等方面的改革目标。可见，新课程改革，是一种教育尝试，是一种教育探索，是一种对传统教育的扬弃，是一种废旧立新。总之，新课程改革是教育发展的一种动力，是一种进步，在新课程改革中发现问题，也在新课程改革进程中解决问题。因此，我们需要继续坚持基础教育课程改革，需要在不断改革中解决教育中的问题，实现教育的发展。

（二）保持课程政策的连续性和稳定性

课程政策是指国家教育行政主管部门在一定社会秩序和教育范围内，为了调整课程权力的不同需要、调控课程运行的目标和方式而制定的行动纲领和准则。[5]新课程政策的制定是一种征服行为，是一种教育行政权力的体现，具有时效性、民主性、层次性、公共性、科学性、动态性等特点。尽管课程政策具有动态性，但是我们需要保持课程政策的相对稳定性，因为如果课程政策不稳定，不仅不利于学校教育活动的开展和教师的教育教学，也不利于新课程改革的推进，因此，我们需要保持新课程改革政策的相对稳定性和连续性。

（三）新课程改革需要进行一定的总结和反思

新中国成立后课程改革经历了八次，第一次（1950—1952 年）、第二次（1953—1958 年）、第三次（1959—1962 年）、第四次（1963—1977 年）、第五次（1978—1980 年）、第六次（1981—1985 年）、第七次（1986—2000 年），第八次（2001 年至今）。可见，我们课程改革一直在进行之中，但是课程改革需要进行反思与总结，因为有了反思过去，我们才能更好去把握当前的改革，也才能更好为今后如何进行改革做好准备。所以，我们需要对新课程改革实施的怎么样，当前的现状如何，未来的路上我们又怎么样去开展这些问题进行思考。对于这些问题思考是必要的，如果缺少反思，会出现更多的困境和不必要的风险。当然，有些新课程改革的结果是无法预期的，但是我们需要有勇气去面对。纵观美国所进行的“八年运动”教育改革，杜威的实用主义教育改革以及台湾的十年“教改”，我们不难发现，教育改革是需要反思和调整的。因此，在我国新课程改革进程中，我们需要不断研究课程改革中的理论和实践问题，一旦发现问题，就应该调整，及时解决课程改革中的矛盾与问题，根据课程实施的现实需要，进行课程政策的调适，从而保证日后的课程改革顺利开展。

（四）关注新课程实施中的教师

课程实施的主要影响因素包括：改革本身的因素（地方、学校与教师对改革的需要；实施者对改革的清晰程度；改革本身的复杂性；改革的质量和实用性）和学校内部的因素（校长、教师）以及学校外部的因素（社区与家长的影响；政府部门的影响；社会团体的影响）。[6]可见，在所有的影响因素中，教师是关键因素，其角色是不可替代的。因为新课程最终需要具体落实到课堂教学实践中去，而教师则是课程实施的具体执行者，其态度与价值取向，教学能力与水平等方面决定着课程实施的效果。因此，在新课程继续推进过程中，我们需要加强对全国千百万名中小学教师的关注，一方面加强对学生教师，即师范生的培养，提高免费师范生的新课程改革的素养，适应新课程改革的要求。另一方面继续加强对在职中小学教师的进修和培训，尽管“国培计划”在进一步落实，但是中小学教师培训的有效性和培训质量有待进一步提高，因而也需要加强对中小学教师培训的监督和管理，避免中小学培训的“形式化”和“过场化”。

三、关键：新课程改革需要坚守的几点原则

（一）尊重教育规律办事才是新课程改革的宏观主旨所在

马克思唯物主义原理告诉我们，按规律办事是取得成功的逻辑起点，不

按规律办事就会失败。在新课程改革过程中，也需要按照教育规律办事。教育规律是教育现象与社会现象或教育现象内部各要素的联系，是教育现象中“同一”“巩固”的东西，是一种本质的关联。而教育基本规律就是一方面教育需要适应并促进人的发展，另一方面教育要适应社会并促进社会的发展。所以，在新课程改革过程中，我们需要遵从教育的基本规律，适应社会经济、政治、文化、人口等社会的发展与进步的需要，并促进其发展。当然，人是教育的原点，新课程改革是为了每位学生的发展，需要适应人的发展基本规律：发展的统一性、发展的顺序性和阶段性、发展的稳定性和可变性、发展的不均衡性和差异性等人的身心发展规律，关注人的最佳发展时期。然而，“要认识教育规律，只有在教育实践中当教育规律暴露出来的时候，我们才有可能认识它。教育规律的暴露要有一个较长期的教育实践过程，而人们对教育规律的认识也要有一个较长期的认识过程”。[7]因此，在新课程改革过程中，我们需要认识课程实践中的教育规律，遵从教育规律办事，纠正那种忽视教育规律，轻视或者违背教育规律办事的做法，这才是新课程改革所需要追求的一种主旨所在。

（二）关注人的发展是课程改革的出发点和归宿点

“人是万物之灵长”“人是万物的尺度，是存在的事物存在的尺度。也是不存在的事物不存在的尺度”等哲言，已经告诉我们人是世界上最珍贵的东西。世界上因为有人，才变得更加美好。那么，在教育改革过程中，我们就需要认识人，认识到人是教育的逻辑起点，没有人，就无所谓教育，特别是在存在主义理论和人本主义理论视域下，教育需要关注人，将人看作是大写的“人”，“人的回归才是教育改革的真正条件”。[8]而教育过程中的人就是两个“人”，一个是教师，一个是学生。因此，在新课程改革过程中需要认识到教育的首要功能是促进人的个体发展，包括个体的社会化和个性化。正如鲁迅所指出：“教育是要立人。”蔡元培认为：“教育是帮助被教育的人给他能发展自己的能力，完成他的人格，于人类文化上能尽一分子的责任，不是把被教育的人造成一种特别器具。”陶行知主张：教育是依据生活、为了生活的“生活教育”，培养有行动能力、思考能力和创造力的人。但是，在教育实践中往往忽视人的存在，将人工具化，手段化，将人看作是学习的机器，知识记忆的工具，以至于“人”在教育实践中消失了。所以有学者指出，“教育的贫乏源于哲学的贫乏，哲学的贫乏源于对人单向度的理解。人不是单一因果关系的对象，而是自己综合意识的对象。人是能使自己获得新的生命的生命体。故教育的本性就是使人更像人，教师的神圣使命则在于使学生自己成为他自己灵魂的工程师。"[9]所以，无论新课程改革追求什么新的理念，人的发展，特别是学生的身心发展是新课程改革的出发点和归宿。当然，在新课程改革过程中，教师也是需要特别关注的，在促进学生的发展过程中，教师起到关键作用，同时，教师是课程改革的主要实施者，是课程变革的主体，没有教师的参与和积极主动变革，新课程改革将是空中楼阁。所以，新课程改革首先需要关注教师的发展和变革，需要促进教师的教学理念、教学行为习惯、教学方式等相关方面进行变革，促进教师个体的专业成长，促进教师队伍的发展，实现教师素养的提升。总之，那种不以人的发展为目的的改革注定是不会成功的，故而新课程改革需要关注"人"，将人作为其起点和归宿。

（三）追求国家富强是新课程改革的一大效果

实现国家富强是国人一直以来所追求的梦想，也是今天我们所孜孜以求的目标。根据教育与社会之间的关系，教育能促进社会的发展，促进人口素质的提高，促进人才培养，能实现国家的富强。因此，新课程改革提出"为了中华民族的伟大复兴"这样的口号，期望借助于新课改实现教育创新，培养杰出人才，不断回答"钱学森之问"，因此，教育有利于实现国家富强。当然，"强国必先强教。优先发展教育、提高教育现代化水平，对实现全面建设小康社会奋斗目标、建设富强民主文明和谐的社会主义现代化国家具有决定性意义。"[10]因此，在新课程改革过程中，追求国家富强也是其目标之一，当然，教育的后效性告诉我们教育的效果不是一时半会能彰显出来的，而是"十年树木，百年树人。"所以，我们需要关注到新课程改革的过程性，不能停留在口号式的"实现国家富强"，而是着实于培养创新型人才，着眼于课程与教学思维方式的转换。

（四）促进相关的教育体制改革是新课程改革的基础和重要内容

自从1985年颁布《中共中央关于教育体制改革的决定》以来，我国就开始认识到教育体制改革的重要性，并竭力去推进教育体制改革。到今天为止，我国教育体制改革方面取得了诸如初步构建了比较完整的教育法律法规体系，基本形成了中央和省两级管理、地方为主的教育行政管理体制，形成了政府为主、多渠道的教育经费投入体制，培育了多元化的办学主体，建立了相对独立的教育督导评估体系，开始构建现代学校制度六个方面的成绩[11]，但是在新课程改革过程中，还存在许多方面的体制问题，诸如教育行政权力对教育干涉过多，教育行政化的严重性，教育管理过程中的许多相关体制问题还很突出，如在城乡教育一体化问题、教师人事制度方面、高考改革等还存在一系列的体制性问题影响着新课程改革的推进。因此，需要实现以转变政府职能和简政放权为重点，深化教育管理体制改革，提高公共教育服务水平。明确各级政府责任，规范学校办学行为，促进管办评分离，形成政事分开、权责明确、统筹协调、规范有序的教育管理体制。中央政府统一领导和管理国家教育事业，制定发展规划、方针政策和基本标准，优化学科专业、类型、层次结构和区域布局。整体部署教育改革试验，统筹区域协调发展。地方政府负责落实国家方针政策，开展教育改革试验，根据职责分工负责区域内教育改革、发展和稳定。总而言之，通过教育体制改革，推进新课程改革。

（五）重构新课程改革的文化是新课程改革的需要和结果

新课程改革是一种价值负载的改革，它不只是一场教育理念的重建，教育体系的重构，更是一场文化体系的更新，是一场教育文化的重塑，“因为，从本质上说，课程改革是学校文化的一种再创造”。[12]笔者认为，新课程改革对文化的重建主要是：首先，对传统文化的扬弃。我国悠悠五千年的教育文化传统中有很多内容是优秀的，在今天仍然可以继承而后发扬光大的，如“因材施教”“道而弗牵，强而弗抑，强而弗抑”等传统的教学原则都是需要继续学习和关注的，但是“学而优则仕，仕而优则学”等一些功利主义教育文化是需要扬弃的。因此，在新课程改革过程中，需要对传统的教育文化进行批判性继承，重新构建我国教育文化，实现“古为今用”。其次，对西方文化的借鉴。新课程改革不可避免需要外来文化的学习与借鉴，而西方教育文化体现出诸如在价值取向上西方民族注重从现实走向未来的实际运动；在思维方式上西方民族文化具有一与多对立统一的思维模式以及注重理性思辨的致思途径；在民族精神上西方民族具有永不满足的探索精神等方面的特征。[13]与我国民族文化相比，具有不能的价值取向和思维方式，西方追求个体精神，重视个人的价值，追求教育平等，追求教育创新等方面值得我们借鉴学习。因此，在新课程改革过程中，我们需要对西方教育文化、课程文化进行学习，与西方文化进行对话与交流，实现“洋为中用”。最后，重构新课程改革过程中的文化。正如学者所指出的，文化冲突是导致课程改革的重要原因，文化的反思、批判和整合式课程改革是政策调整变化的重要依据，忽视文化的影响和错误的文化政策是导致课程改革失败的重要因素。[14]因此，在新课程改革过程中，我们需要认识到一方面课程文化是课程改革的基础和背景，另一方面新课程改革势必需要重新构建有利于课程改革的课程文化。

四、重点：积极处理好新课程改革中的矛盾关系

（一）正确对待问题与主义之争的问题

“问题与主义”这个概念来源于陈独秀与胡适之间的争论，对于我们今天的新课程改革来说就是我们究竟是更多精力去研究那些新课程改革的理论，还是研究新课程实施中的问题，新课程改革推行不下去，到底是课程改革的理论本身有问题还是课程实施中教师的素质太低，这是问题与主义之争的体现。在课程专家和学者们看来，一部分认为是课程改革的理论本身的问题，“新课程理念”的理论严重脱离实际，不符合学校（尤其是中小学）教育以教学为主、传承人类文明成果、教书育人、教师起主导作用等基本规律。[15]如新课程改革所提出的包括知识与技能、过程与方法、情感态度价值观的“三维目标”，从来自教学一线教师的反馈来看，尽管人们对“三维目标”所包含的理念与精神赞不绝口，但一线教师对它的评价却是“模糊”“笼统”“太宏观”，在教学实践中或是对它敬而远之，或是机械模仿。三维目标的内涵表面上看表述得清晰、具体，但推敲起来，却是内涵交叉、外延纠缠，在实践中难以分清。[16]另一部分，学者认为新课程改革出现的问题关键是教师素质太低，如钟启泉教授认为是现在的绝大多数老师都不合格。[17]面对一次次的问题与主义之争，笔者认为，新课改能引起大的学术争论、学术对话与交流，说明学者们和教师们的头脑是清醒的，都在关注和反思，是一件好事情，但是，不管是问题也好，主义也罢，我们都不能一味陷入“舌战”的理论泥潭中，而是需要积极采取行动，反思自己的新课改的理论和实践，需要在课程改革实践推进之中不断进行调整和解决。如果这个问题没有得到很好的解决，

那么我们的课程改革将会更加陷入困境。

（二）处理好城市新课改与农村新课改的关系

从新中国成立以来，就非常关注城乡差别和城乡一体化问题。从毛泽东《论十大关系》中就关注城市与农村的问题，到今天党和国家也一直强调农村与城市问题的解决，在城市化进程过程中关注城乡一体化，而在教育领域就体现在城乡教育一体化。在新课程改革背景下，城市新课改的成效比农村新课改要大，新课程改革给城市学校带来的是"锦上添花"，而农村学校需要的是"雪中送炭"，但是随着新课程改革的深入，优质资源都趋向于城市学校，农村学校资源相对短缺，薄弱学校的发展越来越滞后，"农村与城市相比，教学条件、教师待遇、教师素质都相去甚远，农村中小学生辍学现象日益普遍"。[18]可见，在新课程改革过程中，城乡之间的教育两极分化越来越明显。然而，农村、农业、农民等"三农"问题的解决关系到农村社会的稳定和整个社会的繁荣与和谐，而教育公平是社会公平的基础，不能有效解决新课程改革中教育公平的问题会直接影响到农村课程改革的成败。因此，处理好城市新课改与农村新课改的关系是非常迫切和必要的。

（三）处理好课程改革专家与教师的关系

理论是行动的先导，而且马克思主义哲学原理告诉我们，理论与实践的关系是："一实践一理论一实践一理论……"这样一个循环往复的过程。理论对实践具有重要的指导意义，这是不可否认的，但是再好的理论也需要回归到实践中去，需要在实践中去检验。同样道理，在新课改过程中，新课程改革需要课程专家的理论指导，需要课程专家参与其中，课程改革专家的教育理论和学术研究对一线教师的教育教学具有重要的指导价值，我们也不可否认，那些专家为新课程改革所作出的贡献，因此，现代教育改革是专家参与的改革，现代教育处在一个专家受宠的时代。[19]但是，无论课程专家设计的多么美好的新课程理念和课程方案，都需要教师去执行，教师才是新课程实施的执行者和操作者。当然，课程专家作为新课程理论的研究者、开发者、课程标准的制定者，课程改革专家应该是在充分调查我国基础教育现状和借鉴发达国家经验的基础上来进行课程理论研究与开发的。倘若这样的假设是成立的，那么课程改革专家所研究与开发的课程理论是符合我国国情的，反映了基础教育课程的基本规律，作为课程实施者的教师应该向课程专家学习，也应主动保持与课程改革专家一致。如果我们的假设是不成立的，那么我们课程实施者的教师与课程改革专家的课程理论发生违背，出现或高于课程专家的预期，或低于专家的预期的现象都是有可能的。因此，在课程实施过程中，教师需要接受、理解、了解以及执行新课程理论，积极参与新课程培训，体现出课程专家的预期。同时，教师需要保持自己的独特个性，诸如体现学校特色，还需要加强反思，去探究课程与教学的规律。[20]总之，笔者认为，作为课程实施者的教师既要积极参与到课程专家设计的课程中去，也需要保持和坚守自我个性，追求教育规律，不迷信课程改革专家，不盲从课程改革专家。

（四）解决好自上而下与自下而上的关系

根据加拿大教育家迈克尔·富兰的教育变革理论，变革主要有自上而下与自下而上两种方式，一种是国家和中央集权以行政命令要求下面的地方和学校进行改革，一种是地方和学校以及教师自行开始向上推移的教育变革。自上而下的课程改革会出现曲解课程政策、截留课程政策、上有政策下有对策、课程政策运行监督机制的缺乏、课程政策实施的反馈与评价缺位等问题。[21]然而，自下而上的教育变革又会出现各个地方混乱的局面，即中央集权式的课程改革失之过分控制，而分权错在走向无序。因此，自上而下和自下而上的改革都是必要的，中央和地方之间都互相需要，是一种不同的双向关系，相互给予压力、支持和不断协商，这就是同时自上而下和自下而上的相互影响。同时，在处理自上而下和自下而上的关系过程中，还需要关注学校层面，因为校长是学校的灵魂，课程改革最后要落实到学校教育中去，落实到课堂教学中去，因此还是需要创造有利条件，“鼓励教师和校长在实践中大胆探索，创新教育思想、教育模式和教育方法，形成教学特色和办学风格，造就一批教育家，倡导教育家办学”。[22]

（五）学习西方与本土化的关系

对于新课程改革学习西方和本土化的问题，一直备受学者关注，也是一个学术争论的焦点。的确，新课程改革的理论基础中统整的建构主义是研究与实施素质教育的重要理论依据，多元智力学说与成功治理学说的综合是全面更新与评估人的治理素质的理论依据。[23]而且在新课程改革的问题研究中，存在很多借鉴和引进西方的教学理论与学习理论的情况，存在一定的“唯西方化”问题。正如有学者指出，我国课程改革只是在理论上具有“唯西方化”的倾向，在实践中则是表面上的“唯西方化”，而实际上却是传统教学观念及具体做法的真正施行。因此，在我国课程改革中要正确对待西方课程改革理论，应尽量避免“唯西方化”成为现实。[24]西方的教育理论不可谓不进，是好的，但是关键又是我们新课程改革过程中，课程专家理解和消化了吗，我们的教师能消化吗，西方的理论一定适合我们中国吗，难道中国的教育传统就完全丢弃吗，等等一系列的问题，需要我们去回答和正确面对，首先我们需要将西方的教育理论学习透彻，只有把别人的“真经”学透了，才能真正地反思，才能真正地本土化。[25]可见，这是“学”的问题，也是学习西方教育理论的一个前提条件。在此基础之上，我们还需要考虑的问题是，西方的教育理论适合中国新课程改革吗，适合中国教育的土壤吗，这又是“用”的问题了。中国历史上的洋务运动，维新运动包括后来的学习苏联的城市包围农村的革命经验等问题，最终都以失败而告终，但是日本学习西方却成功，那么这又是一个问题，问题在于“用”，如何学以致用，关键需要关注中国国情，“为了健康地推进我国基础教育课程改革，必须深入揭示课程改革的国情制约性规律，努力全面地、辩证地、理性地认识中国国情，能动地适应中国国情”。[26]因此，在新课程改革过程中，我们需要重视学习西方的教育理论，需要学习他人之长，这是非常重要的和必需的，但是也需要重视新课程改革的本土化，重视理论与实践的适合问题，合适的才是最好的。

（六）课程改革推进过程中快与慢的关系

新课程实施过程中存在以下几种取向：激进倾向、观望倾向、教条倾向、悲观倾向、创生倾向。那么，由于不同的价值取向，在课程实施过程中会出现或者积极参与课程改革，或者消极对待，或者无所谓等不同的态度，“态度决定一切”，因此，在新课程改革过程中需要辩证地对待速度问题，不能采取过于激进的方式，妄想课程改革一下子就能成功，当然，我们也不能过于悲观，认为新课程改革不能开展下去。纵观新课程改革，新课程改革还是取得了一定的成绩，但是“由于人们对三维目标的设计和操作缺乏理论指导和实践经验，在实施层面上便出现了教学目标的虚化现象。对课程资源的开发和利用缺乏有效把握的经验，导致了教学内容的泛化现象。这些现象会直接影响教学质量，影响学生主体性的发挥”。[27]显然，在新课程改革过程中，存在的问题是不少的，如果这些问题没有得到有效的处理，那么这些问题就将成为阻碍新课程改革的因素。因此，在新课程改革推进过程中，我们需要探究新课程改革的动力机制，以便促进新课程改革，正如学者所指出的“真正重要的是认识教育改革的动力机制，探讨改革的动力究竟来自何方，如何培育和促进变革的力量”。[28]笔者认为，在新课程改革过程中，主要动力有：第一，理论动力。主要是对新课程改革的理论研究，包括理论的争鸣与探究，对外国课程改革经验的学习和借鉴等。第二，组织动力。组织，特别是学校组织，是课程改革的重要组织保障，通过学校组织的变革，实现新课程改革的发展。第三，文化动力。通过文化的变革，重构新课程实施所需要的教师文化、学校文化、学生文化，为新课程改革提供前进的原动力。第四，外界教育中介和舆论动力。通过外界舆论以及教育中介组织的介入，促进舆论监督和教育中介对基础教育课程改革的质量进行评估，从而实现新课程改革的推进。

（七）课程改革内部与外部的关系

根据教育的两大基本规律，我们知道教育除了与人的基本规律之外，教育与社会之间的关系千丝万缕，因此新课程改革牵扯经济、文化、政治等社会的方方面面，同时新课程改革是一场利益的再分配，正如学者所指出教育改革“表面上似乎主要是规范教育改革活动主体的行为，实际上则是对教育方面利益分配的制度化。教育改革就是要改变人们之间在教育资源上的利益分配格局和关系。”[29]因此，在新课程改革过程中，参与其中的不仅是学校教育内部人员，而且包括广大的社会人员，正如美国教育学家斯普兰格（Spring J.）认为，在教育改革过程中会涉及相关的利益个体与群体的利益，其中包括学生及其家长、教育者（包括教师与学校行政管理人员）、知识工业（包括教育投资者、研究者、考试组织、出版界）和其他利益集团（工商界），以及国家或政府（包括中央与地方政府部门的教育行政人员）。[30]可见，在新课程改革过程中，需要处理好教育内部和外部的关系。当然，通过十多年的课程改革，有些成为了新课程改革的“新贵”“新宠”“耀眼的明星”，成为了既得利益的受益者，也有些成为了新课程改革的受损者，在这两者之间的博弈中，前者将会采取更加坚定的支持态度，可能成为新课程改革的动力源泉，而后者则是更加反对和批判新课程改革，可能成为阻抗新课程改革的重要因素。因此，在新课程改革过程中，需要进一步理清教育内部与外部人员的相关利益，特别是教育改革的利益主体除了传统的学生及其家长、教育者、教育研究者以及教育行政人员之外，还包括越来越活跃的教育媒体从业者、教育产业投资人以及人才消费者。[31] 为此，我们恰当处理好他们之间的关系，才能化阻力为动力，才能使新课程改革走得更远。

（八）仰望星空与立足当下的关系

“理想很丰满，现实很骨感”这是大家都认同的。在新课程改革过程中，一些标新立异的课程理念与新课程愿景确实让人耳目一新，为之感慨，但是关键是很多时候是“旧瓶装新酒”与“穿新鞋走老路”[32]。于是乎，“一石掀起千层浪”，此后一些关于为什么会出现“穿新鞋走老路”乃至于新课程改革到底要走什么路等相关的争鸣与讨论的问题与研究纷至沓来，学者们从不同视角进行了思索和研究。这是一个关于新课程的理想与新课程实施的问题，也是一个理想与现实的问题，理论可能是美好的，新课程的蓝图和规划可能是很理想的，但是问题的关键是现实中的中小学课堂与新课程理念是有差距的，并且正如加拿大教育学家迈克尔·富兰所言“变革是一项旅程，而不是一张蓝图”。即新课改是一个过程性的命题，而不是一种静态的教育设计，需要将两者进行耦合，而其中可能会出现三种情况：理念过于美好，课程实践进行不了；课程理论过于不好，课程实践也不愿接受；课程理论刚好适合课程实践的需要。因此，在新课程改革过程中，我们需要不断去追寻真理，不断求索，寻找最适合于课程改革的理念和理论。我们课程改革的设计者和课程实施者都需要“仰望星空”，同时，我们也应该脚踏实地，基于中小学课程实践，改革需要一步一个脚印，当然，我们也需要一种课程改革的勇气和精神，“愈艰难，就愈要做，改革向来没有一帆风顺的”。[33]

五、结语

“路漫漫其修远兮，吾将上下而求索。”新课改是一件系统的工程，不可能一蹴而就，可谓是任重而道远，但是新课改要戛然而止吗，还是需要继续开拓，毫无疑问，新课改需要前进，需要进行探索，但是所有的问题需要在新课程改革的实践中去进行，我们不能奢求步伐太快，渴望一两年就成功，不能做着美梦，但是我们也需要梦想，带着希望前进，只不过我们需要在新课改过程中需要不断调适课程政策，正确面对中小学的现实，从实际出发，脚踏实地进行课程改革。

参考文献

［1］温家宝．仰望星空［N］．人民日报，2007－09－04.

［2］教育部．基础教育课程改革纲要（试行）［N］．中国教育报，2001－06－08.

［3］纪德奎．新课改十年：争鸣与反思［J］．课程教材教法，2011（3）：18.

［4］王策三．台湾教改与“我们的课改”［J］．教育学报，2010（3）：10.

［5］胡东芳．论课程政策的定义、本质与载体［J］．教育理论与实践，2001（11）：50.

［6］马云鹏．课程与教学论［M］．2版．北京：中央广播电视大学出版社，2005.

［7］王逢贤．优教与忧思［M］．北京：人民教育出版社，2004.

［8］雅斯贝尔斯．什么是教育［M］．邹进，译．北京：生活·读书·新知三联书店，1991.

［9］张楚廷．新世纪：教育与人［J］．高等教育研究，2001（1）：23.

［10］教育部．国家中长期教育改革和发展规划纲要（2010—2020）［N］．中国教育报，2010－07－30.

［11］范文曜，王烽．体制机制创新推进教育跨越发展［J］．复旦教育论坛，2008（6）：7－11.

［12］钟启泉．基础教育改革纲要与学校文化的重塑［J］．上海教育，2001（14）：21.

［13］刁培萼．教育文化学［M］．南京：江苏教育出版社，1992.

［14］胡定荣．课程改革的文化研究［M］．北京：教育科学出版

社，2005.

［15］王策三．对“新课程理念”介入课程改革的基本认识［J］．教育科学研究，2012（1）：5.

［16］魏宏聚．新课程三维目标在实践中遭遇的尴尬与归因［J］．中国教育学刊，2011（5）：36.

［17］现在绝大多数教师不合格？［EB/OL］．http：//www. sooxue. com/jsh/jspx/pxzx/200511/17618. html.

［18］城乡教育两极分化［EB/OL］. http：//jiaoyu. xooob. com/jyzx/20082/267033_ 267036. html.

［19］邵泽斌．教育改革的专家风险［J］．教育发展研究，2011（8）：1.

［20］王中华．新课程实施中目标与行动的分野［J］．中小学教师培训，2007（11）：39.

［21］王中华．我国新课程政策实施的问题、影响因素及其对策［J］．教学与管理，2011（12）：8.

［22］教育部．国家中长期教育改革和发展规划纲要（2010—2020）［S］．2010 -07 -29.

［23］钟启泉，崔允漷，张华．《基础教育课程改革纲要（试行）》解读［M］．上海：华东师范大学出版社，2001.

［24］刘家访．课程改革“唯西方化”倾向质疑［J］．教育理论与实践，2011（1）：46.

［25］顾明远．个性化教育与人才培养模式创新［J］．中国教育学刊，2011（10）：8.

［26］王本陆．论中国国情与课程改革［J］．北京师范大学学报：社会科学版，2006（4）：18.

［27］余文森．新课程教学改革的成绩与问题反思［J］．课程教材教法，2005（5）：1.

［28］杨东平．从 2011 年的教育变化看教育改革的动力机制［J］．教育发展研究，2012（1）：卷首语．

［29］马健生．论教育改革过程中的利益冲突［J］．教育科学，2002（4）：1.

［30］SPRING J. Conflict of Interests: The Politics of American Education［M］. New York: Longman Publishing Group, 1993.

［31］余清臣. 当代中国教育改革的动力机制分析［J］. 教育科学研究, 2009（10）: 10.

［32］郭华. 新课改与“穿新鞋走老路”［J］. 课程·教材·教法, 2010（1）: 3.

［33］鲁迅. 鲁迅全集（第六卷）［M］. 北京：人民文学出版社, 1981.

论教师参与新课改的心理资本

肇始于2001年的新课程改革已经深入到全国各个中小学实践，走入“深水区”，伴随着新课改的“成就”与“问题”的博弈，新课改在“争鸣”声中继续前进，也跟随《国家中长期教育改革和发展规划纲要（2010—2020）》的出台，我们不知道新课改何时结束，但是至少会坚持到2020年，可谓是“一场持久战”。那么，新课改还是需要我们去继续关注和研究的。在心理资本视域下，我们需要进一步看到其对教师参与新课改的价值，但是，目前教师参与新课改心理资本是存在严重缺失的，那么，我们就需要进一步去思考其原因以及寻找对策。

一、心理资本的解读

心理资本（Psychological Capital），是继人力资本、财力资本、社会资本以后的第四大资本。心理资本开始出现在经济学、管理学以及社会学领域。2004年，以美国学者Luthans为代表进一步提出“积极心理资本”，从而将心理资本深入到学者的研究视野。我国也开始重视对“心理资本”的研究。当前，对心理资本来说，目前比较认同的看法，就是个体在成长与发展过程中所表现出来的一种积极心理状态，同时也是超越人力资本和社会资本的一种核心心理要素，还是促进个人成长和绩效提升的心理资源。当然，心理资本的核心要素主要是希望、乐观、韧性（回复力）、主观幸福感、情商、组织公民行为六个方面。[1]

二、心理资本对教师参与新课改的价值

（一）提高教师参与新课改的自我效能感

心理资本理论认为，自我效能感是非常重要的一个方面，如果一个人没

有希望和自暴自弃，那么就不可能创造出什么价值来，因为自我效能感是“个体对自己在特定的情境里能够激发动机、调动认知资源以及采取必要的行动来成功完成某一项特定工作的信念（或信心）”[2]，所以，在新课改过程中，通过教师心理资本的提高，让教师树立对新课改的信心和希望，在教育教学过程中面对困难时能充分激发教师的动机以及调动认知资源，更好地完成课程改革的任务。

（二）提高教师参与课改的心理韧性

心理资本理论坚持，“韧性”是心理资本的重要组成部分，它是从责任、压力、失败、冲突和逆境中迅速恢复的一种心理能力。那么，教师具有了心理资本，就能面对新课改强大的压力和责任，正确应对新课改所带来的冲突与逆境。如教师面对为信息、为网络忙得不可开交，同时也为通过各种等级考试而奔走于培训中心与学校之间，无形之中心头又多了一块“病”，而这块“病”又让很多教师无从适应，假期不得不应付各式各样所谓的“课改培训”。[3]那么，教师通过具有强大的心理资本，就能更加自如地应对新课改所带来的职业压力。

（三）提高教师参与新课改的乐观态度

心理资本理论主张，乐观者往往将不好的事情归结为暂时的原因，而把好事情归结到持久的原因，如自己的能力等。那么，面对新课改，当教师具有了比较优质的心理资本，就能改变“以一种抵制、消极的态度对待新课改”[4]的局面，能乐观接受新课改所给自己生活与工作所带来的变革，而不是采取相反的姿态消极的去对待课程改革。

（四）提高教师参与新课改的主观幸福感

心理资本理论告诉我们，只有自己心里觉得幸福，那才是真正的幸福。那么，通过教师树立强大的心理资本，就能远离那种被动的课改，改变那种出于无奈的被新课改所牵引的局面，从而形成一种在新课改中的幸福感，不断体验到新课改给自己所带来的幸福和快乐，不断获得因为参与新课改而产生的幸福感。

（五）提高教师参与新课改的情绪管理能力

心理资本理论强调，心理资本有利于个人的情商发展，能感觉自己与他人的感受，进行自我激励以及有效地管理自己的情绪。“一方面，课程改革在影响着教师情绪，另一方面，也在影响着课程改革”。[5]因此，我们需要关注教师情绪和新课改之间的关联。当教师具备了一定的心理资本，能形成强大的情绪管理能力，即“情商”，那么教师就能让生活在“鱼缸”和危险情境中的自己应对不良的心理情绪，从而进一步化解心理危机，促进新课改。

（六）提高教师参与新课改的自觉行为

心理资本倡导自觉、自发地帮助组织、关心组织利益，并且维护组织效益的行为，它并非直接由正式的赏罚体系引起。可见，通过提高教师的心理资本能更好地促进教师自觉地投入到新课改中去。目前“课改让老师自觉、主动参与的成分少，被动适应成分多，再加之与课改相适应的配套保障机制在实施时相对滞后，学校的课改工作处于被动的状态”。[6]那么，要进一步去解决这个教师被动地参与新课改，没有自觉去投入到新课改中去的现状，就需要进一步提高教师参与新课改的心理资本。

三、教师参与新课改心理资本缺失的原因

（一）新课改本身的因素

在新课改过程中，教师参与新课改的心理资本是新课改的一个重要方面。但是，教师参与新课改的心理资本缺失，其原因是多方面的，而重要的一个方面就是新课改自身的原因。新课改的观念、目标、内容与实施策略等方面，都是重要的变量因素，新课改本身存在的问题诸如“三维目标”是否是一种新理念、提法是否科学、如何评价以及如何实现等方面都存在一些问题。[7]所以，教师对新课改缺少更多的理解和认知，也不利于教师去更好地把握新课改的精神实质。

（二）教育文化传统的影响

第一，教育官本位文化。新课改过程采取自上而下的一种推行模式，往

往采取的行政手段使得教师被动跟着领导进行新课改，而没有调动更广大教师的自觉性。因此，官本位文化形成的从上至下的信息传达和“上有对策下有政策”的局面，导致教师面对信息的单一化和信息无法反馈，从而使得教师对新课改显得信心不足和疲于参与新课改的培训以及相关的被安排好的新课改活动。第二，课程改革文化传统。“传统的改革文化认为，改革就是一场风，一吹就会过去，改革的‘单摆现象’让人不敢花更多心思去投入改革，改革与不改革对自身影响不大”。[8] 在这种改革文化的影响下，教师往往对新课改抱着一种“试试看”的态度，而不是一种主人翁的态度去参与其中。

（三）教师自身素质的影响

在课程实施的影响因素中，教师是课程实施的关键因素。因此，教师自身素养会影响到新课程实施的效果。第一，影响教师对新课改的观念。教师自身素质影响教师对新课改理念的理解和认知，那些素质高的教师能更加清晰明白地认识新课改的精神实质和内涵，而那些素质较低的教师则对新课改反应较慢，不能精确地理解新课改。第二，影响教师对新课改的行为。在新课改过程中，教师自身素质往往影响教师对新课改的执行效果。第三，影响教师对新课改的情感。教师能否心甘情愿地参与新课改，教师能否以支持的态度参与到新课改中去，教师能否以主人翁的姿态进行新课改等方面都会影响教师新课改的成效。因此，教师自身素养是影响教师能否具有乐观、信心以及积极的心理去参与到新课改的重要因素。

（四）教育制度的影响

教师参与新课改的心理资本缺失与教育制度也不无关系。第一，课程评价制度。根据调查显示，“评价和考试”没有变成改革最大阻碍。[9] 可见，考试和课程评价制度在影响和冲击着新课改。第二，教师评价制度。当前，在新课改过程中，教师评价制度没有更好地跟上新课改的步伐。但是，实际上教师教学评价直接影响教师对新课改的支持态度和坚定度以及忠诚度。第三，课程管理制度。在新课改过程中，课程管理等方面也在不断影响着教师对新课改的态度和心理，由于课程管理混乱，特别是在教材方面，出现了许多问题，这些都影响着教师对新课改的参与。总之，教育制度的很多方面，在影响着教师积极参与新课改。

四、教师参与新课改的心理资本提升策略

（一）改革"新课改"

新课改自身因素是影响教师参与新课改心理资本的重要方面，那么，我们就需要从新课改自身出发进行不断改革。"教育要发展，根本靠改革"。[10]因此，课程改革本身也需要不断进行改革。需要从课程目标、课程标准、课程内容与课程结构以及课程实施和课程管理等方面去改革，改变原来不利于教师参与新课改的因素，从而使得教师能有更多的机会去参与新课改。

（二）加强教师的综合素养

毋庸置疑，新课改关键在于教师，但是，在新课改过程中存在教师自身综合素质有待提高的局面，所以，需要提高教师对新课改的知识养成、能力培养、情感形成、技能提升等多方面的综合素养，以便进一步提高教师对新课改的认知，提高教师对新课改的参与情绪，提高教师参与新课改的信心，提高教师参与新课改的行为。

（三）提高教师的课程自觉和自信

在新课改过程中，教师一方面需要不断学习新的课程理论和课程理念，形成新的课程思维方式。另一方面教师需要做到课程"自知""自身""自立"等课程自觉。[11]所以，教师要实现课程自觉，需要对自己的课程有自知之明与自我觉醒，充分认识到课程的使命感和责任感，自觉地将课程建设融入到课程改革进程中去，更积极地推动课程的发展与创新，形成乐于课改、期望课改、幸福课改等的意念和行为，从而提高参与新课改的心理资本。

（四）加速课程制度创新

制度是一个"悖论性"的存在，即制度不仅是新课改推进的重要保障，也是促进新课改的重要手段，还是限制新课改前进的障碍。在新课改过程中，

因为课程制度限制而影响着教师参与新课改，因此，需要不断打破旧有的课程制度体系，同时，需要形成新课改所需要的课程制度体系。在新课改过程中，一方面，我们需要打破传统的课程评价制度、课程管理制度、课程实施制度等方面的课程制度，另一方面，我们需要重建课程制度体系，形成符合新课改要求的课程制度。从而使得其更加有利于保障教师参与新课改的权利与利益，形成使教师更加乐观、幸福感指数更高、更加愿意参与新课改的课程制度，进而提高教师参与新课改的心理资本。

总之，心理资本的提高对于教师参与新课改具有重要价值，所以，在新课改继续推进过程中，我们需要进一步关注教师参与新课改的心理资本。

参考文献

[1] 佚名．心理资本［EB/OL］．http：//baike. baidu. com/link？url = DwH5iF6oQY4oPYvXWMba8N26_ vVFGy6YHzkxh6_ QJLq9W2nj4HWF5mrg_ _ UXvlSeE9phnekidr9LCFCMbtb2Mq.

[2] 朱晓庆，赵优优，张玉婷，等．心理资本理论及其教育启示［J］．社会心理科学，2010（1）：125－128.

[3] 烟雨飘飞．在新课改下教师面临的职业压力及对策［EB/OL］. http：//www. yuwen123. com/Article/200608/23144. html.

[4] 矫爱玲，王宗湖．教师对新课改阻抗的现状、原因和对策［J］．继续教育研究，2007（2）：66－68.

[5] 王中华．论中小学教师情绪管理［J］．中小学教师培训，2014（2）：55－57.

[6] 教科室．课改中存在的问题［EB/OL］．http：//www. xjzxedu. cn/Article/ShowArticle. asp？ArticleID＝25.

[7] 任京民．“三维目标”几个有争议的问题探讨［J］．中小学教师培训，2009（1）：37－39.

[8] 王中华．新课程改革预期目标偏离的文化因素探析［J］．现代中小学教育，2014（3）：27－29.

[9] 程聚新．不足三成教师对新课改成效满意［EB/OL］. http：//

edu. people. com. cn/GB/15988943. html.

［10］教育部．国家中长期教育改革和发展规划纲要（2010—2020）［N］．中国教育报，2010-07-30（002）．

［11］李欢，范蔚．论教师可自觉的内涵、阶段与途径［J］．当代教育科学，2013（5）：27-29.

新课程改革视野下的课堂文化建设

一、课堂物质文化建设

（1）课程建设。课堂物质文化的建设，课程是首当其冲的。课程是课堂教学的媒介和载体，也是沟通教师与学生之间知识对话和心灵交流的重要桥梁。课程教材的质量对教法、学法有重要影响，因此“在改革学习的实践方面，最大的障碍是课程的问题”。[1]作为课程，不仅是现成教材知识，而且是教师为学生提供的学习机会，是师生在互动过程中产生的经验。课程知识是在充满生机的社会性交往中建构生成的，这就意味着现代教学必须从知识的传授走向知识的建构，对于学生来说，知识不再是被动的接受，而是发生在对话与合作之中的知识生成。课程目标需要体现当代先进的教育理念，因为课程目标决定着教学设计和课程评价，也影响着教学方式与学习方式，所以课程目标需要体现先进的教育理念和课程观。课程的设置应该符合课程标准的要求，同时课程教材的设计也需要符合学生的心理发展要求，体现生态的原则，突出美的感受。课程管理方面也体现出学校和教师自主权和选择权的自由和精神，课程评价也需要发展多元评价。

（2）教室环境建设。课堂是一个特殊环境，学生与教师“在这个环境中行动、思考和感受”[2]，教室环境是课堂教学活动展开的基本场所，好的教室环境会给教师和学生带来更好的课堂教学效果。首先，优化教学硬环境，如教室座位的安排与室内布置需要体现人文性。其次，提升教学软环境，如课堂氛围、师生关系和学习风貌等方面。

（3）促进课堂文化的信息化。课堂教学的信息化是教育信息化的重要表现。如何有效推进课堂文化的信息化呢？首先，学校领导需要转变教育观念，营建教育信息化的环境。学校领导需要根据知识经济时代对人才培养的要求，充分吸收借鉴国内外管理改革和实践的有益经验，探索与知识经济时代教育改革发展相适应的学校管理的新路子，而且还要靠学校领导的指导支持和全体师生的热心参与，学校领导需要有意识地营造一个人人都会使用、乐于运用现代信息技术进行教学、管理和学习的大环境。其次，教师需要积极的在角色观念方面进行重新认识。再次，建立科学的课堂管理信息系统，把信息网络技术广泛渗透到课堂管理的全过程，需要充分利用现代信息技术，建立起先进、可靠、完善的技术平台，为实现课堂管理网络化和信息处理的智能化提供有力的技术支撑。最后，教师需要提高在运用现代信息技术方面的能力，掌握信息技术方面的基本知识与基本技能，及具备一定的班级管理方面信息技术的应用能力与创新能力。

二、课堂制度文化建设

（1）课堂教学目标的设计应关注学生的全面发展。课堂教学是教师和学生在课堂内以课程教材为媒介所进行的一种交往活动，是教师引导学生进行学习的一种实践活动。课堂教学是教师的教与学生的学，而教的目的和学的宗旨是为了促进学生德、智、体等各个方面的发展，不仅是学生的智力因素的发展，也是学生非智力因素的提高，不但是学生认知方面的发展，也是学生的非认知因素的发展。因此，教师在课堂教学目标设计时需要关注学生的全面发展。

（2）改进课堂评价制度。在课堂评价过程中，需要进行制度方面的改进。在传统的课堂评价方面，过分强调学生的考试分数，“一考定终身”，认为学生考试分数高就说明教师课堂教学效果好，学生分数高也就成为了老师眼中的“好学生”，这里强调的是考试结果。今天的新一论课程改革倡导“立足过程，促进发展”的评价方式，我们的课堂评价也需要从这几个方面进行转变：第一，课堂评价主体的多元化。课堂评价的主体不仅是专家、学校领导、同事，还包括学生和教师自我评价。第二，课堂评价的对象和内容应该更丰富。课堂评价不仅要看学生的学习考试成绩，还要看学生的上课表现如学生的问题意识和探究能力等，不仅看学生的知识与技能，还要看学生的学习过程与学习方法，更要从学生的情感、态度、价值观等全面去考察学生的课堂真实表现。第三，课堂评价的方法需要多样化。在进行课堂评价时，不仅需要采用终结性评价，更要用形成性评价和诊断性评价，不仅使用绝对评价，还要使用相对评价个体内差异评价，采用多样的评价方式来促进课堂教学效率的提高，实现学生的全面和谐发展，促进课程教材的发展，推进教师的专业发展。

（3）课堂管理制度。在课堂教学过程中，课堂需要一定的管理制度（如上课不迟到和不提前下课等）来约束教师和学生，这是课堂教学的基本要求。但是在进行课堂管理制度的制定过程中，需要坚持下列原则：第一，科学性与人文性的有效结合。课堂制度的制定需要讲究科学性原则，同时也需要体现“以人为本”的原则。第二，静态与动态结合。课堂管理制度的制定需要讲究制度的稳定性，即静态性，同时需要考虑“以地制宜”和“以时制宜”。第三，原则性与灵活性结合。课堂管理制度是课堂教学的一个重要制度保障，它具有权威性和尊严，不容轻易破坏，这个是原则性的问题，同时在坚持原则性的前提下又可以适当进行灵活运用。第四，罚与赏结合。课堂教学管理制度是教师和学生共同商讨制定的，需要大家共同遵守和维持，一旦有人犯规就需要进行严厉的惩罚，而对那些好的方面就应该进行奖励，体现赏罚分明。

三、课堂精神文化建设

（1）加强课堂与生活的密切联系。美国著名教育家杜威早就提出了“教育即生活”的观点，强调教育是离不开生活的。课堂作为学生和教师在学校生活的重要场所，课堂也是生活场所的重要组成部分，所以课堂离不开生活。在课堂教学过程中，教师需要加强课堂与生活的密切联系，第一，关注学生生活经验。课堂教学中，教师需要关注学生已有的生活世界和生活经验，在生活中进行教学，做到“活教书、教活书、教书活”，让学生“读活书、活读书、读书活”，改变过去那种“两耳不闻窗外事，一心只读圣贤书”的弊端，做到“风声雨声读书声声声入耳，家事国事天下事事事关心”，让学生关注和热爱生活。第二，教学事例贴近生活。生活世界是一个动态的、活生生的人文世界，而不是一个抽象的、以僵死凝固的知性逻辑为基础的纯科学的客观世界。课堂教学是在生活世界的实践活动中所进行，因此教师所设计的教学事例需要符合学生的生活经验，贴近学生的生活世界。

（2）加强师生对话。师生对话主要指在课堂教学中教师与学生之间的谈话。从认识论的角度看，对话是以一种开放、自由探究的理性精神，同他人一道，共同追求知识、真理的过程。从社会哲学的角度看，对话是一种发生在人际交互世界之中，以人类相互交往、沟通、理解的实践旨趣为导向的实践活动。教学对话，或者说对话式教学，在孔子就开始倡导，如《论语》里面有很多孔子与他的学生的对话，在今天我们课堂更加需要教学的对话，需要具有启发性的对话。同时，教师的权威也在师生对话中产生，正如美国课程论专家小威廉姆 E. 多尔所指出："权威不再是超越性的、外在的，而成为共有的、对话性的"[3]。

(3) 形成多元化的课堂文化理念。多元化主要是指任何在某种程度上相似但有所不同的人员的组合，多元化旨在"和而不同"。在多元化的课堂文化中，多元的教师与学生文化之间可以平等的学习和讨论，有共同遵从的课堂基本原则和规范，形成基于以学生发展为本的价值评判，有利于学生选择的自由和幸福的学习生活。

(4) 凸显生命个性。生命化课堂的实质是凸显学生的主体地位，尊重学生的生命价值，发挥学生的主动性，赋予课堂教学以生命的意义，用叶澜教授的话说，就是"让课堂充满生命的活力"[4]。教学的过程不仅是展示个性的"教"的过程，更重要的是展示学生个性化"学"的过程。作为教师，课前的设计应充分考虑到学生的学情，尊重学生的学习个性，课堂上要放手让学生按照自己的学习方式去读去感受，教师则在这过程中穿针引线，为学生的读、悟创设情境，在学生有障碍时适当点拨，有时还应根据学生的学习情况改变课前设计的方案，而不是按预先设计的思路拽着学生走。课堂是学生的课堂，是师生互动、生生互动的课堂，是充满生命活力的课堂。

四、课堂行为文化建设

(1) 教师学会用心灵去倾听。教育家雅斯贝尔斯在他的著作《什么是教育》中说到，"所谓教育，不过是人对人的主体间灵肉交流活动"。[5] 在课堂教学活动中，教师如果不会倾听学生，就会影响师生之间进一步的交往与合作，影响教与学的顺利展开，影响学生当然也会影响教师的专业发展。新课程将改变学生的学习方式，同时也必将改变教师的教学行为，学生的一生可能因此而发生改变，教师的生命也会因此而焕发新的活力。教与学特别是教与学方式的改变，要求教师不断地形成新的基本技能，其中学会倾听学生就是对教师与学生交流、合作的技术要求。用“心”倾听，具有无止境的耐心，没有了爱，也就没有了最好的老师，没有了诲人不倦，也就没有了称职的老师。不会“用心”去倾听学生的表现，教师何以成为学生学习的促进者，因此教师需要学会“用心”倾听。

（2）让学生学会质疑。质疑，是学习的一种重要方法，更是学习过程中应备的学习方式。“为学患无疑，疑则有进。小疑则小进，大疑则大进。”[6]在课堂教学过程中，教师需要培养师生情感让学生敢问，激发学生的学习兴趣让学生想问，教师需要给学生提供问题情境让学生能问，教师要教给学生质疑的方法让学生善问。

（3）师生合作学习。“鼓励合作学习，促进学生之间的相互交流、共同发展，促进师生教学相长。”[7]合作学习是一种新的学习理念，学者斯莱文认为合作学习具有小组目标、责任到个人、公平的成功机会、小组间竞赛、任务专门化、适应个别需要等特征。合作学习通过学生之间的不断交流和表达，通过展开活动等方式，掌握和巩固知识，可以培养学生的表达能力、交往能力、探究能力，有利于养成良好的学习习惯，有利于培养学生的合作精神、自尊心，以及责任心，还有利于把学校的人际关系从“‘伤害与受伤的关系’转到‘关爱与被关爱的关系’”。[8]合作学习的理念是形成“学习共同体”，学生是学习的共同体，教师不仅指导学生学习共同体，也应成为其中一员，“要把师生的教学活动当作不可剥离、相互锁定的有机整体”[9]。

（4）让学生学会表达。课堂教学是一种社会交往性的活动，教师需要表达自己的观点，学生同样需要表达自己。在课堂教学中需要改变“只可意会，不可言传”的传统教学方式，改变那种教师“独白”的上课方式，多给予学生一些表达的机会，做到让学生自己进行“talk show”，进行言表。在课堂教学活动中，教师培养学生学会表达，从不敢说到敢说，从说的不完整到完整，充分引导学生有条有理地“说”，启发学生有根有据地“说”，帮助学生符合逻辑地“说”，敢于表达自己的观点与意见，能与教师进行学习方面和学术上的争辩，特别是有疑问能与教师商量，“有疑难处，同商量而已”。从而达到学习的目标，促进教师的反思，提高教学效果。

参考文献

[1] 左藤学．学习的快乐——走向对话［M］．钟启泉，译．北京：教育

科学出版社，2004.

［2］赵祥麟，王承绪．杜威教育名篇［M］．北京：教育科学出版社，2006.

［3］小威廉姆 E. 多尔．后现代课程观［M］．王红宇，译．北京：教育科学出版社，2000.

［4］叶澜．让课堂焕发出生命活力［J］．教育科学论坛，2004(1)：51.

［5］雅斯贝尔斯．什么是教育［M］．邹进，译．北京：生活·读书·新知三联书店，1991.

［6］陆九渊集．语录下．

［7］教育部．基础教育课程改革纲要［N］．中国教育报，2001－06－08.

［8］左藤学．学习的快乐——走向对话［M］．钟启泉，译．北京：教育科学出版社，2004.

［9］叶澜．重建课堂教学过程价值观［J］．教育研究，2002（10）：28.

后 记

本书是笔者这些年来对基础教育课程改革的一些思考和研究。本书集结了二十多篇关于新课程改革的论文，大部分已经发表在学术期刊上。

新课程改革是一个目前教育界比较关注的课题，并且受到了政府各个方面的重视，牵扯社会各个层面的利益。因此，新课程改革遭遇到了不同的问题与困境，我们需要正视，而不是回避和逃离。

本书主要是从新课程改革的理想层面出发，从课程政策到课程实施，从课程到教学，从理想到现实，从宏观到微观，从文化学、心理学等不同层面和学科视角对其进行研究，对这些课程实施的问题进行了相关的探究，对新课程改革的成绩进行了展示，对新课程改革需要推进的难点进行剖析，从而思考如何进一步去推进新课程改革。

本书是以一个从事课程与教学论研究学者的视角进行研究和思考，从而从理论层面上进行深入思考，并结合当前新课程改革的现实问题，将高考这样一个不可回避的话题作为重要的研究内容来反思我们该如何推进新课改革，从而为我国新课改革提出一些建议，并引起更多的社会人士关注当前的新课程改革，使得我们的教育质量因为课程改革而得到进一步的飞跃和提升。

在本书的出版过程中，感谢我的妻子杨红女士辛勤工作为我做出的贡献，也感谢我的朋友们对我的关心。

本书的出版得到了贵州师范学院教育发展研究中心的资助，在此向该中心主任唐志明教授表示感谢。

本书的出版得到了贵州师范学院副校长郭文教授和教科院院长刘红教授的关心，在此表示真诚的谢意！

中国财富出版社王淑珍编辑为本书出版的辛勤付出，特此感谢。

王中华

2015 年 1 月